GOLDMANN

Von Georg R. Kristan sind außerdem als Goldmann-Taschenbücher lieferbar:

Fehltritt im Siebengebirge (5003)
Ein Staatsgeheimnis am Rhein (5019)
Das Jagdhaus in der Eifel (5650)
Schnee im Regierungsviertel (5086)
Anschlag auf Bonn (5120)
Diplomat im Abseits (5154)

GEORG R.

KRISTAN

Spekulation in Bonn

Kriminalroman

GOLDMANN VERLAG

Originalausgabe

Der Goldmann Verlag
ist ein Unternehmen der Verlagsgruppe Bertelsmann

Made in Germany · 4. Auflage · 1/92

Umschlaggestaltung: Design Team München
Umschlagillustration: Design Team München
Satz: IBV Satz- und Datentechnik GmbH, Berlin
Druck: Elsnerdruck, Berlin
Krimi: 5050
Lektorat: Ursula Walther/Ge
Herstellung: Heidrun Nawrot/SC
ISBN 3-442-05050-2

Die Hauptpersonen

Arno von Sendenstein Kai Fischbach Johann Wanitzky	Gleichberechtigte Geschäftsführer der Firma für Investitionsberatung und Koordination in Bonn
Martha Nikols Ilka Ritter	Sekretärinnen in der »Koordinata«
Dr. Korbel	Datenschützer
Lad Wany	Chef des Werkzeug- und Maschinenhandels in Brüssel
Basil Tekov Willi Küken	seine Mitarbeiter
Walter Freiberg	Kriminalhauptkommissar, 1. K.
Wolfgang Müller, genannt »Lupus«	Kriminalhauptmeister, 1. K.

Der Roman spielt in Bonn, Zürich und Brüssel

1

Das Rhein-Center galt als gute Adresse für Unternehmen, die in Bonn einen Namen haben wollten. Aus der dreizehnten Etage des Geschäftshochhauses hatte man einen Blick weit über die Stadt. Angeknüpft an die Adenauerallee, doch eingeengt zwischen den Schienensträngen der Bundesbahn und dem Bett des Rheins, lag im Norden das alte Bonn mit der Brücke nach Beuel. In östlicher Richtung, von oben herab, sahen die Repräsentanten der Wirtschaft auf das zu ihren Füßen liegende Regierungsviertel mit Parlament und Kanzleramt, mit den Vertretungen der Bundesländer und der Vielfalt der Villen von Verbänden und Lobbyisten.

Wohltuend abgesetzt durch viel Grün blieb das Haus des Bundespräsidenten, die Villa Hammerschmidt, den Niederungen des politischen Alltags entrückt.

Wann immer das Auge des Beobachters an den Stockwerken des Abgeordnetenhochhauses »Der lange Eugen« hinaufwanderte, drängte sich der Eindruck auf, daß ein kurzer Eugen die Silhouette des Siebengebirges weniger angekratzt hätte.

Weiter nach Süden hin ließen das klotzige Polizeipräsidium und der weitläufige Rheinauenpark beim Betrachter sehr unterschiedliche Gefühle aufkommen. Der Stadtbezirk Bad Godesberg vermittelte den Eindruck menschlich-bürgerlicher Dimensionen. Im Westen dann steil aufsteigend die Hänge des Venusberges mit den teuren Wohngebieten und dem weiten Areal der Universitätskliniken.

Arno von Sendenstein, Diplomingenieur und Chef der Koordinata-Bonn, schritt von Fenster zu Fenster des Stirnzimmers der Geschäftsetage und erläuterte seinem Gast das Panorama. Sein langjähriger Mitarbeiter Kai Fischbach zeigte sich durch das immer wiederkehrende Zeremoniell nicht beeindruckt, doch der Dritte in dem noch zu schließenden Bunde konnte seine Überraschung nicht verhehlen. Johann Wanitzky strich mit beiden Händen über die Revers seines etwas zu modisch geschnittenen blauen Anzugs: »Großartig!« sagte er. »Wirklich großartig; wir sitzen ja mitten drin – wie die Spinne im Netz.«

Arno von Sendenstein lächelte, nickte zustimmend und bat die beiden Herren in sein Büro.

Die Sitzgruppe aus feinstem handverarbeiteten Leder ließ die Stilisten von deSede erkennen. Die Wirkung von drei sorgfältig gruppierten Grafiken wurde durch die schlichte Basttapete betont. Auch die Dimensionen des mattschwarzen Schreibtisches waren der Größe des Raums angepaßt. Zwei recht umfangreiche Aktenstücke und ein zur Hälfte gefüllter Eingangskorb deuteten an, daß hier auch gearbeitet wurde.

»Ich werde Frau Nikols bitten, uns einen Kaffee und ein paar Sandwiches zu servieren«, sagte Kai Fischbach. »Oder nehmen Sie lieber Tee, Herr Wanitzky?«

»Kaffee wäre mir schon recht, schwarz bitte«, bestätigte dies und öffnete den mittleren Knopf seines Jacketts. »Immer wieder diese Gewichtsprobleme. Jeder Abendempfang kostet mich eine Stunde Sauna und Massage.«

»Mir geht es ähnlich, ab vierzig setzt man an«, seufzte Kai Fischbach, der gut einen halben Kopf kleiner war als die beiden anderen Herren.

Demgegenüber vermittelte Arno von Sendenstein den Eindruck sportlicher Schlankheit. Ein schmales Gesicht, graublaue Augen und straff gescheiteltes Haar unterstrichen den Habitus von Disziplin. »Mäßigung beim Essen und viel Bewegung«, stellte er kurz fest. »Wir haben reichlich Arbeit zu erwarten – auch das hält fit.« Sein taubenblauer Anzug mit feinen Nadelstreifen wies von Sendenstein als einen Mann aus, der sich in dem grau-blauen Heer der Bonner Gesellschaft zu bewegen wußte.

Nach wenigen Minuten wurde der Kaffee serviert. Johann Wanitzky warf der nicht großen, aber wohlproportionierten

Dame, die unverkennbar die Pflichten einer geschulten Chefsekretärin wahrnahm, einen fordernden Blick zu, der allerdings in den blauen Augen der unergründlich Lächelnden unterzugehen schien.

»Danke, Frau Nikols«, sagte von Sendenstein und wartete, bis sie die Tür wieder zugezogen hatte. Dann fuhr er fort: »Meine Herren, ich denke, wir sollten die Präliminarien hinter uns bringen, damit wir uns den Sachfragen zuwenden können.« Kai Fischbach nickte stumm; er kannte die Gewohnheiten seines Kompagnons.

Johann Wanitzky, der genüßlich die Kaffeetasse zum Munde führte, sah auf und lächelte skeptisch. Von seinen Verhandlungen mit ausländischen Geschäftspartnern in Vorderasien, im Mittelmeerraum und in Afrika war ihm ein anderer Einstieg in Geschäftsfragen vertraut – viel Kaffee, lange, unverbindliche Gespräche und die Schaffung eines Klimas, das jeden großen Abschluß als selbstverständlich, fast wie eine Nebensache erscheinen ließ. Hier, dreizehn Stockwerke über dem Regierungsviertel der Bundeshauptstadt, wurde sehr »deutsch« agiert. Von Sendensteins Forschheit konnte ihn allerdings nicht beeindrucken, denn er wußte, daß Koordinata-Bonn, dieses Unternehmen für Investitionsberatung und Koordination, zwar einen guten Ruf hatte, für die Ausweitung seiner Geschäftsbeziehungen aber auf eine kräftige Kapitalzufuhr angewiesen war.

Arno von Sendenstein nahm das Schweigen als Zustimmung und sprach Wanitzky direkt an. »Sie sind also daran interessiert, sich bei Koordinata-Bonn zu beteiligen?«

»Vielleicht«, antwortete Wanitzky nicht sehr laut und strich sinnend mit dem linken Zeigefinger über seinen Schnurrbart.

»Schön, gehen wir also einmal davon aus. – Auf das Unternehmen dürften bis zum Jahr zweitausend interessante Aufgaben zukommen. Um es in einem Satz zu sagen: Die Stadt Bonn steht vor dem größten Investitionsschub ihrer Geschichte.«

»Nichts ist so dauerhaft wie ein Provisorium«, kommentierte Wanitzky.

Von Sendenstein deutete mit einer vagen Handbewegung Zustimmung an. »Wir als eingeführtes Beratungs- und Koordinierungsunternehmen werden daran mitzuarbeiten und teilzunehmen haben. So ist das Unternehmen angelegt; die Vertrauensbasis ist geschaffen.«

»Mit dem Pfund läßt sich wuchern«, ergänzte Kai Fischbach und erhielt dafür ein verstehendes Nicken von Wanitzkys Seite.

»Um die Grundstrukturen von Anfang an klarzulegen«, fuhr von Sendenstein fort: »Gewinnanteile und Verfügungsmacht eines neuen Geschäftspartners können nicht über ein Viertel, also fünfundzwanzig Prozent, hinausgehen. Darin drückt sich der Gründerbonus aus.«

»Fünfzig Prozent«, sagte Wanitzky, »es sei denn, Sie weisen mir durch einen aktuellen Status nach, daß Ihre gemeinsamen Anteile – sagen wir – zur Zeit eine halbe Million überschreiten.«

Arno von Sendenstein sah irritiert zu seinem Geschäftspartner Kai Fischbach hinüber. Dieser war schließlich für Steuer- und Kapitalfragen verantwortlich. Doch bevor der sich äußern konnte, erklärte Wanitzky: »Ich habe durch Akkreditiv einen Betrag in entsprechender Höhe bei der ›Crédit Lyonnais‹ bereitgestellt – hier bitte, das Dokument für Sie.«

Von Sendenstein warf einen Blick darauf und reichte es seinem Kompagnon weiter.

»Ihre Liquidität scheint ja unter der Dollarknappheit der Öl-länder nicht zu leiden«, stellte Kai Fischbach fest.

»Meine Werkzeuge werden immer gebraucht«, erwiderte Johann Wanitzky bescheiden. »Zu Ihrer Beruhigung: halbe-halbe war nur ein kleiner Scherz. Aber ein gleichberechtigtes Drittel muß es sein. Selbstverständlich sind Sie weiterhin der Sprecher, Herr von Sendenstein.«

»Und Ihre Einlage bleibt auf diesen Betrag fixiert?«

»Ja«, antwortete Wanitzky, ohne zu zögern. Er hatte das zustimmende Zeichen von Kai Fischbach wohl bemerkt.

Von Sendenstein war zufrieden. »Gut, gehen wir einmal davon aus – jeder ein Drittel. Wir machen darüber einen hieb- und stichfesten Vertrag.«

»Einverstanden«, sagte Wanitzky. Er wußte, daß ein gleichberechtigtes Dreiergremium die instabilste aller möglichen Lösungen war. Bald schon würden sich in der Troika zwei gegen den dritten verbünden.

»Bei dem zu erwartenden Investitionsschub werden unsere

Gewinne beachtlich sein. Dieses Rheingold hat ein sehr hohes spezifisches Gewicht«, stellte Kai Fischbach mit einem breiten Grinsen fest – und Wanitzky wußte, wer sein Bundesgenosse sein würde. Er lehnte sich zurück und fragte: »Darf ich nun ein paar Details hören und einiges über die Koordinata-Konzeption erfahren – auch von den Quellen, auf die Sie sich stützen? Ich bin schließlich mit den Verhältnissen in Bonn nicht so vertraut wie Sie.«

Von Sendensteins Zögern ließ die Eitelkeit des Wissenden erkennen. »Über die Quelle möchte ich nicht sprechen. Da stehe ich im Wort. Aber sie ist zuverlässig – absolut zuverlässig!«

Kai Fischbachs Gesicht blieb unbewegt.

»Bis zum Jahr zweitausend«, fuhr von Sendenstein fort, »also im Laufe eines Jahrzehnts, werden weit über zwei Milliarden in den Bonner Raum fließen. Das sind reichlich zweimal tausend Millionen harte Deutsche Mark. Es wird nun unsere Aufgabe sein, auf Provisionsbasis leistungsfähige Betriebe heranzuziehen, heranzuführen an diesen Kuchen – wenn ich so salopp sagen darf.«

»Kalkulationsgrundlage?« fragte Wanitzky.

»Übliche drei bis fünf Prozent.«

»Niemals unter sechs – Sonderleistungen extra«, kam sehr bestimmt die Antwort von Wanitzky.

Noch bevor von Sendenstein reagieren konnte, bestätigte Kai Fischbach: »Richtig, das sollte uns unsere Bundeshauptstadt schon wert sein.«

Damit war ein Bündnis geschlossen.

Von Sendensteins Augen wanderten von einem zum anderen, dann ziellos durch den Raum. »Nun – nun ja, wir wollen uns nicht voreilig festlegen. Aber... wenn es der Markt hergibt...«

Wanitzky sah gleichmütig aus dem Fenster und ließ seinen Blick über das Bundeshaus wandern, von dem er wußte, daß es in der Vorkriegszeit als Pädagogische Akademie gedient hatte und als ein Beispiel für den Bauhausstil gilt.

Mit etwas erhobener Stimme versuchte von Sendenstein seinen neuen Geschäftspartner zu den Problemen der Gegenwart zurückzuholen. »Also, zwei Milliarden – davon dürfen wir ausgehen.«

»Diese Annahme scheint mir sehr gewagt«, zweifelte Wanitzky, ohne sich umzuwenden.

Arno von Sendenstein wollte seine Überlegenheit durch die Ausbreitung seines Wissens dokumentieren: »Meine Quelle ist absolut zuverlässig – ich sagte es schon –, und alle Informationen sind auf dem neuesten Stand. Ich darf Ihnen mal die dicksten Brocken nennen: Das Postministerium dort drüben hat den Reigen eröffnet. Dabei haben wir gute Vermittlerdienste leisten können und den Ruf von Koordinata gefestigt. Nebenan bei den Kreuzbauten wächst das Verkehrsministerium hoch, das macht einhundertfünfzig Millionen. Im Verteidigungsministerium sind für den Zentralbereich zweihundert Millionen angesetzt, für den Erweiterungsbau des Bundestages einhundertfünfzig Millionen. Wirtschafts- und Innenministerium sollen vergrößert werden, hundertzwanzig Millionen. Hotel Petersberg, die Nobelherberge für Staatsgäste, kostet hundert Millionen – glauben die Abgeordneten, aber sie werden nachbewilligen müssen. Das Kunstmuseum sechzig, die Kunst- und Ausstellungshalle hundert und das Haus der Geschichte ebenfalls hundert Millionen. Weiter haben wir das Entwicklungshilfeministerium mit achtzig Millionen…«

Wanitzky unterbrach: »Sehr beachtlich, ich habe schon über eine Milliarde addiert. Soll das so weitergehen mit der Aufzählung?«

»Aber ja«, fuhr von Sendenstein fort. »Hören Sie gut zu: Stadtbahntunnel Bad Godesberg zweihundertzwanzig Millionen, Straßentunnel dreihundertfünfzig Millionen. Dann soll die Autobahn beim Kleeblatt Ramersdorfer Kreuz in den Ennert hineingetrieben werden. Aufwand einige hundert Millionen – genaue Zahlen werden noch errechnet.«

»Wirklich beachtlich«, bestätigte Wanitzky. »Ich nehme an, Sie kennen auch die Einzelpositionen?«

»Selbstverständlich, Punkt für Punkt; aber das wollen wir uns heute ersparen.«

Kai Fischbach ergänzte: »Da werden einige anbeißen wollen. Wir dürften eine gefragte Adresse sein. Investitionsberatung und Koordination im Dschungel der Bundeshauptstadt – das erwarten die auftragshungrigen Bosse.«

Wanitzky überlegte laut: »Mit einigem Geschick werden wir schon im ersten Jahr Vorkasse in Millionenhöhe von den Interessenten hereinholen können. Wer an großes Geld heranwill, muß einiges an Vorleistung erbringen...«

»Zehn Prozent der zu erwartenden Provision müßten das schon sein«, meinte Fischbach.

»Mindestens«, bestätigte Wanitzky.

»Aber meine Herren«, versuchte von Sendenstein die Euphorie zu dämpfen, »wir werden doch nicht jetzt darüber beschließen wollen. Mir geht es im Moment nur um die Perspektiven.«

Ohne die Unterbrechung zu beachten, fuhr Wanitzky fort: »Die Basiszahlen gehen mit einer groß angelegten Werbeaktion heraus. Wir bieten unsere Dienste an und werden mit einem Schlag die Nummer eins unter den Beratern sein. Die Branche muß das Gefühl haben, ohne uns an Bonn-Aufträge nicht herankommen zu können.«

Kai Fischbach atmete tief aus. »Respekt, Sie wissen die großen Zusammenhänge auf den Nervus rerum hinzuführen. – Ich kann Ihnen durchaus folgen – der Ansatz ist realistisch.«

»Aber meine Herren«, versuchte von Sendenstein sich Gehör zu verschaffen, »die Annahmen bedürfen gründlicher Überprüfung. Wir werden unsere Fachleute darauf ansetzen.«

»Nein«, kam es von Wanitzky. »Ich bin es anders gewöhnt. Wir bestimmen die Richtlinien der Politik. Wer von den Zuarbeitern nicht bereit ist, die Konzeption in Aktivitäten umzusetzen, der ist hier nicht zu gebrauchen.«

Mit einem »Nun ja, gehen wir mal für heute davon aus« trat der Sprecher des Triumvirats abermals seinen Rückzug an. »Wir müßten noch ein paar andere Fragen klären.«

»Mein Büro – zum Beispiel«, sagte Wanitzky.

Fischbach bekundete Hilfsbereitschaft. »Auf unserer Etage sind drei Räume reserviert, und die Sekretärin...«

»...suche ich mir selbst aus«, winkte Wanitzky ab. »Ich brauche da etwas Hochkarätiges, sprachkundig und gesellschaftsfähig. – Schließlich habe ich noch ein paar andere Geschäfte zu erledigen.«

»Sie wollen doch nicht sagen, daß Sie häufiger abwesend sein werden?« erkundigte von Sendenstein sich besorgt.

»Aber gewiß doch. Beamte gibt es genug in Bonn. Ich bin kein Stunden- und Staatsdiener. Ich beliebe zu kommen und zu gehen, wie es mir paßt.« Wanitzky tupfte mit dem linken Zeigefinger leicht an seinen dunklen Schnurrbart. »Mein Büro wird immer wissen, wann ich abwesend bin.«

»Sie können aushilfsweise gern auf Frau Nikols zurückgreifen«, diente sich von Sendenstein an.

Kai Fischbach schien andere Vorstellungen zu haben. Er drückte sich etwas orakelhaft aus. »Damit Ihnen die weniger bekannte Seite Bonns nicht verborgen bleibt, lassen Sie sich überraschen. Hier gibt es einen ausgezeichneten Hostessen-Service mit bonnkundigen Reise- und Tagessekretärinnen. – Qualität zu annehmbaren Konditionen.«

Johann Wanitzky sah Fischbach mit einem breiten, wissenden Lächeln an. »So, so, das freut mich zu hören. Eine gute Nachricht. Ich werde die Sache selbst in die Hand nehmen. Danke für Ihre Bemühungen.«

Die drei Herren trennten sich alsbald mit einem nichtssagenden Händedruck und freuten sich auf das jetzt beginnende Wochenende.

2

Der Croupier ließ die Kugel laufen. »Nichts geht mehr!« Die einsetzende Aufmerksamkeit in der Runde der Spieler wurde unterstrichen durch das Surren des rotierenden Stückchens Elfenbein. Ein langsamer werdender Lauf, und die Kugel sprang in das Nummernfach 8. Der Croupier deutete mit dem Rateau auf die Ziffer und rief sie mit allen Gewinnchancen aus. Vom Rechen geschoben und gezogen, gelangten die farbigen Jetons wie in einer mystischen Zeremonie auf den richtigen Platz.

»War wohl nichts«, flüsterte der Herr im anthrazitfarbenen Anzug der vor ihm am Tisch sitzenden Dame zu. »Jedes Laster hat seinen Preis. Aber wie heißt es so schön: ›Unglück im Spiel – Glück in der Liebe.‹ – Das wird ein schöner Abend werden!«

»Pst«, wehrte die Angesprochene ab und blickte gespannt auf

den Tisch. Sie hatte auf Carré 16/20 gesetzt. Das hätte, wäre das Glück nicht so launisch, beim Einsatz von hundert Mark einen Gewinn von genau achthundert Deutschen Mark gebracht. Nun war ihr erster »Blauer« als Jeton in das Casino-Töpfchen gewandert. Damit hätte es die Dame des Spiels genug sein lassen können, denn im Schnitt verliert jeder Spieler pro Casino-Besuch etwa hundert Mark. Doch sie war ja hier, um zu gewinnen – nicht um zu verlieren.

»Bitte, das Spiel zu machen!« kam sogleich die erneute Aufforderung des Croupiers.

Die Dame setzte ein orangenes Stück als Transversale simple auf die äußerste Seitenlinie zwischen den Nummern 21 und 24.

Jetzt lockte nur der fünffache Gewinn. Von allen Seiten kamen die Einsätze und Ansagen in schneller Folge zu den Nummern mit den hohen Gewinnchancen: Plein, A cheval, Transversale pleine, Quatre premiers. Diskreter wurden die Jetons auf das kleinere Risiko gesetzt. Flinke oder zaghafte Hände schoben sie auf die Felder der Dutzende und Kolonnen, Manque, Impair. Wenige entschlossen sich für die Farben Rouge oder Noir.

Eine mutige Dame fortgeschrittenen Alters setzte in der siebten Folge alles auf »Plein 10«. Ihre Erregung machte sich nur durch ein leises Klingen ihrer goldenen Armreifen bemerkbar. Sie hatte offenbar nicht nur diese gewisse erotische Beziehung zum Geschehen am Spieltisch, sondern auch die nötigen »Stücke«, um sich ein solches Verhältnis leisten zu können. Die kleinen Serien des Nachmittagsspiels waren nicht ihre Welt.

Schon hatten die gläubigen Kinder Fortunas für das nächste Spiel gesetzt – und wieder die Absage: »Nichts geht mehr!«

Der Herr, der das Glück in der Liebe beschwor, legte seiner Partnerin, welche diesmal von der Transversale simple das fünffache Glück erhoffte, seine rechte Hand auf die Schulter. Seine Finger glitten über den Seidenstoff ihres hauteng sitzenden Kleides und spielten mit der schillernden Perlenkette. Die Spielerin neigte mit einer leichten Drehung kuschelnd den Kopf zur Seite. Ihr blondes Haar fiel über die tastende Hand.

Die Elfenbeinkugel im Kessel verlangsamte ihren Lauf, dann Stillstand des Glücks bei der schwarzen 26. Kai Fischbach zeigte sich nur mäßig davon bewegt, daß sein Medium kein Glück gehabt hatte. Er blickte fasziniert zu der Goldbereiften schräg gegenüber – Plein 10 abermals perdu. Sie lächelte und sah mit stoischer Gelassenheit zu, wie das Rateau die Jetons abräumte.

Schnelle, flüssige Bewegungen der Croupiers, gedämpftes »klack-klack« der Jetons, erleichtertes Aufatmen beim einen, krampfhafte Gelassenheit bei den anderen. Einige wechselten am Tisch Hundertmarkscheine ein, um das Spiel fortsetzen zu können; auch Fünfhunderter und Tausender wurden hingeblättert. Das Papier verwandelte sich sekundenschnell in bunte »Stücke«. Solche Stücke sorgten in dreißig deutschen Spielbanken für einen Jahresumsatz von zwanzig Milliarden Mark.

Kai verstärkte den Druck seiner Hand: »Macht nichts, Niki, du weißt doch…«

»Es läuft heute nicht, Kai«, flüsterte sie. »Willst du an den Tisch?«

Er winkte ab. »Du bist die Glücksfee.«

Wieder die ruhige Stimme des Croupiers: »Bitte das Spiel zu machen.«

Roulette, das wohl »ehrlichste und fairste Glücksspiel der Welt« mit seinen wechselnden Höhen und Tiefen, ließ die Spieler nicht los.

»Kai, noch einen letzten Versuch, dann ist das Limit erreicht.« Nikis Stimme ließ Nervosität erkennen, und Kai sah den schnelleren Pulsschlag unter der Perlenkette.

Die Dame vom verlorenen Plein 10 schien das Glück zwingen zu wollen. Sie setzte alle noch vorhandenen Jetons auf das vor ihr liegende Feld »Passe« – die einfache Chance. Wenn die Kugel auf eine der Zahlen 19 bis 36 fallen würde, hätte sie ihren Einsatz verdoppelt.

Blitzschnell schaltete die von Kais Händen liebevoll geführte Niki auf Hasard: »Plein 10!« Eine merkbare Bewegung ging um den Tisch. Sie hatte ihre letzten Stücke gesetzt. Zwei Hunderter-Jetons.

Die frühere Verliererin lächelte gönnerhaft: »Kindchen-Kindchen«, ließ sie etwas mitleidig und gar nicht leise vernehmen.

Niki preßte die Handflächen zusammen; das Spiel lief. Die rotierende Kugel wurde langsamer und verlor ihren faszinierenden Sound. Ein kurzes Holpern und – klack! die Zehn! Die »Goldene

Zehn« hatte es erwischt, mit der im Casino Bad Neuenahr das Glück begonnen hatte.

Niki fuhr hoch. Sie spürte nicht mehr den Druck der Hand auf ihrer Schulter und hörte auch nicht Kai Fischbachs eher bedauernde Worte: »Oh, Glück im Spiel – was wird aus der Liebe?«

Niki ließ sich den Gewinn zuschieben – siebentausend – und stand sofort auf. »Schluß für heute.«

Drei Hunderter-Jetons wanderten in den Schlitz des Tronc für die Gehälter der Croupiers.

Von jedem kam ein kurzes »Danke!«.

Die goldbereifte Dame hatte nun auch auf »Passe« alles verloren. Niki und Kai nahmen noch wahr, daß der Saalchef diskret und freundlich mit der Verliererin sprach, die dann ihren Platz am Tisch räumte. Sie ging gewiß in der Hoffnung, ihren Gewinn am nächsten Abend wieder hereinholen zu können. – Corriger la fortune!

Niki hatte die Jetons in Bargeld umgetauscht und gab dem Saalportier ein gutes Trinkgeld. Auf der Treppe zum Parterre umfing die Casinobesucher eine ganz andere Geräuschkulisse: gedämpfte Musik aus der Tanzbar, durchsetzt mit dem mechanischen Klappern und Surren der Spielgeräte im Automatensaal. Hier versuchten die dicht an dicht stehenden Spieler, die »einarmigen Banditen« zu überlisten.

»Und nun, was befiehlt das ›Kindchen‹?« fragte Kai Fischbach. »Tanz in der Casino-Bar oder ein Mitternachtsmenü bei Enrico?«

»Die Lady hat für das ›Kindchen‹ bitter büßen müssen«, stellte Niki, noch ganz im Banne des Spiels, mit Befriedigung fest. »Nicht mal Passe ist gelaufen. Du siehst, auch alte Gänse schnattern das Glück nicht herbei.«

»Und das erfreut dein Zockerherz! Doch was nun? Du hast gewonnen und kannst wählen. Ich lasse mich gern aushalten. Bei dir ist jede Mark gewinnbringend angelegt.« Kai drückte Nikis Arm.

»Du«, sagte sie in dem ihm so vertrauten Ton: »Da gibt es noch eine dritte Möglichkeit. Das französische Bett ist auch sehr gut.«

Kai Fischbach seufzte zufrieden. »Wußt' ich's doch. Roulette macht sinnlich. Nach diesem Coup hättest du einen richtigen kleinen Urlaub verdient – mit mir.«

Niki prustete los: »Toll – wir beide am Montag nicht im Büro. Da wäre unser Sendenstein ganz schön sauer. Wo mag mein Chef, dein treuer Kompagnon, jetzt wohl rumhängen?«

»In Bad Godesberg«, antwortete Kai Fischbach prompt. »Die Partei gibt dem Planungsminister zu seinem sechzigsten Geburtstag einen großen Empfang. Sendenstein ist auch eingeladen.«

»Wie schön«, meinte Niki lachend. »Und ich gebe einen ganz kleinen Empfang für dich.« Mit einem Gedankensprung fuhr sie fort: »Hast du's gemerkt, eure Neuerwerbung, dieser Wanitzky, wollte mich anmachen. Der zieht jede Frau gleich aus mit seinen schwarzen Augen.«

»...und an! denke ich. Millionen haben eine geradezu magische Wirkung und Anziehungskraft.« Kai Fischbach wußte, wovon er sprach.

»Vielleicht zockt er auch«, dachte Martha Nikols, ohne es laut auszusprechen; als »Niki« hatte sie zu schweigen gelernt. Sie behielt nie mehr als den halben Gewinn – doch dafür gab sie sich ganz. Die Herren durften das volle Risiko des Einsatzes tragen und – so oder so – des Glückes teilhaftig werden. Nikis Ehemann, ein begabter Mathematiker, hatte einmal geglaubt, für sie ein todsicheres Gewinnsystem errechnet zu haben. Dabei war sein kleines Vermögen draufgegangen – und sie hatte sich abgesetzt.

Im Hotel ›Fatimah‹, nur wenige hundert Meter vom Spielcasino entfernt, galten Niki und Kai als solvente Stammgäste. Der Etagenkellner war aber doch überrascht, als er ihre Bestellung – Sekt, Kaviar und ein kleines Quick-Dinner – entgegennahm.

»Service im Zimmer?« vergewisserte er sich.

»Ja, und möglichst bald«, bestätigte Niki und huschte ins Bad. Kai wollte ihr nach, um wie sonst auch seine helfende Hand anzubieten.

»Draußen bleiben, du Lüstling«, wehrte sie ab. »Laß dich von Fortuna überraschen.« Damit zog sie die Tür hinter sich zu.

Kai ließ sich in den Sessel fallen und sann vor sich hin. Niki plätscherte in der Wanne und trällerte Melodien von Sehnsucht und Glück – eine endlose Zeit, so schien es Kai.

Der Etagenkellner klopfte. Auf das »Herein« schob er den Tischwagen vor die Sitzgruppe. Kai hob die silberne Abdeckglocke von einem der Teller und schnupperte den Duft von frischem Gemüse, zartem Entrecôte und einer würzigen Sauce. Er nickte und gab seiner Zufriedenheit mit einem entsprechenden Trinkgeld Ausdruck. Der Kellner dankte und schloß mit einem »Guten Appetit« leise die Tür hinter sich.

Ihr Auftritt war bühnenreif. Kai setzte vor Erstaunen die Abdeckglocke zurück. Niki gab sich als Dame der Demimonde. Wie ein Schleier von nichts umwehte das offene Negligé ihre vollkommene Figur. Dazu trug sie nur noch die Perlenkette und den Seidengürtel ihres Abendkleides. Das Bermudadreieck war frei.

»Hat jemand zum Essen gebeten?« fragte sie in aller Unschuld. Sie sah, daß Kai schluckte, und fuhr fort: »Dann aber in der richtigen Garderobe. Wir wollen auch hier die Spielregeln des Casinos beachten. Ich warte gern fünf Minuten, bis du dich frisch gemacht hast. – Zum Erscheinungsbild des Herrn gehört nun mal die Krawatte. Darüber hinaus genießt der Spieler jede Freiheit.«

Kai erhob sich und wollte Niki an sich ziehen. Sie wehrte ab. »Aber, aber. Eine gewinnende Dame darf doch wohl Respekt erwarten. Halten Sie sich bitte an die Kleiderordnung, mein Herr!«

Nach kaum einer Minute kam Kai aus dem Bad zurück. Er hatte sich der Eintrittsbedingung gebeugt und trug Krawatte, kunstvoll geschlungen zum Windsorknoten.

»Mit einem solchen Lendenschurz gefällt er mir, mein Glücksritter«, freute sich Niki und bot ihm mit großer Geste den Platz an ihrer Seite an. »Jetzt erst das Sekt-Menü, und dann, mein Herr – bitte das Spiel zu machen.«

Wieder einmal traf sich an historischer Stätte »eine Gesellschaft, die die Quelle besucht«. Vor knapp zweihundert Jahren hatte der sparsame, aber weitblickende Kurfürst Max Franz das Ball- und Spielhaus »La Redoute« errichten lassen, um den hochmögenden Badegästen neben dem Genuß des heilenden Wassers auch stärkere Medizin anzudienen. Der Förderer des jungen Beethoven wußte, was Menschen bei der Kur glücklich macht: Musik und Tanz, Spiel und Frauen. Im kurfürstlichen Lustschlößchen wurde gezockt auf Deibel komm raus, bis die preußische Regierung 1818 den Spielbetrieb »wegen Gefährdung der Bonner Studenten« verbot.

Zu dieser abendlichen Stunde, da sich in Bad Neuenahr das Roulette drehte, hatten sich unter dem restaurierten Dekor des Spätrokoko im Festsaal der Redoute die Spitzen von Politik und Wirtschaft eingefunden; nicht um das Godesberger Wasser zu trinken, sondern um einen Toast nach dem anderen auf ihren Zukunftsträger auszubringen. Planungsminister Deikelmann wurde sechzig Jahre alt. Doch er wirkte in seinem dunkelblauen Anzug mit den steigenden Revers und dem – trotz der konservativen Grundhaltung – stets rot getönten Querbinder wie ein durchtrainierter Endvierziger. Aus einem hageren Gesicht blickten wache blaue Augen in den Festsaal, wo gewiß zweihundert Träger gepflegter Garderobe und hoher Verantwortung für Staat und Gesellschaft sowie einige ausgesuchte dekorative Erscheinungen der Kirche und der Wissenschaft auf das Ende der Elogen – und die Freigabe des reichhaltigen kalten Buffets warteten. Doch das Schlußwort des Bürgermeisters der Bundeshauptstadt mußte noch ertragen werden.

»Sehr verehrter Herr Minister, hochgeschätzter Parteifreund, lieber Viktor! Mein Glückwunsch, auch im Namen der Bürger Bonns und – das darf ich hier offen sagen – im Namen deiner Parteifreunde, kommt von Herzen. Du hast mit deinem weitsichtigen Planungsprogramm der nun ein Dutzend Jahre bestehenden Hauptstadtvereinbarung den zukunftsweisenden Inhalt gegeben. Das Provisorium Bonn dürfen wir endlich im Zettelkasten der Geschichte ablegen. Natürlich wollen wir Berlin als Zentrum unseres wiedervereinigten Vaterlandes sehen, doch für diesen unseren Staat ist und bleibt Bonn die Bundeshauptstadt.«

Der Bürgermeister hob den Kopf und legte eine Kunstpause ein, um der ehrenwerten Gesellschaft die erwartete Gelegenheit zum Beifall zu geben. So wurde dann auch, der Stimmung des Raumes angemessen, nicht zu lange und nicht zu laut geklatscht. Der Bürgermeister wußte mit den auf einen schnellen Schluß hindeutenden Worten die Erwartung der Harrenden zu befriedigen: »Wir haben viele und gute Glückwunschadressen zu deinem runden Geburtstag gehört, lieber Viktor. Ich kann nur jedes Wort meiner Vorredner unterstreichen und mich darum kurz fassen: Du sollst jung und gesund bleiben. Du sollst weiterhin helfen, der Zukunft ein menschliches Gesicht zu geben. In deinem Ressort läuft alles zusammen, worauf wir hier in Bonn und im weiten Rund der Republik im wahrsten Sinne des Wortes ›bauen‹ können. So darf ich feststellen: Jede Investition in Bonn ist eine Investition für Deutschland – Glück auf, Herr Minister, Glück auf, Viktor!«

Nun war es durchgestanden. Der Beifall kam heftig, ebbte aber schnell ab. – Die Schlacht am kalten Buffet konnte beginnen.

Arno von Sendenstein gelang es, sich an die Seite des parlamentarischen Staatssekretärs des Bundesministeriums für Planung und Organisation zu schieben. Die beiden Herren hatten nicht nur intensive berufliche Kontakte, sondern waren auch durch die verschlungenen Wege der alten Adelsgeschlechter über den »Gotha« miteinander verbunden. Ein gemeinsamer Ahne hatte in den Kriegen der Kreuzritter große Liegenschaften im Osten erworben, doch die waren im Krieg unter dem falschen Kreuz wieder verlorengegangen.

»Mein lieber Sendenstein«, sagte der Staatssekretär, »Koordinata-Bonn geht herrlichen Zeiten entgegen. Draußen sieht's ja nicht so rosig aus, aber es wird boomen in Bonn.«

»Wird auch höchste Zeit«, bestätigte der Angesprochene, langte nach einer Scheibe Kaßler und löffelte Waldorfsalat auf seinen Teller. »Etwas mehr Selbstdarstellung dürfte dem Staat guttun.«

Der Staatssekretär plauderte ein wenig aus dem Nähkästchen: »Die wichtigsten Haushaltsansätze sind in den Ausschüssen gelaufen. Große Einigkeit der Erbsenzähler quer durch alle Parteien. Die Grünen wollen wie immer dagegenhalten – also keine Probleme mehr im Plenum.«

»Wir werden das Unsere tun, die richtigen Firmen heranzuholen; Bonn braucht Qualität«, erläuterte von Sendenstein seine Geschäftspolitik. »Es dürfte nicht ganz leicht sein, die Spreu vom Weizen zu scheiden.«

Der »Parlamentarische« nickte, biß in ein Kanapee mit Brüsseler Pastete, schluckte schnell, ohne zu genießen, und spülte mit Sekt nach. »Was ich noch sagen wollte: Der Beratungsvertrag geht doch wohl klar? Das Honorar muß sich im Rahmen halten, dafür darf die Unkostenerstattung reichlich sein, sonst könnte ein MdB zu leicht gegen die ›Verhaltensregeln‹ des Parlaments verstoßen.«

Arno von Sendenstein zögerte mit der Zusage. »Wir sind noch nicht im ganz großen Geschäft – und dann die Parteispenden. Das wird schon etwas eng.«

»Ach was, kein Problem«, wischte der Staatssekretär die Bedenken beiseite. »Wir beide wissen doch: die Tunnelprojekte sind praktisch auch gelaufen, noch ein paar hundert Millionen mehr auf dem Markt. Ist ja nicht meine Sache, aber unser Mann kann's gebrauchen. Dessen Name im Portefeuille der Firma – damit läßt sich diskret das Image stärken. Natürlich alles legal – versteht sich.«

Arno von Sendenstein kannte die Spielregeln. »Ein wirklich guter Gedanke«, sagte er. »Ich werde mal auf den Herrn Abgeordneten zugehen und versuchen, ihn für eine Beratung zu gewinnen.«

Der Staatssekretär hob kurz sein Glas. »Alsdann zum Wohl!« Von Sendenstein dankte, so gut es im Gedränge ging, mit einem »Santé«.

Wie der »Zufall« auf dem Bonner Parkett so spielt, plauderte der Abgeordnete Hinterwimmer auf der anderen Seite des Saals mit einem Würdenträger im Ornat und zwei renommierten Wissenschaftlern über Umweltfragen. Im Rahmen des gegenseitigen Rollenverständnisses fiel es Arno von Sendenstein nicht schwer, seinen künftigen Helfer diskret anzusprechen und für eine externe Beratung der Firma Koordinata-Bonn zu gewinnen.

Der »Internationale Hostessen-Service« war eine Institution, auf welche die Bundeshauptstadt nicht verzichten konnte. Mancher Tagesgast und nicht wenige ausländische Delegationsmitglieder wären in Bonn hilflos oder einsam gewesen, wenn sich ihrer nicht die sprach-, schreib- und ortskundigen Damen angenommen hätten. Der Service funktionierte rund um die Uhr, auch an

Wochenenden. Beim Service galt ein eiserner Grundsatz: Erst die Arbeit, dann das Vergnügen. Die Honorarbedingungen waren knallhart; die Anforderungen an das Personal auch: Steno-Höchstleistungen, Maschinenschreiben perfekt, Korrespondenzerfahrungen in wenigstens zwei Fremdsprachen. Gute Figur und gutes Benehmen galten als selbstverständlich.

Die Geschäftsleitung des in allen Großstädten Europas vertretenen Hostessen-Service steuerte das Unternehmen aus der Schweiz. Über ein ausgeklügeltes System liefen Topinformationen in die Zentrale. Von dort wurden die Berichte der Mädchen über einflußreiche Auftraggeber zusätzlich honoriert. Für Angaben über ihren »außerdienstlichen Umgang« mit den Kunden gab es den doppelten Satz. Dieses System, so begründete es die Zentrale, sollte dem Schutz der Mitarbeiterinnen dienen. Gespräche darüber mit Dritten waren strengstens untersagt.

Johann Wanitzky wußte die Arbeit des Service von früheren Aufenthalten in Bonn zu schätzen. In dieser Dependance, mit dem Geschäftssitz in der Kaiser-Bastion, war natürlich nicht bekannt, daß in erster Linie sein Kapitaleinsatz bei der Holding in Genf den Internationalen Hostessen-Service zusammenhielt. In Bonn war Wanitzky nur »Kunde«. Entgegen seiner Gewohnheit, die einfachen Geschäftsangelegenheiten möglichst per Telefon abzuwickeln, ging er nach einem guten Essen von seinem Hotel am Rhein zu Fuß quer durch die Stadt in Richtung Kaiser-Bastion.

Am Hauptbahnhof kaufte er ein halbes Dutzend internationaler Tageszeitungen und ließ seine Augen über das Gebäude wandern. Dieser kleine, alte, aber gefällige Bau aus der Kaiserzeit hatte mit dem Älterwerden der Republik sein Kleinstadt-Image verloren und museales Ansehen erlangt. Künstlerisches auch, denn hier auf der Treppe hatte Bölls Clown Schnier zur Gitarre um Almosen gesungen: »Der arme Papst Johannes, hört nicht die CDU, er ist nicht Müllers Esel, er will nicht Müllers Kuh.«

Die Kaiser-Bastion lag gegenüber an der Maximilianstraße, Produkt einer modernen Bauplanung. Ein paar Hausnummern weiter, in einem der noch nicht von der Spitzhacke erreichten Altbauten, dämmerte ein Pornoladen vor sich hin. Welcher Alt- oder Neubonner würde es schon wagen, offen über die Straße dort hineinzugehen?

Beim Service wurde mit kleiner Besetzung gearbeitet. Die Managerin, im schlichten Kostüm mit lachsfarbener Bluse, nahm aufmerksam Wanitzkys Anliegen entgegen. Sie hatte den Kunden sofort erkannt und holte eine Karte aus dem Karteikasten. »Selbstverständlich kann Ihnen Frau Ritter wieder zur Verfügung stehen. – Französisch, Englisch – gibt es weitere Anforderungen?«

Wanitzky hatte keine zusätzlichen Wünsche, fragte aber: »Deutsches Handelsrecht, Kenntnisse über Anlagen und Investitionen – wie sieht es damit aus?«

Die Managerin sah auf die Karte. »Investitionen, dazu ist nichts vermerkt. Handelsrecht, da dürften Grundkenntnisse vorhanden sein. Frau Ritter hat eine abgeschlossene Lehre zum Industriekaufmann.«

»Ausgezeichnet«, dankte Wanitzky. »Ich habe einiges vorzubereiten und brauche die Dame für mehrere Tage, vielleicht auch für mehrere Wochen.«

»Ein Monat ist unser Maximum. Sie kennen doch unsere Geschäftsbedingungen?«

»Ja, danke. Also heute achtzehn Uhr im Hotel am Rhein. Ich möchte, daß Frau Ritter auch mein Gast ist.«

»Selbstverständlich. Doch das haben unsere Mitarbeiterinnen letztlich allein zu entscheiden. – Hier, bitte, der Arbeits- und Dienstleistungsvertrag. Es sind noch die alten Konditionen seit Ihrer letzten Inanspruchnahme.«

Wanitzky lächelte freundlich, murmelte ein »Danke«, warf einen Blick auf den Text, unterschrieb und verabschiedete sich.

Die Hosteß Ilka Ritter war für ihn eine der angenehmsten Erinnerungen an seine früheren Geschäftsaufenthalte in Bonn. Sie war bis zum letzten Stenogramm und bis zur letzten Unterschrift die perfekte Sekretärin, danach die vollkommene Gespielin und schließlich die Verschwiegenheit in Person. Sie war teuer, aber nicht unverschämt. Für private Dienstleistungen nahm sie den doppelten Satz der Service-Zeitstunde. Diesen harten Diamanten wollte er der Koordinata-Bonn ins Nest legen. Dann würden die Kompagnons sehr bald merken, wer Herr des Hauses war.

Johann Wanitzky bummelte durch die Stadt. Bonns Dimensionen erschienen ihm unwirklich nach den Eindrücken, die er wenige Tage zuvor in Kinshasa, der wuchernden afrikanischen Millionenstadt, gewonnen hatte. Dieser Alptraum mit seinen Armenvierteln und der steinernen Monumentalität war nicht einmal auf Öl, sondern auf zerrinnende Dollars gebaut. In der Hauptstadt Zaires hatte er einen Millionenauftrag an Land ziehen können, der seinen Einstand bei der Koordinata-Bonn wie die Gabe des Schlotbarons an einen armen Verwandten erscheinen ließ.

Auf dem Münsterplatz wurde wieder einmal demonstriert – für oder gegen irgend etwas. Lautsprecher quäkten, und eine Blaskapelle schmetterte ihre Weisen. Inmitten dieses Trubels stand ein girlandengeschmückter Beethoven auf seinem Sockel. Selbst die überdimensionalen Pappohren, die man ihm angeklebt hatte, nahm er gelassen hin. Der Meister hatte schon andere Maskeraden erlebt.

Polizisten mit Sprechfunkgeräten schoben sich unbehelligt durch die Menge. Diese Demonstration gegen Tierexperimente verlief friedlich. Sie hatte nichts von der explosiven Kraft und Zerstörungswut, die Wanitzky an anderen Orten erlebt hatte. So ging er ein paar Schritte mit der Menge, ließ sich treiben vom Kollektiv und dachte daran, daß sein Kapital auf Konten mit Nummern und Kennbuchstaben arbeitete, um wenigstens einem Menschen den Zugang zu den Freuden dieser Welt zu eröffnen.

Wieder im Hotel, ließ er sich einen doppelten Scotch mit Eis servieren, um danach eine Siesta einzulegen. Müde wollte er um sechs nicht sein. Er hatte Auftrag erteilt, ihn fünfzehn Minuten vor der Zeit zu wecken.

Sie kam pünktlich und begrüßte ihn geschäftsmäßig neutral. Auch das gehörte zur Vertragserfüllung. Er bat sie nicht, Platz zu nehmen, sondern trat ein paar Schritte zurück, um sie eingehend zu betrachten – wie die Ware, die er überall in der Welt einkaufte. Das Bild, dessen Einzelheiten er genußvoll auf sich wirken ließ, war rundherum erfreulich: eine mittelgroße, dunkelhaarige Erscheinung, die genau mit der Figur ausgestattet war, um dem Geschmack fast aller Auftraggeber gerecht zu werden. Das helle Seidenkleid bot einen effektvollen Kontrast zur getönten Haut und hatte die passende Länge, um ihre formvollendeten Beine in hochhackigen Sandaletten zur Geltung zu bringen. Daß all diese Attribute perfekt dargeboten wurden, war selbstverständlich.

»Ilka Ritter«, sagte Wanitzky betont langsam. »Ich schlage Ihnen ein Geschäft vor.«

»Bitte, ich höre«, sagte sie, ohne das geringste Erstaunen zu zeigen.

»Sie treten ab sofort in meine Dienste als bevollmächtigte Sekretärin. Ich bin in eine Bonner Firma eingestiegen und brauche jemanden, der mir zuarbeitet und in dem Laden Augen und Ohren offenhält.«

»Eine reizvolle Aufgabe; aber was wird aus meinem Inter-Service-Vertrag?«

Wanitzky winkte ab. »Darüber brauchen Sie sich keine Sorgen zu machen. Ich werde Sie auslösen.«

»Und das zu erwartende Gehalt?«

»Das Doppelte von dem, was Sie bisher bei Inter-Service bekommen haben.«

»Und?«

Wanitzky schmunzelte. »Extras gesondert, wie bisher; aber für den Monat pauschal.«

»Einverstanden – rundum einverstanden«, sagte sie und warf ihre Jacke über die Sessellehne. »Gilt das auch ab sofort?«

»Einverstanden – rundum einverstanden«, ahmte Wanitzky ihren Tonfall nach. »Also komm – beginnen wir heute mit den Extras.«

3

Jeder auf seine Weise, so hatten die drei Kompagnons des Unternehmens für Investitionsberatung und Koordination die Voraussetzungen dafür geschaffen, daß sie selbst und Koordinata-Bonn hoffnungsvoll in die Zukunft blicken durften.

Die Geschäfte liefen glänzend an. Eine klotzige Werbung hatte die Branche hochgescheucht, und innerhalb von zehn Wochen war über Verträge, die mehr als hundert Millionen bewegten, verhandelt worden. Das hatte schon im ersten Anlauf Vorleistungen auf die zu entrichtenden Provisionen in Höhe von über einer Million Mark in die Kasse des Unternehmens gespült. Ein Dutzend Briefkastenfirmen hatten sich im Rhein-Center niedergelassen und der Koordinata-Bonn weitgehende Vollmachten erteilt. Täglich kamen neue Aufträge aus ganz Europa herein. Große Geschäfte lockten auch großes Geld. Schon nach diesen zwei Monaten war klar, daß die aggressive Geschäftspolitik zum Erfolg verurteilt war.

Über einen dankbaren Informanten stand von Sendenstein das elektronisch gespeicherte Datenmaterial des Bundesministeriums für Planung und Organisation zur Verfügung. Mit einer großzügigen Zuwendung zur Abdeckung von Spielschulden hatte von Sendenstein dazu beigetragen, eine bürgerliche Existenz zu erhalten. Als Gegengabe lieferte der Spezialist in der Gesellschaft für Datensicherheit genaue Informationen, die ihr Geld wert waren.

Für die nächsten Wochen allerdings schien es Schwierigkeiten zu geben. Am frühen Morgen hatte Martha Nikols vom Vorzimmer aus einen Telefonanruf mit den Worten durchgestellt: »Er möchte Sie dringend sprechen.«

Der Anrufer nannte nur das Stichwort »Vermeldung«. Es klang wie ein Name. Die Stimme ließ Aufregung erkennen. »Ich muß in den nächsten vier Wochen von Mitteilungen absehen. Hier gibt es organisatorische Probleme; das Material ist blokkiert.«

»Aber Sie können mich doch jetzt nicht sitzenlassen«, sagte von Sendenstein mit Schärfe. »Mein Kunde macht den Vertragsabschluß von detaillierten Angaben über das Tiefbauvolumen abhängig. Dabei kommt es ganz entscheidend darauf an, ob ein Ringstollenvortrieb unter Tage erfolgt oder ob der Ennert für den Tunnelbau aufgeklappt wird. – Ich brauche Ihnen doch nicht zu sagen, welche kalkulatorischen Unterschiede das bedeutet. – In einer Woche läuft die Option aus. Wird aus dem Geschäft nichts, dann geht uns ein Millionenauftrag verloren. Das Material muß also her – und zwar sofort.«

»Unmöglich – ich brauche mindestens vier Wochen.«

Martha Nikols hatte ohne Wissen des Chefs die Telefonanlage so geschaltet, daß sie jedes Gespräch mithören konnte. Dieses weckte ihre ganz besondere Aufmerksamkeit, denn es mußte auch für Kai Fischbach interessant sein, rechtzeitig von den sich anbahnenden Schwierigkeiten Kenntnis zu erhalten.

Sie vernahm die entrüstete Feststellung von Sendensteins, daß man sich mit einem kurzen Telefonanruf nicht selbst aus der Pflicht entlassen könne. Schließlich gebe es eine Geschäftsgrundlage. »Ich darf doch wohl um die vereinbarte Leistung bitten«, herrschte er seinen Gesprächspartner an. »Wenn Sie mir diesen Auftrag kaputtmachen, sind Sie erledigt!«

Einen solchen Ton hatte Martha Nikols von ihrem Chef noch niemals vernommen. Sie drückte die Muschel fester ans Ohr.

»Ich habe keine andere Möglichkeit«, hörte sie. »Die Direktion hat mir für vier Wochen einen Wissenschaftler zugewiesen. Er soll angeblich mit der neuesten Computerentwicklung vertraut gemacht werden. Ich weiß aber, daß er in einer anderen Dienststelle Überwachungsaufgaben hat. Es gab erhebliche Unruhe, als sich einer seiner Mitarbeiter aus nicht ganz geklärten Gründen erschossen hat. Zudem kenne ich den neuen Herrn persönlich. Wir sind keine Freunde, und der wird jede Gelegenheit wahrnehmen, mir eins auszuwischen. Ich kann jetzt kein Risiko eingehen.«

»Überlegen Sie, was Sie tun«, beendete Sendenstein das Gespräch.

Auch Martha Nikols hatte genug gehört. Sie durfte diese Informationen ihrem Glücksritter Kai Fischbach nicht vorenthalten. Bei dem neuen Mann in der Gesellschaft für Datensicherheit konnte es sich nur um Doktor Korbel handeln, mit dem sie, wie Kai wußte, eine kurze, aber heftige Affäre gehabt hatte, die schnell zu Ende gegangen war; denn sie hatte nicht die Gespielin für perverse Gelüste sein wollen. Korbel würde keine Sekunde zögern, in der GeDaSi »aufräumen« zu helfen, wenn er dafür auch nur den geringsten Anlaß hätte.

Über die Sprechanlage kam die Stimme von Sendensteins. »Verbinden Sie mich bitte mit dem Abgeordneten Hinterwimmer.«

Martha Nikols hatte die Nummer des externen Beraters bereits in der Anlage gespeichert, so daß ein Knopfdruck genügte, um den Ruf hinausgehen zu lassen.

Sofort wurde abgehoben: »... trwimmer«, klang es mit hartem Akzent.

»Koordinata-Bonn. Ich stelle zu Herrn von Sendenstein durch.«

Arno von Sendenstein war auf eine förmliche Anrede bedacht.

»Grüß Gott, Herr Abgeordneter! Wir sitzen da in einer Angelegenheit fest, wo Sachverstand und externer Rat vonnöten sind.«

»Und das wäre?«

»Es geht um den Tunnelbau, mit dem Ihr Ausschuß befaßt ist. Meine Frage ist nun: Wird der Berg aufgeklappt – also offene Baugrube –, oder ist bergmännisch in Ringbauweise zu arbeiten. Da wären ein paar Zahlen schon sehr hilfreich. Die Pressemeldungen sind zu ungenau.«

»Mein guter Sendenstein, wenn's weiter nichts ist. – Das war vielleicht ein Hin und Her im Ausschuß – und erst das entsetzliche Gelabere der Fachbeamten vom Planungsministerium. Die können sich ja nicht einmal verständlich ausdrücken. Nun, was soll's, wir haben schließlich mit Mehrheit beschlossen.«

»Und in welche Richtung läuft das Ganze?«

»Es läuft gut – natürlich gut; aber fragen Sie mich nicht nach Einzelheiten. Wir haben doch alles im Protokoll. Ich schicke Ihnen gleich mal eine Kopie mit Sonderboten rüber. Was man schwarz auf weiß besitzt...«

»Danke für Ihre Hilfe, Herr Abgeordneter.«

»Nichts zu danken, Sendenstein«, tönte es gönnerhaft. »Ach ja, was ich noch sagen wollte: Ein gutes Gespräch war das in der Redoute. Wirtschaft und Politik müssen nun mal Hand in Hand arbeiten, wenn es aufwärtsgehen soll. Und aufwärts soll es doch gehen in unserem Land. – Die Nummer von meinem Konto haben Sie ja. Es läuft auf den Namen meiner Frau Aloise. Aber das sollte Sie nicht stören; wir leben in christlicher Ehegemeinschaft; da trägt der eine des anderen Last.«

»Darf ich das Halbjahreshonorar anweisen?«

»Schon recht, Sendenstein; vielleicht schicken Sie den Unkostenbeitrag auch gleich mit. – Aber hier geht es ja am allerwenigsten um Geld. Freut mich, daß wir einen so guten Konsens zueinander gefunden haben. – Leben Sie wohl!«

Arno von Sendenstein fand wieder einmal seinen Grundsatz bestätigt, daß es gut sei, mehrere Eisen im Feuer zu haben.

Am Abend dieses Tages traf sich im »Dohlenhaus« auf dem Schafberg in Bonn-Ippendorf eine kleine Gesellschaft am Kamin, über deren Zusammensetzung sich von Sendenstein sehr gewundert hätte – doch er wußte nichts von diesem Treffen.

Johann Wanitzky war es gelungen, ein altes bäuerliches Anwesen mit allem Inventar zu erwerben. Hinter einer hohen weißgekalkten Mauer, geduckt unter mächtigen Kastanien, war am »Dohlenhaus« die Zeit vorbeigegangen. Wanitzky hatte mit gezielten Investitionen für eine neue Wohnlichkeit gesorgt, ohne dem Äußeren des Anwesens Gewalt anzutun. Er schätzte Häuser, die »umgürtet« waren. Hier wollte er seßhaft werden, denn der erfolgreiche Einstieg in die Koordinata-Bonn würde ihm – falls es erforderlich sein sollte – den Ausstieg aus seinen risikoreichen internationalen Geschäften erleichtern.

Nur zwei Mitarbeiter, die in der alten Crew sein besonderes Vertrauen genossen, sollten ihm hier in der Bundeshauptstadt zur Hand gehen. Sie hatten im ständigen Wechsel zwischen Brüssel und Bonn die Renovierung gemanagt und die Voraussetzungen dafür geschaffen, daß die Verbindungsstränge zum alten Metier jederzeit gekappt werden konnten. Wanitzky wußte, daß er sich auf seine beiden Disponenten absolut verlassen konnte. Doch heute war er allein mit den Gästen.

Im Kamin knisterten Birkenscheite, und bläuliche Flammen leckten über das rußgeschwärzte Gestein. In der Sitzgruppe aus zerschlissenem Leder, mit wärmenden Schaffellen bedeckt, hoben Kai Fischbach und Martha Nikols die Gläser, um auf das House-warming anzustoßen. Zart gefärbt wie das Licht in einem Eichenwald ließ der Scotch die Qualitäten von Glenfiddich Old Reserve erkennen.

Ilka Ritter hatte die Aufgaben der Gastgeberin übernommen.

»Damit es keine Mißverständnisse gibt«, stellte Johann Wanitzky klar, »Ilka gehört dazu.«

Sie lächelte. Es war ihr erster Abend im »Dohlenhaus«. Nach dieser Eröffnung würde sie alles daransetzen, daß es nicht ihr letzter blieb.

»Auf das Wohl des Hausherrn«, sagte Kai Fischbach.

»Auf das Wohl meiner Gäste«, dankte Johann Wanitzky. »Laßt uns Brüderschaft trinken; nur vereint sind wir mächtig.«

Alle vier erhoben sich und streckten langsam die Hände vor, bis der Bund durch das Anklingen der Gläser geschlossen war.

»Und nun die alte Art – ohne Kuß kein Genuß«, lächelte Wanitzky. Er trank Ilka Ritter zu, und noch feucht vom Single Malt berührten sich ihre Lippen. Dann wandte er sich an Martha Nikols. »Niki«, murmelte er und zog sie fest an sich, »ich wußte gleich, daß wir uns näherkommen würden. Im ›Dohlenhaus‹ ist immer ein Platz für dich.«

»Auch wenn Ilka hier ist?«

»Auch dann!«

Sie unterstrich den Druck ihrer Lippen durch das Spiel ihres Knies. »Ich werde John zu dir sagen«, flüsterte sie und ahnte, daß ihm jeder Name aus ihrem Munde recht sein würde.

Atemlos umarmte Kai Fischbach die ihm entgegendrängende Ilka Ritter. Der Duft des Parfums auf ihrer Haut ließ ihren absoluten Willen zur Sünde erahnen. – So küßte sie auch.

Die Männer reichten sich die Hände, und zwei Frauen umarmten sich mit einer Empfindung, die ihnen bisher verborgen geblieben war.

»Fühlt euch wohl im ›Dohlenhaus‹«, forderte der Hausherr auf. »Unser Bündnis gilt Tag und Nacht. – Nur wird es in Gegenwart anderer besser sein, beim ›Sie‹ zu bleiben. Doch hier, unter diesem Dach, gibt es keine Geheimnisse.«

»Du – Sie, du – Sie«, tönte es wie aus einem Munde und ging im Gelächter unter.

»Ihr könnt euch gern frei machen. Auf den Fellen ist es warm genug«, sagte Johann Wanitzky und legte die Jacke ab, zog die Krawatte auf und warf sie hinter sich. Er hob Ilka auf seinen Schoß und ließ sie am Scotch nippen. Auch Kai wußte, wohin er zu greifen hatte, um Niki aufblühen zu lassen. Doch sie war noch nicht in der Stimmung, mitzuspielen. »Kai, warte; ich muß erst ein Problem loswerden. Hört bitte zu!«

Wanitzky stellte das Glas auf den Tisch, ohne die andere Hand von Ilkas Busen zu nehmen. »Aber doch nicht jetzt!«

»Gerade jetzt – dann ist es schneller vergessen.«

»Also, was bedrückt Nikis Schwesterherz?«

Martha Nikols nahm einen kräftigen Schluck Single Malt und zerbiß den schon abgeschmolzenen Brocken Eis. »In der Koordinata gibt es Schwierigkeiten. Der Informationsfluß ist blokkiert. Sendenstein war stocksauer, als er die Mitteilung bekam. Bei der GeDaSi ist ein neuer Mann aufgekreuzt, ein Spürhund, der irgendwelche Überwachungsaufgaben hat. Nach dem, was ich mitgehört habe, kann es sich nur um Doktor Korbel handeln, der bei der Bundeswehr für die Datensicherung zuständig ist. Ich kenne den Mann, und – was Kai weiß, für euch aber neu sein dürfte – ich hatte eine kurze Affäre mit Korbel. Ein perverser Kerl ist das, ein brutaler Sadist. Ich bin ja kein Kind von Traurigkeit; aber das war zuviel und somit das Ende der Beziehung. Da von der GeDaSi im Moment nichts kommt, versucht Sendenstein inzwischen ein paar Informationen bei unserem externen Berater Hinterwimmer lockerzumachen. Der tönt zwar laut und will auch Material schicken, aber was der bringt, kann auf die Dauer kein vollwertiger Ersatz sein. – So, das war's!«

Johann Wanitzky hatte mit zunehmender Aufmerksamkeit zugehört. Er zog die so angenehm beschäftigte Hand aus der warmen Umgebung zurück und schob Ilka neben sich auf die Kaminbank.

»Was sind denn das für Geschichten? Will da einer unsere Geschäftsgrundlage kaputtmachen?«

»Kein Zweifel, John; ich habe das Gespräch von A bis Z mitgehört. In den nächsten Wochen kommt nichts mehr durch.«

Kai Fischbach stellte mit einer schnellen Bewegung sein Glas ab. »Korbel sagst du? Ausgerechnet dieser verdammte Mistkerl taucht in der GeDaSi auf. Das bedeutet nichts Gutes.«

»Bist du sicher, Niki, daß es sich um Korbel handelt?« fragte Wanitzky.

»Der Name ist zwar nicht gefallen – das ist bei solchen Gesprächen auch nicht üblich –, aber für mich besteht kein Zweifel, daß Korbel gemeint war. Das kann ich morgen sehr schnell klären.«

Kai Fischbach griff zur dreieckigen Flasche, füllte die Gläser nach und gab Eiswürfel zu. »Das muß runtergespült werden, Freunde, und zwar gleich. Zur Hölle mit den Spielverderbern. – Ex und hopp.«

Wanitzky zwinkerte seinem Kompagnon zu. »Vorsichtig mit den hochprozentigen Sachen. Das könnte die heute erwünschte Kraft der Geschäftsführer zu früh erschöpfen. Den Triumph wollen wir dem perversen Wachhund nicht gönnen. Chin-Chin!«

Ilka und Niki stippten nur den Finger ins Glas und leckten ihn langsam ab. »Feuerwasser am Kamin – wenn das nicht wärmt«, sagte Ilka und drehte Wanitzky den Rücken zu. »Vielleicht willst du mir helfen, das Kleid aufzuknöpfen?«

Seine Hilfe kam schnell und selbstlos.

»Na, Kai, hältst du mit?« fragte Niki. »Neues Spiel, neues Glück. Ich glaube, heute dürfen wir unser Limit vergessen. Es ist wirklich schön warm im ›Dohlenhaus‹.«

»Und die schwarzen Rabenvögel lieben die Geselligkeit«, lachte Wanitzky ihr zu. Dann strich er sanft mit seinem dunklen Schnurrbart über Ilkas Nacken.

Im Kamin erloschen die Flammen, weil kein Holz mehr nachgelegt wurde. Doch niemand fror auf den Fellen, denn die heißen Steine gaben noch lange die gespeicherte Wärme ab.

Nach diesem Abend, an dem Arno von Sendenstein keinen Anteil gehabt hatte, verlief die Zusammenarbeit in der Geschäftsleitung der Gesellschaft für Investitionsberatung und Koordination ungewöhnlich harmonisch und effizient. Seine wiederholten Hinweise, daß es ihm gelungen sei, Koordinata-Bonn aus schwerer See zu retten, wurden aufmerksam und mit verhaltenem Beifall von den Kompagnons vernommen. Das bestärkte von Sendenstein in dem Glauben, eine Vorrangstellung in diesem Triumvirat einzunehmen. Er schrieb es dem Respekt vor seinen Leistungen zu, daß niemand nach den Hintergründen fragte.

4

Über dem Godesberger Stadtwald lag der Tau des frühen Morgens. Wenige Minuten nach fünf Uhr hatte Vorarbeiter Lehmacher seinen »Jüngling«, den Lehrling Uwe, mit einem kurzen »Auf geht's« begrüßt und den Holder A 80 angeworfen. Die beiden wollten mit dem Traktor Stämme zum Verladen zusammenholen, damit endlich das Restholz abgefahren werden konnte. Das Revier sollte proper sein, denn hier, auf der für Kraftfahrzeuge gesperrten Venner Straße, einem schmalen geteerten Waldweg quer durch den Naturpark Kottenforst-Ville, joggten oder wanderten die gesundheitsbewußten Bewohner des »Millionenhügels«, wie der benachbarte Ortsteil Schweinheim genannt wird. Höhere Quadratmeterpreise wurden in keiner Wohngegend Bonns gezahlt. Doch die wenigen unbebauten Grundstücke an der Grenze des Waldes waren in fester Hand. Die feinere Gesellschaft blieb unter sich. Die Errichtung der Sowjetischen Botschaft auf der nahen Viktorshöhe hatte zwar einige Unruhe durch die Bauarbeiten gebracht, aber jetzt fühlte man sich mehr gestört durch den Verkehr zum Waldkrankenhaus und zum Reha-Zentrum. Doch es traf nur wenige, die das Pech hatten, unmittelbar an der Straße gebaut zu haben.

»Vorsicht mit der Kette«, rief Lehmacher, als Uwe den ersten Stamm anhängte, »sonst ist die Pfote futsch.«

»Fertig«, meldete dieser und kam angelaufen, um sich auf die Traverse des Holders zu stellen. Das war zwar nicht erlaubt, aber durchaus üblich. Lehmacher gab Gas und fuhr in Richtung Parkplatz Katharinenhof. Der angehängte Stamm tanzte auf dem Asphalt von einer Fahrbahnseite zur anderen. Gut zweihundert Meter weiter, am Schutzhäuschen, sollten die Stämme gesammelt und von dort in den nächsten Tagen abgefahren werden.

Uwe schaute zurück und verfolgte den Schlangentanz des Holzes. Plötzlich ein harter Ruck – der Motor heulte auf und erstarb. Uwe verlor den Halt und fiel rücklings auf die Straße. Unversehrt, aber wütend sprang er auf die Füße und lief auf Lehmacher zu. Sein Protestruf jedoch blieb ihm in der Kehle stecken; abwehrend riß er die Arme hoch: »Um Gottes willen, nein! Nein!« Wenige Meter vor ihm hing ein menschlicher Körper im

Geäst des Baums.

»Ach du lieber Himmel! Das hat uns gerade noch gefehlt.« In seiner Bestürzung wußte der Vorarbeiter auch nichts anderes zu sagen. Doch während Uwe noch ein paar Schritte zurückwich, kletterte Lehmacher langsam vom Fahrersitz und ging auf den Baum zu. Kein schöner Anblick: ein Mann in mittleren Jahren, schlank, braunes Haar, gepflegter Stadtanzug – so hing der Tote am Seil an einem ausladenden Ast. Im Gesicht stand das Entsetzen des Todes – verquollene Augen und ein verzerrter Mund; schlaff hingen die Arme herab. Schlaff und feucht vom Morgentau war auch der Anzug.

»Der ist ja wohl mausetot«, stellte der Vorarbeiter sehr bestimmt fest. »Den rühren wir nicht an, darum soll sich die Polizei kümmern. – Los, mach den Stamm von der Kette.«

Uwe war froh, eine sinnvolle Tätigkeit für seine zitternden Hände zu finden, und löste mit hastigen Bewegungen den Stamm vom Fahrzeug.

Der Vorarbeiter sprang wieder auf seinen Fahrersitz und legte den Gang ein. »Jüngling, du bleibst hier und paßt auf! Ich fahre vor zur Telefonzelle am Reha-Zentrum Ecke Waldstraße und rufe die Polizei an.« Damit trat Lehmacher auf den Gashebel und knatterte die Straße hinunter. Uwes entsetzter Ausruf: »Mann, Sie können mich doch nicht mit dem da allein lassen« ging im Motorgeräusch unter. – Dann setzte sich der Junge auf den Stamm, stützte die Ellbogen auf die Knie und hielt mit beiden Händen seinen Kopf. Zunächst richtete sich der Blick auf die Straßendecke; doch wie von einem Magnet gezogen, hoben sich seine Augen und starrten fasziniert auf den Toten im Baum, der, ganz sacht von der Morgenbrise bewegt, hin und her pendelte.

Nur drei der zwölf Funktische in der Einsatzleitstelle des Polizeipräsidiums waren besetzt. Im Gehirn von CEBI, der *C*omputer-unterstützten *E*insatzleitung, *B*earbeitung und *I*nformation, hatten sich die Elektronen noch nicht den Schlaf aus den Augen gerieben. Der diensttuende Kommissar und ein Beamter am Funktisch freuten sich, daß ihnen ein Wasserrohrbruch an der Kölnstraße Gelegenheit bot, streng nach der auf dem Bildschirm abgerufenen Checkliste einige städtische Bedienstete hochzuscheuchen und an die Arbeit zu bringen. Um die beiden erfaßten Verkehrsunfälle auf der Kennedybrücke und am Verteilerkreis kümmerten sich Beamte der Schutzbereiche V und IV.

Die telefonische Meldung über 1-1-0, daß sich im Stadtwald von Bad Godesberg ein Mann erhängt habe – ›uffjehangen‹, wie der Anrufer sagte –, riß keinen der Diensttuenden vom Stuhl. Der mehrfache Hinweis des Anrufers, daß der Mann am Baum tot sei, änderte nichts an den routinemäßig zu beachtenden Vorgaben. Notarzt, Krankenwagen, Streifenwagen wurden in Marsch gesetzt. Der Leichenbestatter erhielt eine Vorausmeldung mit der Maßgabe, auf Abruf zu warten.

Der Uniformierte vom Funktisch gab vorsichtshalber die Information an den Kriminalkommissar vom Dienst weiter, der ein paar Etagen tiefer dabei war, seine Tasche zu packen, weil die Nachtschicht dem Ende entgegenging. Ohne großes Interesse fragte er: »Wer kümmert sich drum?«

Der Beamte am Funktisch antwortete: »UNI 12/14 ist unterwegs. Die Kollegen hatten an der Godesburg einen verlassenen Diplomatenwagen zu sichern. Der hat Plattfuß, und der Fahrer wollte sich wohl nicht die Hände schmutzig machen.«

»Gut, und wer ist noch draußen?«

»UNI 12/16 behütet die Amerikaner in Plittersdorf.«

»Könnt ihr den abziehen?«

»Moment!« Der Mann am Funktisch sprach mit dem »Leitenden« und sagte dann: »Klar, in little America herrscht Friede.«

»Das trifft sich gut. Die sollen unseren Hauptmeister Müller aus den Federn scheuchen und gleich mitnehmen. Der wohnt ganz in der Nähe. Die Kripo muß sich ohnehin um die Leiche im Wald kümmern. Lupus kann gleich den richtigen Eindruck gewinnen, wenn etwas faul sein sollte. Müllers Adresse habt ihr in der Elektronik, Vorname Wolfgang.«

»Geht klar.«

Dieser Tag war restlos versaut. Das stand für Kriminalhauptmeister Wolfgang Müller, genannt »Lupus«, fest. Vom Frühstück weg, aus der warmen Nähe seiner Frau, an einem kühlen Sommermorgen zu einer am Strick baumelnden Leiche gerufen zu werden ließ Übelkeit in ihm hochsteigen.

»Wer hat denn die glorreiche Idee gehabt, ausgerechnet mich loszuschicken?« fragte er die Besatzung des Streifenwagens. »Mein hoher Chef und Kegelbruder etwa? Der Freiberg weiß doch, daß mir Leichen nicht liegen – zum Frühstück schon gar nicht.«

»Kommissar vom Dienst, vermute ich«, antwortete der Streifenführer.

»Diese Arschgeige«, kommentierte Lupus laut und deutlich.

An der Auffahrt zum Parkplatz Katharinenhof ließ er anhalten. »Ich will mich hier kurz umsehen, bevor es lebhafter wird.« Das war ein guter – dienstlicher – Anlaß, die Begegnung mit dem Tod noch ein wenig hinauszuschieben. Der dicht umwachsene Parkplatz schien zu dieser frühen Stunde noch nicht genutzt zu werden, kein Auto, kein Motorrad, auch kein in den Büschen abgestelltes Fahrrad eines Gesundheitsfanatikers.

Kriminalhauptmeister »Lupus« Müller warf einen Blick auf das Hinweisschild mit dem verheißungsvollen Spruch: »Willkommen in diesem Waldgebiet. Du findest hier Ruhe und Erholung!« Nach großer Lyrik klang das gerade nicht; allerdings war es auch kein Grund, sich gleich am nächsten Ast aufzuhängen.

Lupus ging den Rest der Strecke zu Fuß. UNI 12/16 fuhr im Schrittempo hinterher. Der übliche Aufmarsch am »Tatort« hatte begonnen. Der Streifenwagen erhielt über Funk den Auftrag, die Zufahrt für Unbefugte zu sperren, und setzte bis zum Willkommensschild zurück.

Lupus ließ sich viel Zeit. Er schritt langsam aus und nahm die Eindrücke der Landschaft in sich auf. »Reiner Waldfrevel, sich hier aufzuhängen«, dachte er, als schließlich das Ziel erreicht war und der unvermeidliche »Augenschein« genommen werden mußte.

Der Notarzt begrüßte ihn fröhlich, lobte den Reiz des frühen Morgens und stellte ungerührt fest: »Der ist schon seit ein paar Stunden tot. – Haben Sie gesehen, der Mann hängt an einem Abschleppseil.«

Vorarbeiter Lehmacher hatte seinen Trecker in einem Nebenweg abgestellt und trat hinzu. Lehrling Uwe saß immer noch sinnend auf dem Baumstamm. Lehmacher fragte vorwurfsvoll: »Muß der Christenmensch da nicht abgeschnitten werden?«

Lupus sah auf: »Was sagen Sie?«

Der Vorarbeiter setzte an: »Ich meine...«

»Nein, Doktor, Sie – was ist mit dem Seil?«

Der Arzt zeigte mit dem Daumen über die Schulter: »Sehen Sie selbst!«

Lupus ging zögernd und angewidert näher an den Baum heran und richtete den Blick nach oben. In der Tat: Der Tote hing in der doppelten Schlinge eines Abschleppseils aus Hanf.

Lupus ging zu den Kollegen der Spurensicherung: »Wenn ihr hier fertig seid, den Ast hinter der Aufhängung absägen und den Strick mit dem Kameraden runterlassen. Schaffen wir das?«

Doch zunächst umkreiste das Team der Spurensicherung den makabren Ort in immer enger werdenden Ringen. Nichts deutete darauf hin, daß hier ein fremdes Fahrzeug gehalten hatte oder daß fremde Hände im Spiel gewesen sein könnten, um den Mann an den Ast zu hängen. Der ausgewachsene Stubben beim Stein 431 C bot jedem Lebensunwilligen genug Trittmöglichkeiten, um ein Seil hochzubringen, es durch den Karabinerhaken zu ziehen und sich dann in die Schlinge fallen zu lassen. Der Abstand der Füße zum Boden betrug kaum einen halben Meter. Selbst wenn die Füße den Boden noch berührt hätten, wäre die Aktion tödlich gewesen. Lupus wußte von den Lehrgängen in Kriminalistik, daß man sich sogar im Knien oder Sitzen erhängen konnte. Ein Eigengewicht von knapp vier Kilogramm genügt, um die Halsschlagader zusammenzuquetschen und Bewußtlosigkeit herbeizuführen. Niemand kann sich dann noch selbst aus der Schlinge befreien. Das hat schon so mancher unterschätzt, der seinem Partner »nur mal so« einen Schrecken einjagen wollte. Zehn Minuten später sind die Schäden am Gehirn irreparabel. Dieser Tote hing – physikalisch gesehen – völlig problemfrei am Seil. Das würden auch die Fotos bestätigen, die in schneller Folge von allen Seiten geschossen wurden. Dann kam die Freigabe der Leiche durch den Leiter der Spurensicherung.

Vorarbeiter Lehmacher scheuchte seinen Lehrling hoch, um die Säge vom Traktor zu holen. »Los, Jüngling, pack schon mit an. – Der beißt nicht mehr.«

Uwe hatte lange genug den Toten angestarrt und war froh, daß das Schauspiel ein Ende fand. Jedenfalls würde er den Mädchen in der Disco erzählen können, wie er es geschafft hatte, den Erhängten aus dem Baum zu holen. Das ergab Gesprächsstoff für viele Stunden.

Die Zähne der Säge fuhren durchs Holz. Ein paar ungeübte Griffe, ermunternde Zurufe, und der Mann aus dem Baum lag am Wegesrand.

Lupus mußte sich noch einmal überwinden, als er in die Anzugtaschen des Toten griff. Er fand eine Brieftasche mit Ausweisen und Geldscheinen und einen Ring mit drei Schlüsseln. Der Tote war ein Dr. Jochen Korbel, sechsundvierzig Jahre alt, wohnhaft in Bonn 2, Bad Godesberg. Das zweite Dokument wies ihn aus als Mitarbeiter der Gesellschaft für Datensicherheit – GeDaSi –, die wenige hundert Meter hinter dem Parkplatz ihren Geschäftssitz hatte.

Lupus ließ die fragenden Blicke der Anwesenden ungerührt an sich abprallen und sagte kurz zu den uniformierten Kollegen: »Ich werde das Weitere veranlassen. Bitte laßt den Leichnam ins Institut schaffen und sperrt das Gelände ab, bis CEBI neue Weisungen erteilt.«

Jetzt ging alles sehr schnell. Das Abschleppseil noch um den Hals geschlungen, so wurde Dr. Korbel von dem inzwischen eingetroffenen Leichenwagen in das Rechtsmedizinische Institut der Universität Bonn geschafft.

Kriminalhauptkommissar Walter Freiberg hielt diesen Tag auch nicht für einen der besten. Zwar ließ das Wetter nichts zu wünschen übrig, doch die Berge von Papier drohten seine gute Laune zu ersticken. Er verfügte mürrisch vor sich hin.

»Der Chef muffelt«, stellte Fräulein Kuhnert fest, als Kriminalhauptmeister Ahrens und sein Kollege Peters in das Vorzimmer traten, um sich, wie sie es nannten, die Tagesbefehle zu holen.

»Dem fehlt Außenarbeit, eine saftige Leiche«, meinte Peters.

»Oh, kümmerlicher Morgenwitz«, stellte sich Fräulein Kuhnert, die Seele des 1. Kommissariats, vor ihren Chef. »Der wird bald von den Akten erdrückt sein, und ich bekomme die Tendovaginitis.«

»Was ist denn das für ein Tier?« fragte Peters hinterhältig.

»Sehnenscheidenentzündung, die typische Krankheit der überlasteten Mädchen an der Schreibmaschine.«

»Wußt' ich's doch, daß das was Unanständiges ist«, sagte Peters süffisant. »Nur aufgepaßt, daß der liebe Ahrens dabei nicht zu kurz kommt.«

Ahrens fuhr auf: »Mußt du eigentlich immer deine dämlichen Witze machen? Eines Tages reißt mir der Geduldsfaden, und dann...«

»Bleib lieber unser braver Benjamin, blond, stark, verliebt und zurückhaltend, so richtig gebremster Schaum«, stänkerte Peters weiter.

Ahrens sah Fräulein Kuhnert an. Sie ließ sich nicht provozieren und verzog nur den Mund zu einem abwertenden Lächeln. Mit Peters war es ein Kreuz. Er lebte in einer kaputten Ehe und hatte sich zu einem Einzelgänger entwickelt. Die Kollegen hatten gelernt, seine gallige Art zu ertragen. Er galt als »armes Schwein«, seit ihn eine Kugel erwischt hatte, ein häßliches abgefeiltes Ding aus einer alten P 38, mit der sich ein Bankräuber den Weg freigeschossen hatte. Das Dum-Dum-Geschoß mußte in der Lendengegend allerhand Unheil angerichtet haben. Peters hatte nach dem mehrmonatigen Krankenhausaufenthalt nie darüber gesprochen, doch seine Bemerkungen und Witze waren immer aggressiver geworden.

»Wo steckt Lupus?« fragte Freiberg, als Ahrens und Peters in sein Zimmer traten. »Der hält es doch sonst mit der Pünktlichkeit.«

Noch bevor Peters eine seiner giftigen Bemerkungen loswerden konnte, stand der Vermißte in der Tür. Statt des üblichen frohsinnigen Morgengrußes kam die lautstarke Feststellung: »Dieser Arsch hat mir den ganzen Tag versaut!«

»Du hast dich wohl in der Tür geirrt. Für Obstipation und Diarrhöe ist der Polizeiarzt zuständig. – Einen schönen guten Morgen, Herr Müller.« Freiberg war nicht in der Stimmung, besänftigendes Wohlwollen zu verströmen. »Wenn ihr Liebenswürdigkeiten austauschen wollt, dann ohne mich. Ich habe zu tun. Heute wird der Papierkram erledigt.« Damit schlug er auf einen Stoß unerledigter Akten.

Lupus ließ sich nicht so leicht abweisen. »Guten Morgen, Herr Leitender Hauptkommissar, guten Morgen, liebe Kollegen, einen recht schönen Morgen, Fräulein Kuhnert. – Ich kann diesen Tag nicht lobsingen.«

Walter Freiberg lachte befreit auf. »Lupus, du bist und bleibst ein frecher Hund.«

»Bitte nicht schon wieder diese Zumutung. Lupus heißt Wolf. Das ›gang‹ dahinter war der Irrtum meiner Mutter.«

Freiberg kannte seinen ersten Mitarbeiter und Freund gut genug, um zu wissen, daß er eine Nachricht loswerden wollte. »Also?«

»Dieser Saftar..., dieser liebenswürdige Kommissar vom Dienst, hat mich um sechs Uhr in der Früh in den Godesberger Stadtwald verbringen lassen. Da hing einer am Baum. Sehr gepflegt, schöner Anzug, Schlips und Kragen. Den haben sie jetzt mit einem Seil aus Hanf um den Hals in die Rechtsmedizin gebracht. – Na!« Lupus sah in die Runde und wiederholte: »Na, ist das nichts?«

Freiberg sah Lupus gespannt an: »Mord?«

Schlagartig wandelten sich die Mienen. Kein Spott, kein Scherz, nur konzentrierte Aufmerksamkeit. Ganz selbstverständlich trat auch Fräulein Kuhnert zu »ihren Mannen«. Sie hatte durch die in aller Regel offene Tür das Stichwort gehört, das Anfang und Ende der Ermittlungsarbeit der ersten Mordkommission des ersten Kommissariats der Bonner Kripo bestimmte.

»Auf Anhieb sieht es nicht so aus«, erklärte Lupus. »Mich stört nur, daß kein Auto auf dem Parkplatz Katharinenhof zu sehen war, obwohl der bessere Herr nur ein paar hundert Meter weiter an einem Abschleppseil hing.«

»Warum hat der denn ein Abschleppseil genommen? Diese Dinger aus Stahl sind doch ziemlich widerspenstig für solch eine Aktion«, sagte Ahrens.

Lupus schüttelte den Kopf. »Wer redet denn von Stahl? Hanf – ein Abschleppseil aus Hanf.«

»Die gibt's gar nicht mehr«, stellte Peters kategorisch fest. »Wenn nicht Stahl, dann Nylon.«

»Menschenskinder, hört doch zu«, fuhr Lupus seine Kollegen

an. »Dieses jedenfalls war aus Hanf.«

»Daraus hat man früher die Henkerstricke gedreht«, bemerkte Freiberg. »Ein sehr gefälliges Material.«

Lupus trug konzentriert vor und ließ kein Detail aus. Zur Abrundung des Stimmungsbildes wurden auch die zitternden Hände des Lehrlings Uwe erwähnt. »... und hier sind die Papiere des Herrn Korbel, auch ein Hausausweis der Gesellschaft für Datensicherheit und dann drei Schlüssel am Ring.«

Freiberg schob energisch die vor sich aufgetürmten Akten zur Seite. »Das hat Zeit. – Fräulein Kuhnert...«

Sie war vertraut mit den Ritualen des Arbeitsalltags im 1. K. »Kaffee kommt gleich.« Ganz schnell verschwand sie in ihr Zimmer und setzte die Kaffeemaschine in Gang. Ganz schnell war sie zurück, um ja die Eröffnungszüge eines neuen Falls nicht zu versäumen. Mit der nur schwer zu widerlegenden Feststellung, daß eine gute Sekretärin stets auf dem laufenden zu sein habe, hatte sie sich ihren Platz in der Mannschaft gesichert – und dafür manche freie Stunde geopfert.

Freiberg breitete den Inhalt der Brieftasche des Toten auf seiner Schreibtischunterlage aus. Wie wenig unterschieden sich doch die Beigaben der Menschen: Personalausweis, Führerschein, Hausausweis der GeDaSi, zwei Euroschecks, dazu die Scheckkarte, vierhundertfünfzig Mark in Scheinen, einige unbeschriebene Zettel. Verwunderlich war, daß keine Briefe, Telefonnummern oder Notizen in der Brieftasche waren. Nur die Plastikkarte mit aufgedruckten Ziffern und Kodierfeldern bot etwas Besonderes. In diesen Feldern dürften in einer für den Laien nicht erkennbaren Weise elektromagnetische Speicherungen enthalten sein.

Ahrens wies auf die Plastikkarte: »Das erinnert an Parkausweise, mit denen die Schrankenautomaten in den Tiefgaragen und Parkhochhäusern gefüttert werden müssen, wenn man aus so einem Groschengrab herauswill.«

»Ja, könnte sein. – Sieht ganz nach einem Sicherheitschip aus, mit dem sich gewisse Türen öffnen lassen. Keinerlei Beschriftung – könnte was Geheimes dahinterstecken«, überlegte Freiberg laut.

Inzwischen hatte Fräulein Kuhnert die schon leicht angeschlagenen Tassen mit dampfendem Kaffee bereitgestellt. Für Freiberg, Lupus und Ahrens je drei Stücke Zucker und viel Milch. Für Peters nichts davon. Sie selbst nahm Süßstoff, um der Figur keine Gelegenheit zu geben, sich an Kalorien zu versuchen.

»Danke«, sagte Freiberg. »Wann hören wir etwas von der Rechtsmedizin?«

»Bestimmt heute noch, ganz gewiß am Nachmittag«, meinte Lupus. »Und was schöpfen wir inzwischen – Verdacht oder frische Luft?«

Freiberg griff nach den beiseite geschobenen Akten und stapelte sie schwungvoll aufeinander. »Ahrens, Kuhnert! Ihr seht das Zeugs mal durch, ob was anbrennen kann. Dann weg damit ›im Auftrag‹. – Peters! Du schließt dich kurz mit dem Erkennungsdienst und unterrichtest den Gruppenleiter. Lupus und ich fahren hinaus zur Wohnung von Doktor Korbel und sehen uns dort mal um. Anschließend zur GeDaSi. – Fährst du, Lupus?«

»Ungern, höchst ungern. Ich sitze lieber im Fond.«

Wenige Minuten später war der Kripowagen UNI 81/12 mit Freiberg am Steuer unterwegs zum Millionenhügel. Lupus saß zwar nicht im Fond, aber auf dem Beifahrersitz und bemerkte: »Ich hätte nie gedacht, daß den R4-Fahrern so starke Dienstwagen anvertraut werden. Chef, du fährst wirklich sauber daher.«

»Zum xten mal, laß den ›Chef‹. Gib lieber CEBI unseren Status ein.«

Lupus stöhnte auf. »Nun ermitteln sie wieder. Und wir müssen unserem elektronischen Blödmann CEBI das Gehirn vollstopfen. Ich kann mich einfach nicht daran gewöhnen, daß uns so ein technisches Ungeheuer am Schlafittchen hat.«

»Abschwellen, Herr Müller! Ohne CEBI hätten wir den sauberen Unternehmer Erlenborn wahrscheinlich nicht erwischt. – Nun gib dem Kaiser, was des Kaisers ist!«

Lupus griff zum Peikermikrofon. Mit seinem kurz geratenen Daumen drückte er die Sprechtaste: »UNI für UNI 81/12 – erstes K. Freiberg und Müller auf dem Wege nach Godesberg/Schweinheim. Tod durch Erhängen. Wir ermitteln in der Wohnung des Opfers und in der Firma GeDaSi. – Ende.«

»UNI 81/12 von UNI – verstanden.«

Lupus gab in die Tastatur des Infogebers Status 3 ein: Auftrag übernommen. »Friß, Teufel, oder stirb«, kommentierte er den Knopfdruck.

Der Berufsverkehr kam knüppeldick. »Ist das wieder ein Gewürge«, fluchte der Kommissar, als unterhalb der Godesburg bis über den Aennchenplatz hinaus die Fahrzeuge zurückstauten. »Der Bund schmeißt das Geld zum Fenster hinaus, anstatt mit der Untertunnelung anzufangen. Daß die Godesberger nicht schon längst auf die Barrikaden gegangen sind, kann einen nur wundern.«

»... ihr Aennchen leidet mit«, fügte Lupus hinzu und stimmte die letzte Strophe des Liedes von der Lindenwirtin an:

»Wißt ihr, wer die Wirtin war,
Schwarz das Auge, schwarz das Haar?
Aennchen war's, die Feine.
Wißt ihr, wo die Linde stand,
Jedem Burschen wohlbekannt?
Zu Godesberg am Rheine.«

»Mensch«, seufzte Freiberg, »was müssen das für Zeiten gewesen sein, als hier die ›Füchse‹ in ihrem ›Kälberstall‹ gesoffen haben – Kaiserliche Hoheiten eingeschlossen.«

»Jetzt wird randaliert und demonstriert, damit wir den Schlagstock schwingen. Die sollten lieber Mensuren schlagen und sich die Visage selbst polieren; heutzutage brauchen sie die Polizei dafür.« Lupus war kein Reaktionär – dafür sorgte schon die studierende Tochter –, aber er hätte es gern etwas straffer gehabt, als es in der Demokratie derzeit üblich war.

Freiberg steuerte einen frei werdenden Parkplatz vor dem Neubau an der Burgstraße an. Diese Adresse war im Personalausweis von Dr. Korbel angegeben. Lupus drückte den Klingelknopf, doch niemand öffnete. Einer der drei Schlüssel, die bei dem Toten gefunden worden waren, paßte zur Haustür. Im zweiten Stock, an der Wohnungstür noch ein Versuch. Das Schrillen der Klingel ließ sich im Flur vernehmen. Auch auf das Klopfen kam keine Antwort. Der Haustürschlüssel paßte auch zur Wohnungstür. Das Schloß schnappte auf. Die Wohnung war klein, aber komfortabel. Diele, Bad, Wohnraum, Schlafzimmer und ein separates winziges Arbeitszimmer mit einem Stahlrohrschreibtisch und vollgestopften Bücherregalen. Auf dem Teppichboden stapelten sich Broschüren, Zeitungen und Zeitschriften. Fotokopien von Fachaufsätzen lagen herum. In den Überschriften stachen Begriffe ins Auge, die nur Spezialisten etwas zu sagen vermochten: Rechnerarchitektur, Operating System, Network Operating, Decision Support System. Es wimmelte von Abkürzungen wie CIM, CAM, CAE, PPS. Nur die Buchstaben IBM für den amerikanischen Computerriesen boten kein Rätsel. Geradezu wohltuend nahmen sich daneben Worte wie Siemens und Nixdorf aus. Die Texte waren zumeist in Englisch verfaßt. Irgendwer berichtete von einer bevorstehenden Revolution durch CD-ROM.

»Da scheinen wir ja an einen mitteleuropäischen Chinesen geraten zu sein. Was diese Computermenschen alles lernen müssen, um ihr Deutsch zu vergessen. Damit werden ja heute schon die Kinder in der Schule traktiert«, murmelte Lupus und schob verdrossen die Blätter hin und her. »Dieser Herr Doktor hätte sich besser mit einem Laserstrahl umbringen sollen als mit einem altmodischen Hanfseil.«

Freiberg sah den wenig beschriebenen Tageskalender durch. Das Blatt vom Vortag war aufgeschlagen und trug die Notiz 22,30 – sonst nichts. In dieser Nacht von Mittwoch auf Donnerstag, also gestern bzw. heute, hatte das Leben von Dr. Korbel sein Ende gefunden. Es fand sich weiter keine Notiz, kein Hinweis, kein Brief, nur Fachkorrespondenz. Familie schien der Tote nicht zu haben – jedenfalls nicht in der Burgstraße.

»Komm, Lupus, laß uns gehen; soll sich der Erkennungsdienst hier plagen. Aber erst wollen wir noch die Hausbewohner befragen und dann feststellen, ob es ein Fahrzeug gibt, in dem das Abschleppseil fehlt.«

Freiberg verhielt einen Augenblick, nahm sein Taschentuch, legte es über den Telefonhörer und drehte mit dem Kugelschreiber die Wählscheibe. Er gab der Leitstelle seine Wünsche durch. »...und die Türschlüssel hinterlegen wir auf der Wache vom Schutzbereich.«

Wenn er die Klingelknöpfe und Briefkästen richtig gezählt hatte, gab es acht Wohneinheiten in diesem Haus. Im Dachgeschoß wohnten Studenten. Die hatten nichts gesehen und nichts gehört. Sie kannten Dr. Korbel nicht einmal. Freiberg sah keinen

Anlaß, an ihren Angaben zu zweifeln. In der anderen Wohnung im zweiten Stock meldete sich niemand. Auch das Klingeln an den Türen des ersten Stocks war vergeblich. Im Erdgeschoß hatte der Druck auf den Klingelknopf endlich Erfolg. Erst wurde die Sicherheitskette eingehakt, dann öffnete sich die Tür einen Spalt. Das vom Filigran des Alters gezeichnete Gesicht einer zarten Dame war zu erkennen. Freiberg hielt ihr seine Dienstmarke hin: »Kriminalpolizei. Wir hätten gern ein paar Fragen über Herrn Doktor Korbel gestellt.«

»Den kennen wir kaum. Ich weiß nur, daß er bei der GeDaSi arbeitet. Man sieht ihn nur selten im Hause«, kam zögernd die Antwort.

»Was ist los?« dröhnte es aus dem Hintergrund der Wohnung.

»Polizei ist da, wegen Doktor Korbel.«

»Soll reinkommen«, dröhnte es abermals.

Mit einem Blick auf das Schild an der Wohnungstür hatten sich Freiberg und Lupus den Namen Mölmann eingeprägt.

Frau Mölmann hakte die Kette aus. »Man kann heute wirklich nicht vorsichtig genug sein«, erklärte sie im Glauben, etwas für ihre Sicherheit getan zu haben. Dabei hätte schon ein leichter Fußtritt gereicht, das Kettchen aus der Verankerung zu reißen.

»Meine Frau ist sehr ängstlich«, stellte der wohl achtzig Jahre zählende Ehemann fest und erhob sich kurz vom sorgfältig gedeckten Frühstückstisch.

Freiberg nannte seinen Namen und stellte auch Lupus vor.

»Bitte die Störung zu entschuldigen, aber wir hätten gern ein paar Fragen, Doktor Korbel betreffend, von Ihnen beantwortet.«

»Keine Ursache, sich zu entschuldigen, wenn man seine Pflicht tut – wie ich ja annehme. Setzen Sie sich zu uns. Kriminalpolizei zum Frühstück – das nenne ich eine Überraschung.« Mölmann sprach ungewöhnlich laut; er schien schwerhörig zu sein. »Da brauchen wir ja heute nicht die Horrormeldungen in der Zeitung zu lesen. Sie liefern sie uns sicherlich frei Haus. Wie wär's mit einer Tasse Tee? Damit fängt unser Tag ganz gemütlich an; es geht nichts über ein ausgiebiges Frühstück.«

Freiberg dankte. »Sehr nett, aber wir kommen gerade vom Kaffee, und die Zeit drängt auch ein wenig.«

»Na, dann schießen Sie mal los mit Ihren Fragen.«

»Uns würde alles interessieren, was Sie über Doktor Korbel wissen«, sagte Freiberg.

Mölmann überlegte nicht lange. »Tja, eigentlich wenig. Ein ruhiger Herr. Guten Morgen, guten Tag und guten Abend. Er hatte schon mal Frauenbesuch – aber das war seine Sache, ging uns ja auch nichts an. Irgendwer hat mal was von Computerspezialist gesagt. Der soll bei der... ja, arbeiten soll er bei...« Mölmann versuchte vergeblich, sich zu erinnern.

»GeDaSi«, kam ihm seine Frau zu Hilfe. »Da oben in der Nähe des Reha-Zentrums. Hat er was angestellt?«

Kommissar Freiberg zögerte mit der Antwort. Lupus hielt es mehr mit der Schocktherapie. Die Nachricht würde sowieso bald die Runde machen. »Der hat sich aufgehängt.«

»Mein Gott«, stöhnte Frau Mölmann, »welche Todsünde.«

»Und die Kripo vermutet nun, daß etwas dahinterstecken könnte?« erkundigte sich ihr Ehemann und strich mit gleichmäßigen Bewegungen Butter auf seinen Toast.

»Wir wissen leider noch gar nichts – alles Routinefragen. Könnten Sie uns bei der Aufklärung helfen?«

»Ich glaube schon«, stellte Mölmann in aller Ruhe fest und nahm noch etwas Johannisbeergelee.

Freiberg und Lupus hoben überrascht die Köpfe.

»Was höre ich da?« schreckte Frau Mölmann auf.

»Nun ja, ich habe das gar nicht als etwas Besonderes registriert und hätte es auch bald wieder vergessen, wenn nicht die Polizei jetzt gefragt hätte«, erklärte der mit seinem Toast Beschäftigte beruhigend. »Also, vor dem Zubettgehen habe ich mir noch ein Glas Wasser aus der Küche geholt. Dabei fiel mein Blick aus dem Fenster. Wir lassen nämlich die Jalousie nicht runter; die rappelt so. Auf der anderen Straßenseite, ein paar Meter vor der Laterne, stand ein heller Wagen, großer Mercedes, glaube ich, älteres Modell. Welche Farbe das nun war, kann ich nicht sagen. In meinem Alter machen die Augen nicht mehr so richtig mit. Den Vorläufer mit den Heckflossen habe ich selbst mal gefahren in meiner Zeit als selbständiger Versicherungsakquisiteur.«

»Dauernd war er unterwegs«, unterbrach Frau Mölmann.

»Was war mit dem Mercedes?« drängte Lupus.

»Ja, der stand da. Als ich noch hinschaue und einen Schluck Wasser trinke, geht der Doktor Korbel mit einem Mann über die Straße auf das Auto zu. Im selben Moment öffnet sich kurz die Wagentür, und eine Frau schaut heraus.«

»Davon hast du mir kein Wort gesagt«, beschwerte sich die Angetraute.

»Ach, das war doch auch nichts von Belang – und du warst am Einschlafen. Ich habe auch nicht mehr dran gedacht, bis jetzt die Herren ihre Fragen stellten«, kam die beschwichtigende Antwort.

Freiberg strich mit den mittleren drei Fingern der linken Hand über seine Stirn. »Eine Frau, sagen Sie. Wie sah sie aus?«

»Weiß nicht, war schwer zu erkennen. Mir ist nur ihr Haar aufgefallen – ganz hell, richtig leuchtend und ziemlich hoch aufgetürmt.«

»Und weiter?«

»Also, die Frau hat nur kurz die Tür aufgemacht und sich vorgebeugt. Doktor Korbel hat dann auf dem Beifahrersitz Platz genommen; der andere hat sich nach hinten gesetzt. Dann ist der Wagen Richtung Godesburg gefahren.«

»Haben Sie die Fahrzeugnummer erkannt?«

»Nein, ich weiß nicht mal, ob es eine deutsche war.«

»Hat es Streit gegeben?«

Mölmann schüttelte energisch den Kopf. »Nein, ganz gewiß nicht. Korbel und der Mann haben sich mit Handschlag begrüßt und sind dann zum Wagen gegangen.«

Freiberg faßte nach: »Wie sah denn der Mann aus, der Korbel begleitet hat? – Kleidung, Größe?«

Mölmann überlegte. »Null-acht-fünfzehn, würde meine Generation sagen. So mittelgroß, dunkles Haar, wohl nicht mehr ganz jung. Normaler Anzug, gedeckt. Es war ja kein gutes Licht, um viel zu erkennen. Ich dachte noch, der Herr Doktor Korbel ist dienstlich unterwegs und fährt im Auto von Kollegen mit zu einer Party oder so. Da schwirren ja manche bis weit nach Mitternacht herum, von einer Veranstaltung zur anderen. Ich habe dann noch einen Schluck Wasser getrunken und bin schlafen gegangen. Das Ganze hat keine halbe Minute gedauert.«

»Würden Sie den Mann, der Korbel abgeholt hat, vielleicht

wiedererkennen?«

»Wohl kaum; aber es sah so aus, als zöge er ein Bein etwas nach.«

»Hinkte er?«

»Nein – eigentlich nicht; vielleicht irre ich mich auch.«

»Wissen Sie noch, um welche Zeit das war?«

»Ziemlich genau halb elf – das ist die Zeit, zu der wir immer schlafen gehen.«

»Und so etwas erzählst du mir nicht mal zum Frühstück!« Frau Mölmann war sichtlich pikiert.

»Nun sei friedlich, ich habe es ja jetzt erzählt.«

»Fährt Korbel selbst einen Wagen?« fragte der Kommissar.

»Ja, sicher, einen BMW. Der steht normalerweise in der Tiefgarage des Hauses, wenn Korbel nicht mit ihm unterwegs ist.«

»Seit dieser Nacht wird er nicht mehr unterwegs sein«, sagte Freiberg und stand gleichzeitig mit Lupus auf. »Wir haben noch einiges zu klären. – Sie haben uns hochinteressante Informationen gegeben. Wir werden bestimmt noch einmal darauf zurückkommen.«

»Ich zeige Ihnen den Weg zur Tiefgarage«, sagte Mölmann und ging voran.

Im engen Kellergeschoß standen einige Fahrräder und eine mit bunten Aufklebern vollgepappte Ente und rechts in der Ecke ein dunkelgrüner BMW 512.

»Das ist sein Wagen«, erklärte Mölmann. »Die anderen sind alle unterwegs.«

Freiberg warf Lupus das Schlüsselbund zu. Der ging gleich zum Heck des Fahrzeugs und schloß den Kofferraum auf. Ein schneller Griff, und er hielt triumphierend das Abschleppseil hoch. Es war aus ummanteltem Stahlgeflecht.

Freiberg pfiff leise durch die Zähne und wandte sich an Mölmann: »Mein Kollege und ich müssen weiter. Bitte, sprechen Sie vorerst mit niemandem über unseren Besuch. In Kürze werden die Beamten der Spurensicherung hiersein, um sich in Korbels Räumen umzusehen. Die werden auch wohl den Wagen sicherstellen. – Wir sagen auf Wiedersehen. Sie haben uns sehr geholfen.«

Mölmann ging kerzengerade aufgerichtet in seine Wohnung

zurück. Freiberg und Lupus eilten zu ihrem Wagen. »Die Sache stinkt doch wohl«, stellte der Kommissar fest. »Wir brauchen schnellstens den Obduktionsbefund.«

»Sollen wir wetten, daß da ein Toter aufgehängt worden ist?« sagte Lupus.

»Gewettet wird nach alter Väter Sitte doch nur, wenn einer anderer Meinung ist.«

Lupus ließ sich über die Leitstelle mit Freibergs Büro verbinden. Sofort wurde abgehoben: »Erstes Kommissariat.«

»Kuhnert, aufgepaßt! Wir haben mit einem Bewohner des Hauses gesprochen, in dem Korbel wohnte. Irgendwer hat den in der Nacht abgeholt. Scheint vieles dafür zu sprechen, daß er sich nicht selbst aufgeknüpft hat. Ihr müßt dringend feststellen, was die Rechtsmediziner zur Todesursache sagen. Wir fahren jetzt zur Gesellschaft für Datensicherheit – dort könnt ihr uns erreichen.«

5

Die Ampel zur Winterstraße blinkte gelb. Polizisten mit Signalkellen winkten die Autos zur Seite. Auch Freiberg stoppte. Lupus lehnte sich zurück und gähnte: »Staatstheater in Bonn. Mal sehen, wer heute seinen Auftritt hat.« Zuerst nahte ein Streifenwagen mit Blaulicht, dann sieben Polizisten auf schweren Motorrädern – unverkennbar der satte Ton der 800er BMW. Danach der eminent wichtige Staatsbesucher im schwarzen Mercedes mit Stander rechts und links am Kotflügel. Hinter getönten Scheiben aus Panzerglas saß das »ganz hohe Tier« aus fernen Welten. Nach der Siebener-Eskorte zu urteilen, ein Ministerpräsident oder Staatschef – was bei der Größe und Bedeutung mancher Länder nicht viel besagen mußte. In einem Dutzend ebenfalls schwarzer Limousinen mühten sich die Fahrer ab, dicht an der Stoßstange des Vordermanns zu bleiben, damit die Kolonne nicht auseinanderriß. Distinguiert schauende Insassen warfen bedeutsame Blicke aus den Fenstern oder sprachen angestrengt aufeinander ein. Die Kavalkade wurde langsamer und bog in die steil ansteigende Auffahrt zur Godesburg ein. Den Abschluß bildete ein Polizei-Streifenwagen mit rotierendem Blaulicht.

»Staatsbesuch mit Arbeitsessen«, kommentierte Freiberg. »Aus deutschen Landen frisch auf den Tisch.«

Lupus schüttelte den Kopf. »Du kannst mir doch nicht ernsthaft weismachen wollen, daß die Exoten wirklich arbeiten. Dazu ist das Rheinpanorama dort oben viel zu verlockend. Jede Mark Kapitalhilfe wird den Eindruck von Deutschlands Macht stärken. Unsere haben das inzwischen kapiert: Wer schnell gibt, gibt doppelt; dann bleibt mehr Zeit für das Essen.«

Die Ampel sprang auf Grün, und die Polizisten gaben den Verkehr wieder frei. UNI 81/12 nahm in gemütlichem Tempo die Windungen der Straße bergan. Nach kurzer Zeit tauchten rechts die Gebäude des Rehabilitations-Zentrums auf. Noch zwei-, dreihundert Meter geradeaus, und der weitläufige Komplex der Gesellschaft für Datensicherheit war erreicht. Inmitten eines alten Baumbestands lagen zahlreiche Institutsgebäude. Der ringsum laufende, mindestens zweieinhalb Meter hohe Zaun mit einer doppelten Bewehrung aus Stacheldraht wurde durch das angepflanzte Buschwerk nur unvollkommen kaschiert. Im Vorfeld des Hauptgebäudes erfolgte die erste Kontrolle. Zwei Wachmänner in Lederjacken mit demonstrativ zur Schau gestellten Revolvern am Patronengürtel hielten sich im Hintergrund.

»Das sind die Datenschützer«, witzelte Lupus. »Und was für Kanonen! 38er Smith & Wesson, wie mir scheint. Die guten alten Witwenmacher von Uncle Sam.«

Freiberg zeigte dem Pförtner seinen Dienstausweis. »Kriminalpolizei – wir möchten mit dem Verwaltungschef sprechen.«

»Ich muß Sie telefonisch anmelden. Ihre Namen bitte.«

»Kriminalhauptkommissar Freiberg und Kriminalhauptmeister Müller vom Polizeipräsidium Bonn in einer Ermittlungssache. Wir haben nicht viel Zeit.«

Der Pförtner telefonierte und kam sehr schnell zurück. »Verwaltungsdirektor Doktor Seukler läßt bitten. Hauptgebäude, Zentraleingang. Sie können vorfahren.«

Freiberg dankte.

»Die spuren ja ganz gut«, stellte Lupus anerkennend fest. »Die Frage ist nur, ob die Ballermänner merken, wann es Zeit ist, abzudrücken. Wenn alle so lässig abgefertigt werden wie wir, brauchen die sich nicht zu wundern, wenn ihnen eines Tages der ganze Laden hier um die Ohren fliegt.«

Die Empfangshalle ließ etwas von der nüchternen Funktionalität des Unternehmens erahnen. Rechts an der Wand eine Grafik mit Angaben zu den Standorten der Institute, Abteilungen und Arbeitsgruppen. Daneben auf der weißen Tafel streng hierarchisch die Namen der leitenden Mitarbeiter. Zuerst die Vorstandsmitglieder, dann das wissenschaftliche Personal. Hier gab sich die Computer-Elite mit ihren akademischen Graden ein Stelldichein: Prof. Dr. rer. nat.; Prof. Dr.-Ing.; Prof. Dr. rer. pol.; Dipl.-Ing.; Dipl.-Math. Ganz am Ende rangierte die Administration mit den Abteilungen für Organisation, Personal, Finanzen und den Zentralen Diensten, geleitet von Verwaltungsdirektor Dr. jur. Gerhard Seukler.

Aus der Loge im Hintergrund trat ein dienstbarer Geist hervor. »Zu Herrn Doktor Seukler bitte erste Etage rechts. Die Vorzimmerdame erwartet Sie.«

Sie wartete wirklich, und sie strahlte mütterliche Ruhe aus. Nicht mehr ganz jung, dafür aber adrett und rund. »Doktor Seukler läßt bitten. – Darf ich hier schon fragen, ob Sie Kaffee oder lieber Tee nehmen?« Freundlich, aber bestimmt fügte sie hinzu: »Doktor Seukler raucht nicht.«

»Sehr liebenswürdig«, sagte Freiberg, »aber wir haben unseren Morgentrank schon genossen, und mein Kollege wird seine Zigaretten gern in der Tasche lassen.«

Der nichtrauchende Verwaltungsdirektor war zur Überraschung der Besucher durchaus ein »Zigarrentyp«, untersetzt, mit einem strammen Bäuchlein unter der Weste, einem runden Gesicht und lustigen Augen – kein dynamisch schlankes Vorbild für die Sekretärin.

Seine Begrüßung wirkte herzlich. »Kriminalpolizei im Hause, das ist eine Überraschung. Worum geht es denn?«

»Um Herrn Doktor Jochen Korbel.«

»Nanu, unser Gastarbeiter wird von der Polizei gesucht? Wir suchen ihn auch. Er ist heute nicht zum Dienst erschienen. Ein Unfall?«

»Wieso Gastarbeiter? Korbel ist doch Deutscher.«

»Nehmen Sie es als Scherz. Korbel ist kein ständiger Mitarbeiter hier bei der GeDaSi. In seinem Stammunternehmen gibt es ein paar Probleme mit dem dort eingesetzten Computersystem. Der Hersteller will den Rechner nicht weiterentwickeln. Darum müssen sich einige Anwender schlüssig werden, ob sie auf andere Typen umsteigen oder versuchen sollen, mit dem alten System noch weiterzumachen. In welche Richtung die Entwicklung geht, ist für den Aufgabenbereich von Herrn Korbel von größter Bedeutung. – Aber ich nehme nicht an, daß diese sehr speziellen Fragen für Sie von Belang sind.«

»Der Herr bewahre uns vor dem Unheil!« seufzte Lupus.

»Aber«, fuhr der Verwaltungsdirektor fort, »wo liegt nun das Problem für die Kripo – ist wirklich ein Unfall passiert?«

»Doktor Korbel ist tot«, sagte Freiberg, ohne die Stimme zu heben.

»Erhängt«, fügte Lupus hinzu.

»Um Himmels willen, meine Herren!« Dr. Seukler hielt es nicht mehr auf seinem Platz. »Das ist ja eine schreckliche Nachricht. Ausgerechnet Doktor Korbel. Warum hat er das nur getan? Hat er eine Mitteilung hinterlassen?«

»Nein, nichts«, sagte Freiberg.

»Aber es ist doch Selbstmord?«

Freiberg und Lupus wechselten Blicke. Dann antwortete der Kommissar vorsichtig: »Wir stehen noch am Anfang unserer Ermittlungen. Es gibt da einige Ungereimtheiten. Sie müssen mein Zögern verstehen – noch liegt uns der Befund der Rechtsmediziner nicht vor. Doch warum sagten Sie ›ausgerechnet Doktor Korbel‹? Gibt es Besonderheiten in seiner Person?«

Dr. Seukler ging noch einige Schritte durch den Raum und setzte sich wieder. »Was jetzt gesagt werden muß, ist streng vertraulich. Außer mir kennt niemand in der GeDaSi die wirkliche Funktion dieses Mannes. Nur wenn es gilt, ein Verbrechen aufzuklären, bin ich bereit, die erforderlichen Auskünfte zu geben. – Ist ein Verbrechen zu vermuten?«

»Es spricht vieles dafür«, räumte Freiberg ein, um das Gespräch nicht abreißen zu lassen. »Wir sind von der Mord-Kommission. Genügt Ihnen diese Feststellung?«

»Ja, selbstverständlich. – Also gut.« Der Verwaltungsdirektor lächelte ein wenig: »Korbel ist so eine Art von Umschüler bei uns. Er macht sich mit den hier eingesetzten neuen Computersystemen vertraut. Das, was ich Ihnen eingangs sagte, stimmt. Das ist auch die Version für die Mitarbeiter des Hauses. Doch dahinter steckt mehr. Korbel ist – war – ein Datenschützer, wenn ich das einmal so simpel ausdrücken darf.«

»So wie die Ballermänner da draußen mit den 38ern am Halfter?« konnte Lupus sich nicht enthalten zu fragen.

»Wundervoll diese Definition für unsere Lederjacken. – Doch jetzt Spaß beiseite. Korbels Aufgabe hat nichts mit dem herkömmlichen Schutz der personengebundenen Daten zu tun, über die derzeit von Kompetenten und Inkompetenten gestritten wird. Nein, Korbel war so eine Art Wächter im System, verantwortlich dafür, daß es nicht zu Sicherheitseinbrüchen kommt. Genauer gesagt, daß nichts in die falschen Elektronengehirne gerät.«

Freiberg und Lupus hatten das Gefühl, in die Welt von Science-fiction zu geraten. »Um das halbwegs verstehen zu können, müßten wir wissen, welche Arbeiten hier in der GeDaSi laufen und womit sich das – wie sagten Sie – Stammunternehmen des Herrn Korbel befaßt«, bat Freiberg.

Der Verwaltungsdirektor schmunzelte. »Diese Frage hätten Sie einem der leitenden Wissenschaftler nicht stellen dürfen, ohne Gefahr zu laufen, mit Fachbegriffen erschlagen zu werden. Gott sei Dank sind Sie an einen Juristen geraten, und Sie wissen ja, Juristen sind zu allem fähig; in diesem Fall sogar zu schrecklichen Vereinfachungen. Also: Die Gesellschaft für Datensicherheit hat im Grunde zwei Aufgabenbereiche. Einmal betreibt sie Forschung auf dem Gebiet der Informationstechnologie, vereinfacht gesagt: Computerentwicklung; zum anderen ist sie ein regelrechter Dienstleistungsbetrieb für Handel und Industrie – und nicht zuletzt für die meisten Bundesministerien. In diesem Dienstleistungsbetrieb – der übrigens von den Benutzern teuer bezahlt werden muß – läuft vieles von dem zusammen, was die Bundesrepublik bewegt, z. B. die Milliardenzahlen aus den einzelnen Haushalten der Ministerien, Basisdaten für Berichte und Programme, Hochrechnungen und Schätzungen für künftige Entwicklungen in den verschiedenen Planungsbereichen. Wer uns anzapft, ist schlauer als jeder andere.«

Freiberg hatte mit steigender Aufmerksamkeit zugehört. »Wenn ich Sie richtig verstehe, gibt es zumindest noch einen großen Bereich, der nicht in den Computern der GeDaSi erfaßt ist, und in diesem Bereich, seinem Stammunternehmen, ist – war – Doktor Korbel tätig.«

Der Verwaltungsdirektor nickte.

Kommissar Freiberg sagte nur ein Wort: »Bundeswehr.«

»Ja, die marschiert getrennt«, erläuterte Dr. Seukler. »Aber wir arbeiten mit denen auf der wissenschaftlich-technischen Seite eng zusammen. Die sitzen ja nicht weit von hier in Mehlem.«

»War Korbel Soldat?« fragte Lupus.

»Nein, qualifizierter Wissenschaftler, Systemanalytiker von hohen Graden.«

»Also eine Art Elektronik-Abwehr-Spezialist«, versuchte Freiberg zu definieren.

Der Verwaltungsdirektor stimmte zu: »Noch eine Wortschöpfung mehr in unserem Kauderwelsch, aber das trifft es ziemlich genau. Unser Mann muß immer ein paar Gedankenschritte schneller sein als die Topleute der Gegenseite. Vor allem muß er die Schwachpunkte der Systeme erkennen, durch die man in sie eindringen könnte. Auch die Spitzentechnologie hat ihre Schwächen. Theoretisch ist es denkbar, daß jemand in Tokio sitzt und über Satelliten und Fernmeldekabel mit den richtigen Paß- und Codeworten hier einen Computer anzapft und sich das elektronisch gespeicherte Wissen in Minuten in sein eigenes System überspielen läßt. Das klingt alles sehr theoretisch, aber was theoretisch denkbar ist, das ist irgendwann auch technisch machbar.«

»Los Alamos«, sagte Freiberg. »Die Atombombe war denkbar, SDI ist denkbar, die Verlängerung der Geschichte der Menschheit in den Weltuntergang ist ebenso denkbar.«

»Sie versuchen, hinter die Dinge zu schauen«, wunderte sich Dr. Seukler.

»Kommissar Freiberg hat Geschichte studiert«, erklärte Lupus und war ein wenig stolz darauf, daß sein Chef in diesem Gespräch mithalten konnte.

»Und dann sind Sie bei der Polizei?« fragte der Verwaltungsdirektor überrascht.

»Ja, inzwischen sogar gern. Ich habe meinen Träumen entsagt. Ein arbeitsloser Lehramtskandidat mehr. Das wäre die Alternative. – Doch lassen Sie uns nochmals auf den Abwehrspezialisten zurückkommen. Wenn nun nicht nur der Computer, sondern auch der Wächter angezapft würde...?« Freiberg ließ den Satz unvollendet im Raum stehen.

Lupus blickte starr geradeaus. Doktor Seukler sagte lange Zeit nichts; dann zog er sein Taschentuch hervor und betupfte seine Stirn. »...nur weil es denkbar ist: Das wäre für uns und das Stammhaus von Korbel der GAU.«

»Der größte anzunehmende Unfall – wie in Tschernobyl, nur ohne Kernverschmelzung«, bemerkte Freiberg, »und die NATO wüßte nicht einmal, daß sie in den Ostblock integriert ist.«

»Die absolute Katastrophe«, bestätigte Dr. Seukler. »Dann wäre unser Wissen auch ›ihr‹ Wissen, unsere Waffensystem- und Verteidigungsplanung ›ihre‹ Angriffsgrundlage, unsere Rüstungsstandorte wären ›ihre‹ Zielvorgabe. Die andere Seite hätte alles, was sie an Informationen braucht, um den vorgeschobenen NATO-Stützpunkt Deutschland mit einem einzigen Schlag auszuschalten. Mein Gott, welch eine Perspektive!«

Freiberg versuchte, das Gespräch in den polizeilichen Ermittlungsalltag zurückzuholen. »Noch ein Wort zu Korbels Tätigkeit in der GeDaSi. Wie lange war er schon hier, wie lange sollte er noch bleiben, und wo war er eingesetzt?«

»Zwei Monate sollte er hiersein. In den ersten vierzehn Tagen hat er sich einen Überblick verschafft, seit drei Wochen ist er im Institut für System-Technologie, um sich mit den dort bearbeiteten Problemfeldern vertraut zu machen.«

»Warum gerade dort?«

»In diesem Institut arbeiten die klügsten Köpfe und die modernsten Anlagen. Es geht dabei um die Probleme bei der Erfassung von Informationen, Speicherung, Transport, Aktivierung. Erforscht werden insbesondere die Bereiche Rechnerarchitektur, Kommunikationssysteme, Datenbanken und die dazugehörigen Sektoren. Die Datensicherung steht ganz oben an. Es ist unser größtes Institut mit fast hundert Wissenschaftlern.«

»Und hier sitzen zwei absolute Laien«, stöhnte Freiberg.

»Aus diesen Bereichen mußte Korbel sein Know-how als – wie Sie so schön gesagt haben – Elektronik-Abwehr-Spezialist gewinnen. Ihm ging es um die perfekte Kenntnis der modernsten Rechnerarchitekturen und der Kommunikationssysteme. Wieder einmal schrecklich vereinfacht gesagt: um den Aufbau und das Zusammenwirken der Computer und um die Übertragung der Daten.«

»Nach Tokio«, warf Lupus mit einem grimmigen Lachen ein. »Wer soll denn das noch kapieren?«

»Ich kann's ja auch nicht richtig«, tröstete der Verwaltungsdirektor. »Aber unsere Wissenschaftler glauben, sie könnten es. – Und das ist die Hauptsache.«

Freiberg lachte: »Weil es denkbar ist. – Und welche Kenntnisse muß ein Mann wie Korbel mitbringen, um von dieser hochkarätigen Elite geschult werden zu dürfen?«

»Theoretisch ist alles gefragt, was aus der Berufsbezeichnung unserer Mitarbeiter draußen an der Namenstafel hervorgeht. Der Herrgott hat einen großen Tiergarten mit viel künstlicher Intelligenz. Korbel kommt aus der mathematischen Richtung. Der dürfte ein Gehirn haben wie ein zuverlässiger Großrechner. Ich habe einige Male das Vergnügen gehabt, ihn und seine Kollegen beim Mittagessen diskutieren zu hören. Es war die reinste Horrorschau! Man hatte das Gefühl, unter Glühwürmchen geraten zu sein, die ihre Leuchtorgane ganz nach Belieben ein- oder ausschalten – akademische Irrlichter. Wenn es allerdings zwischen dem Leiter der Arbeitsgruppe, unserem Diplommathematiker Nikols, und Korbel zum Disput kam, hatte man das Gefühl, daß zwei Feinde die Klinge kreuzen. Sie können mir glauben, da sind die Fetzen geflogen – verbal natürlich. Ich habe nichts davon verstanden.«

»Ein Jurist ist zu allem fähig«, wiederholte Freiberg die kurz zuvor gefallenen Worte.

»Richtig«, bestätigte der Verwaltungsdirektor. »Auch zu der Einsicht, daß sich nicht alles im Leben berechnen läßt. Der Herr Diplommathematiker Nikols hat für diese Einsicht teuer bezahlen müssen.«

»Wie ist das zu verstehen?«

»Liebe, Glücksspiel und Mathematik! Er hat es nicht geschafft, alles unter einen Hut zu bringen. Für seine Frau, die das Glück mehr im Spiel als in der Liebe sucht, hat er ein Gewinnsystem errechnet, um sie an sich zu binden. Wahrscheinlich war die Null nicht kalkulierbar und das Schicksal nicht manipulierbar. So sah der Erfolg anders aus als gedacht: alles verspielt, das Haus verkauft und seine Frau verloren.«

»Heißt das, sie hat ihn verlassen?«

»Ja und nein. Sie leben getrennt und können sich doch nicht ganz voneinander lösen. Dieses lauwarme Verhältnis scheint ihn ziemlich zu belasten. Sie arbeitet schon seit Jahren in einer Firma für Investitionsberatung und Koordination. – Er ist übrigens ein mathematisches Genie und für uns unentbehrlich.«

»Und dieses Genie ist mit Korbel öfter aneinandergeraten?«

»Wissenschaftlicher Streit gehört zum Alltag in einem Forschungsinstitut. Aber keine Angst, die Damen und Herren bringen sich nicht physisch um, die versuchen dafür, sich gegenseitig in den Fachbeiträgen fertigzumachen. – Wissenschaftlich tot ist so gut wie lebendig begraben.«

Freiberg hätte diese angeregte Unterhaltung noch weiterführen können, doch die Anwesenheit seines schweigsamen Kollegen ließ ihn an seine polizeilichen Aufgaben denken. »Wir müssen uns der Vollständigkeit halber auch mit Herrn Nikols unterhalten.«

»Ja, das könnte Ihnen mehr bringen. Korbel und Nikols kannten sich auch wohl privat. – Ich werde Sie telefonisch avisieren. Das Institut für System-Technologie schließt durch den überdachten Laufgang gleich an das Verwaltungsgebäude an.«

Der Abschied war noch herzlicher als die Begrüßung.

Arbeitsgruppenleiter Nikols kam den beiden Beamten auf dem Gang entgegen. Er war ungewöhnlich groß und ungewöhnlich dünn. Ein hageres Gesicht wurde von schütterem braunem Haar umrahmt, und um seine Figur schlotterten Jacke und Hose in einer Zusammenstellung, die nicht einmal auf dem Bonner Flohmarkt abzusetzen gewesen wäre.

»Hallo, meine Herren«, grüßte er lebhaft, »was muß ich hören; Korbel ist tot? Schade, ein kluger Kopf, wenn auch ziemlich bissig.«

Freiberg und Lupus wollten sich bekannt machen, doch Nikols hörte nicht zu. »Kommen Sie in mein Büro, hier ist es zu hektisch.«

In der Tat glich der Gang einem Bienenkorb. Junge Mitarbeiter mit Stapeln von maschinell gefaltetem Papier und Karteiblättern in allen Farben liefen hin und her. In den klimatisierten Räumen brummten und ratterten die Geräte. Nikols' Büro entsprach ganz den Erwartungen: Chaos allerorten. Auf dem Schreibtisch eine Unmenge aufgeschlagener Bücher, Tabellen und Schaltpläne und auf dem Konferenztisch eine halbentrollte Weltkarte.

»Setzen wir uns«, sagte der Arbeitsgruppenleiter, machte zwei Stühle frei und schob die Karte beiseite. »Mit dieser Satelliten-Kommunikation ist es ein Kreuz – noch zu viele Fehlerfolgen. Aber das werden wir schon in den Griff bekommen. Mit den Standleitungen von uns zu den Ministerien sieht es manchmal auch nicht besser aus – und das sind nur ein paar Kilometer Distanz. – Also, aufgehängt hat er sich. Aus wissenschaftlicher Sicht bestand dazu für ihn absolut keine Veranlassung.«

»Und sonst? Privat vielleicht? Kannten Sie sich näher?«

Nikols Augen flitzten hin und her. Er knöpfte seine Jacke auf und zu, dann wieder auf, wieder zu, unentwegt. »Was heißt näher? Früher waren wir auch privat zusammen. Aber dann gab es Differenzen. Korbel war kein Mann, den man auf Dauer zum Freund haben konnte... Wissenschaftlich haben wir uns seit Jahren in der Literatur beharkt. Dieser Mann hatte einen Sicherheitstick. Was der von unserem System forderte, hätte es unbezahlbar gemacht. Wir brauchen die offene, billige Kommunikation. Ein Datensichtgerät in Toronto, Chip rein, Paßwort dazu, elektronischer Gegencheck – und die Informationen fließen. Diese Bunkermentalität mancher Zeitgenossen ist der Todfeind des technischen Fortschritts.«

»Was genau wollte Korbel hier im Institut erfahren?«

»Umstellungsrisiken abchecken. Mother Blue will das einundachtzighunderter Blech einfrieren.«

Freiberg und Lupus schauten verständnislos auf.

»Verzeihung, unser Jargon ist fürchterlich. Also im Klartext: IBM will das Computersystem 8100 nicht weiterentwickeln. Das bringt für die Anwender in jedem Fall Probleme. Sie müssen klären, ob und wie lange sie mit dem Rechner weitermachen wollen oder ob sie auf andere Anlagen umsteigen müssen. Für die militärische Logistik ein besonders harter Brocken – aber in jedem Fall machbar.«

»Sie wissen also, daß Korbel für die Hardthöhe gearbeitet hat?«

»Aber sicher doch. Bei den Militärs läuft ohne die Datenverarbeitung nichts. Nehmen Sie denen die Computer weg und den Engländern den Tee, dann ist der nächste Krieg ohne Schußwechsel entschieden.« Nikols sprach schnell und knöpfte die Jacke abermals auf und zu.

»Hatte Doktor Korbel Feinde?«

»Jede Menge! Wie gesagt, das war kein Mann, der sich Freunde schaffte. Und wenn er welche hatte, war er hinter deren Frauen her. – Fachlich hat er sich mit allen Wissenschaftlern angelegt. Der...«

Freiberg versuchte, den Redefluß zu bremsen. »Pardon, wir verstehen uns nicht ganz. Ich meine solche Feinde, die ihm nach dem Leben getrachtet haben könnten.«

»Ich weiß nicht, ob er solche ›Killerfeinde‹ gehabt hat. Aber zum Teufel gewünscht haben ihn viele Kollegen.«

»War Korbel verheiratet?«

»Nein. Der wilderte lieber in fremden Revieren und hatte im übrigen nur sein Blech im Kopf...«

Das Telefon surrte. Nikols fluchte über die Störung und nahm widerwillig den Hörer ab. »Ach so – für Sie, Herr Kommissar. Fräulein Kuhnert aus Ihrem Büro.«

»Habt ihr den Befund?« fragte Freiberg sofort.

Lupus bemerkte, wie sich der Gesichtsausdruck seines Chefs änderte. »Also noch kein Befund. Probleme in der Beethovenstraße. Ja, ja, ist schon richtig, daß Sie angerufen haben. Ich werde mich drum kümmern.«

»Neuer Einsatz?« wollte Nikols wissen. »Ich bin mit meinen Erklärungen ohnehin am Ende. – Schon schade um den Kollegen Korbel.« Der Arbeitsgruppenleiter knöpfte seine Jacke zu und beließ es dabei. »Danke für Ihren Besuch, meine Herren. Bei der Beerdigung werde ich wohl ein paar Worte am Grabe sprechen müssen. De mortuis nihil nisi bene.«

Vor der Tür sagte Lupus: »Was für eine Type – über den Toten nur das Beste. Chef, ich bin froh, aus diesem Narrenkäfig herauszusein. – Wenn ich das Telefongespräch richtig deute, mußt du dich um deine studentische Hilfskraft kümmern?! Also kein Widerspruch, ich fahre jetzt und setze dich an der Beethovenstraße ab.«

Freiberg schien beunruhigt zu sein. »Möchte doch wissen, was dort los ist. Sabine hat wohl echte Schwierigkeiten, wenn sie mich im Dienst anruft. Aber unser Fall...«

»Ach laß! Leichen haben kein Zeitgefühl; kümmere du dich erst einmal um die Lebenden. Ich werd' mich inzwischen an den Erkennungsdienst hängen und unseren Rechtsmedizinern den Strick um den Hals legen. So tot kann doch niemand sein, daß denen dazu kein Kommentar einfällt.«

Lupus ließ den Motor an und fuhr an den Wachmännern in den schwarzen Lederjacken vorbei, die gewiß vom Pförtner erfahren hatten, wer in diesem Dienstwagen saß. Sie legten ihre Hände an die Smith & Wessons und deuteten einen Gruß an.

Lupus grinste: »John Wayne in doppelter Ausführung. Ballermänner als Datenschützer. Unsere Ermittlungen kommen gut voran.«

6

Die Beethovenstraße liegt im Westen des alten Bonn. Um nicht am Polizeipräsidium vorbeifahren zu müssen, nahm Lupus den Weg über Kessenich. Schon bald umfing sie der süßliche Duft aus Haribos Lakritzenküche.

Lupus kannte seine Stadt. Ein Stückchen Reuterstraße und dann der Schleichweg am Poppelsdorfer Schloß entlang. Freiberg hatte kein Auge für die von Balthasar Neumann zu einem Renaissance-Schloß umgestaltete Wasserburg, worin Kurfürst Clemens-August seine Kunstschätze angehäuft hatte. Nichts erinnerte noch daran, daß einstmals die mit venezianischen Spiegeln und Seidenvorhängen ausgestattete Prunkgondel des von den Bonnern so heiß geliebten Kirchenfürsten auf dem Schloßweiher gedümpelt hatte – der weltlichen Freuden wegen.

»Sollte hier nicht mal unser Herr Bundespräsident einziehen?« fragte Lupus.

Freiberg schreckte hoch. »Wie? Ach so, ja. Aber daraus wird wohl nichts. Villa Hammerschmidt am Rhein ist sicherer als das ›maison de plaisance‹.«

Noch ein paar Kurven bis zur Beethovenstraße. So düster wie in Samuel Fullers Tatort-Verfilmung »Tote Taube...« sah sie wirklich nicht aus. Schmale Bürgerhäuser aus der Gründerzeit mit ausgewogenen Gesimshöhen und frisch ausgemalten Fassaden kündeten vom Wohlstand einer vergangenen Epoche. Inzwischen hatte manche Hausbesitzerswitwe ihr Herz für die Studenten entdeckt. Ein untrügliches Zeichen dafür waren die vielen Fahrräder, angekettet an die schmiedeeisernen Zäune der Vorgärten. Lupus verlangsamte die Fahrt und hielt schließlich vor einem roten Backsteinbau.

»Ich melde mich so schnell wie möglich wieder im Büro; du weißt ja, wo ich bin«, sagte Freiberg, bevor er die Autotür ins Schloß warf.

»Okay, Chef.«

Walter Freiberg musterte die im Laufe der Jahre noch rostiger gewordenen Briefkästen und stolperte über die immer noch nicht ausgebesserte Stufe der Steintreppe. Der Leukoplaststreifen unter dem Klingelknopf war erneuert. Sabine Heyden – 4x drücken. – Früher hatte dort gestanden: 4x tüchtig drücken; aber zwei Jahre Referendarzeit im Lehramt hatten ihre Spuren hinterlassen.

Auf das vereinbarte Klingelzeichen – dreimal kurz, einmal lang – blieb es still in dem hohen Treppenhaus. Wie oft hatte er Sabine die hölzernen Treppenstufen herunterkommen hören, in Turnschuhen oder auch in Clogs, so daß die Nachbarhäuser bebten. Diesmal hörte er nichts. Noch einmal drückte er den Klingelknopf. Der widerhallende Ton war noch nicht verklungen, da öffnete sich langsam die Tür. Ein feingliedriges, dunkelhaariges Mädchen sah ihn aus verweinten Augen an.

»Sabine, was ist?« fragte er nur.

Sie warf sich in seine Arme. »Waldi«, heulte sie los. In jeder anderen Situation hätte sich Freiberg mit passenden Worten gegen den »Waldi« gewehrt. Doch jetzt spürte er, daß weder Zeit noch

Ort für die üblichen Begrüßungsscherze war. »Was ist? Die Kuhnert hat mich angerufen.«

»Waldi, es ist aus. Heute sind mit der Post vier Absagen gekommen. Hörst du? Vier! Man sollte sich aufhängen.«

Walter Freiberg durchfuhr der Schock. Er nahm Sabine bei den Schultern und schüttelte sie wie ein Besessener, bis sie vor Schmerzen aufschrie. »Sabine! Sag so etwas nie wieder, hörst du, nie wieder! Auch nicht im Scherz. Das Bild ist unerträglich. Lupus hat vor ein paar Stunden geholfen, einen Erhängten aus dem Baum zu holen. In dieser Sache waren wir unterwegs, als dein Anruf kam. – Was ist nun genau?«

Beide stolperten die Treppe hinauf. Mit einem Fußtritt stieß Sabine die Tür zu ihrem Zimmer auf. Seit Jahren war es nahezu unverändert. Hier hatte sie die Zeit ihres Studiums verbracht. Hier war sie als Freibergs »studentische Hilfskraft« glücklich gewesen. Hier hatte sie in langen Nächten an ihrer Dissertation gearbeitet, und er hatte Material besorgt und die Korrekturen gelesen. »Die Heiratsprojekte der jungfräulichen Königin von England, Elisabeth I., als Mittel der Unabhängigkeitspolitik« hatten für ein magna cum laude gereicht, und Sabine war dabei dünn wie ein Strich geworden. Zwei Jahre Referendarausbildung am Clara-Schumann-Gymnasium hatten die Hoffnung genährt, den Einstieg in das Lehramt zu finden. Doch dann waren die Bewerbungsschreiben wie Dorfschwalben zurückgekommen: »Wir bedauern außerordentlich..., wir können leider nicht..., zu unserem großen Bedauern...«

Sabine warf sich auf die Couch, die schon so manchen Sturm erlebt und manchen Seufzer gehört hatte. »Waldi – das ist das Ende. Vier Absagen an einem Tag, die letzten auf zwei Dutzend Bewerbungen. Das raffst du nicht. – Freu dich, daß du rechtzeitig umgesattelt hast.«

Walter Freiberg ging zum Eckschrank. In den Flaschen mit Campari, Whisky und Samson Weinbrand war schon viel Luft. Er nahm Sherry – der würde nicht so durchhauen wie die härteren Sachen.

»Komm trink – auf bessere Zeiten.«

»Scheiße – Scheiße – Scheiße!« schluchzte sie.

»Toi-toi-toi-«, gab Freiberg zurück. »Jedes Ende kann ein

neuer Anfang sein.«

Sabine kippte den Sherry mit einem Schluck hinunter und hielt ihm das Glas hin: »Mehr!« Sie trank auch das zweite Glas leer, ohne abzusetzen. »So, jetzt wird mir schlechter! Gut, daß du gekommen bist. – Diese Kacker haben doch alle abgesagt. Die Referendarin a. D. ist nicht einmal mehr deine studentische Hilfskraft; sie ist erledigt, arbeitslos, hoffnungslos!«

»Aber geliebt«, sagte Freiberg und zog sie an sich.

»O Waldi, dieser Brief Nummer vier, der letzte, den ich aufgemacht habe, weil ich auf den Absender so große Hoffnungen gesetzt hatte, der hat mich umgehauen. Der Herr Kultusminister geruhte mir mitzuteilen, daß es derzeit – zu seinem Bedauern natürlich – keine Einstellungsmöglichkeiten gebe und daß damit in absehbarer Zeit auch nicht zu rechnen sei. Unterlagen anbei zu seiner Entlastung zurück – finis!«

»Komm, heul dich aus, dann wird's besser.«

»Waldi, ich glaube, ich werde besoffen – gib mir noch einen Drink.«

Sie trank langsam und in kleinen Schlucken. »Noch höchstens zwei Monate, und die Knete ist alle.«

»Dann gibst du deine Bude auf und ziehst zu mir.«

»Nein und nochmals nein!« schrie sie ihn an. »Das haben wir doch oft genug durchgekaut. Ich will nicht hinter Gittern leben und darauf warten, daß mein Kommissar mit dem Dolch im Rücken oder einem Loch im Bauch zu seinem Heimchen am Herd zurückgebracht wird. – So ein Leben halte ich nicht aus.«

Walter Freiberg wußte, daß sich Sabine mit seiner Souterrainwohnung in der Rittershausstraße nicht anfreunden konnte. Der Blick aus vergitterten Fenstern auf die Beine der Passanten stimmte sie schon nach kurzem Aufenthalt melancholisch. Nur nachts gab es das Problem nicht, da waren die Vorhänge zugezogen. Ihm machten die Gitter nichts aus. Sein »Underground« bot viel Raum mit einigem Komfort, in günstiger Lage zu günstigem Preis. An die Fußkälte hatte er sich gewöhnt.

»Gut, dann bleibst du also hier. Wir heiraten und leben getrennt. Mit meinem Gehalt kommen wir schon irgendwie über die Runden.«

»Nein«, sagte Sabine sehr leise und sah ihn mit dem Blick eines

Menschen an, der darauf wartet, daß das eingenommene Gift endlich wirkt. »Jetzt ganz gewiß nicht! Erst muß ich aus dieser verdammten Scheiße heraussein.«

»Du wirst es schon schaffen.«

»Bald bin ich dreißig!«

»Das habe ich längst hinter mir. – Wir sind ein uraltes Liebespaar, meine jungfräuliche Königin.«

Sie nahm noch einen Schluck und preßte sich an ihn. »Dann zeig das auch. Zur Hölle mit dem Kultusfritzen – ich hätte es jetzt gern sehr heftig.«

»Du bist nicht nur betrunken, sondern auch verrückt.«

»Und unglücklich und wütend. – Waldi, pack zu!«

Walter Freiberg ließ seine Hand behutsam über ihren Körper gleiten.

»Faß mich doch nicht so an, als wäre ich krank.«

Walter warf seine Jacke auf den Boden und zog die Pistole aus dem Schulterholster. Sabine ließ ihm kaum Zeit, die Waffe auf den Couchtisch zu legen; im hohen Bogen warf sie ihren Slip dazu. »Die Polizei, dein Freund und Helfer«, scherzte sie noch, bevor sie sich in der heftiger werdenden Umarmung verlor.

Danach leise geflüstert die Worte: »Erlaubter Waffengebrauch. Wie schön, von einem Kommissar gerettet zu werden.« Dann umfing sie der Schlaf.

Ein Kultusminister war besiegt.

Im Polizeipräsidium hatte Lupus die Regie in seine Hände genommen. Fräulein Kuhnert war es endlich gelungen, den Arzt im Rechtsmedizinischen Institut ans Telefon zu bekommen. Lupus gab sich alle Mühe, seinen Gesprächspartner zu überzeugen, daß eine schnelle Vorabauskunft unerläßlich sei.

»Bitte, Herr Doktor, haben Sie Verständnis dafür, daß in der Sache Korbel für uns höchste Eile geboten sein kann. Wir brauchen dringend den Befund – und sei er noch so vorläufig.«

Fräulein Kuhnert hörte über ihren Apparat im Vorzimmer mit und hielt Bleistift und Schreibblock bereit. Ahrens hatte sich die Mithörmuschel ans Ohr geklemmt, um ja kein Wort zu versäumen. Peters sah angespannt aus dem Fenster, hinüber zu den langgestreckten Höhen des Siebengebirges jenseits des Rheins.

»Sehr liebenswürdig von Ihnen«, sagte Lupus. »Ich werde die wichtigsten Fakten notieren und Kommissar Freiberg berichten. Er hat noch einen dringenden anderen Termin. – Könnten Sie mir zusammengefaßt das Ergebnis durchgeben?« Er hörte aufmerksam zu und wiederholte: »Vorhergehende Erdrosselung, also Tötung durch fremde Hand, ist nicht ausgeschlossen. – Sie sagen, leider keine letzte Sicherheit, aber große Wahrscheinlichkeit. Könnten Sie das etwas genauer definieren? Das könnte hilfreich sein.«

Es wurde ein längerer Vortrag, der vom gelegentlichen Kopfschütteln Fräulein Kuhnerts begleitet war.

»Danke«, sagte Lupus schließlich. »Der Fall dürfte uns noch einige Rätsel aufgeben.«

Ahrens legte langsam die Mithörmuschel zurück und wandte sich an Peters, der immer noch bewegungslos dastand und aus dem Fenster starrte. »Man soll doch niemals den Teufel an die Wand malen. Jetzt haben wir die saftige Leiche, die du dem Chef gewünscht hast, als Mordfall.«

Freiberg hatte seine studentische Hilfskraft mit einem leichten Plaid zugedeckt und in dem kleinen Badezimmer sein derangiertes Äußeres in Ordnung gebracht. Mit der Taxe war er zum Präsidium zurückgefahren. Dort traf er in seinem Dienstzimmer die Mannschaft bei einer heftigen Diskussion an. Lupus gab den Kollegen lautstark seine Version kund: »... und ich sage euch, da wurde eine Leiche aufgehängt. Die Zweifel der Rechtsmediziner können wir vergessen.«

»Anfangsverdacht genügt«, schaltete sich Freiberg ein und nickte Fräulein Kuhnert, die ihn fragend ansah, beruhigend zu.

»Soll ich Ihnen einen Kaffee und etwas zu essen machen? – Wir waren schon in der Kantine«, sagte sie.

»Danke, später. – Also, was ist mit dem Befund?«

Lupus drehte sich zu ihm um: »Es kann Mord sein.«

»Kann?«

»Ja, einige Zweifel können die Rechtsmediziner nicht unterdrücken. Willst du mehr hören?«

»Schieß schon los«, sagte Freiberg und war froh, nicht weiteren fragenden Blicken ausgesetzt zu sein.

»Also: Die Strangmarke am Hals des Toten ist durch die beiden Stricke der Doppelschlinge geprägt. Die dadurch entstandene Zwischenkammblutung kann sowohl bei einem Selbstmord als auch beim Aufhängen eines Toten erfolgt sein, wenn dieses Aufhängen kurze Zeit nach dem Erdrosseln geschehen ist.«

»Demnach kein zwingendes Indiz – weder für Mord noch für Selbstmord?«

»So ist es. Infolge der Doppelschlinge läßt sich auch nicht eindeutig erkennen, ob noch eine Drosselmarke vorhanden ist.«

Enttäuscht sagte Freiberg: »Also ebenfalls unergiebig.«

»Aber jetzt das Entscheidende«, fuhr Lupus triumphierend fort. »Unsere Wissenschaftler sind doch etwas schlauer als der oder die Täter. Ohne die Weißkittel wäre das Handwerk der Kripo nur die Hälfte wert. Also höre: Einige Erscheinungen sprechen für eine vorhergehende Tötung durch Erdrosseln. Das hat mir der Mediziner allerdings mit tausend Vorbehalten gesagt.«

»Dann versuch mal, mir das ohne die Vorbehalte zu erklären.«

Lupus sah auf seine Notizen. »Beim typischen freien Erhängen, wie es beim Korbel der Fall ist, wäre wegen des ruckartigen Blockierens der Adern Leichenblässe zu erwarten gewesen. Tatsächlich aber hat er Stauungserscheinungen im Gesicht und in den Augenbindehäuten.«

»Daraus folgt?«

»Daß Korbel vorher erdrosselt worden ist. Dabei werden zwar die Halsvenen und die Halsschlagadern abgeklemmt, die Wirbelsäulenarterie aber nur unvollständig. Es fließt also noch Blut in den Kopf hinein, aber es erfolgt kein Abfluß durch die Venen, und das verursacht Stauungen.«

»Ist das für unseren Fall gesicherte Erkenntnis?«

Lupus schnaufte kurz: »Ja, wie schon gesagt, mit gewissen Vorbehalten – aber das kennen wir doch.«

»Todeszeit?«

»Eine Stunde vor bis zwei Stunden nach Mitternacht.«

Freiberg nickte zufrieden. »Doktor Lupus, die Mordkommission dankt für Ihren brillanten Vortrag.«

Er sah seine Mitarbeiter der Reihe nach an: »Ja, Freunde, um mit den Worten unseres famosen ›Leitenden‹ zu sprechen:

Dann wissen wir Pastorenkinder ja wieder einmal, wo's langgeht.«

Freiberg hatte seinen Leuten nahegelegt, vor allem der Frage nachzugehen, woher das Abschleppseil aus Hanf stammen könne. Außerdem sollten sie bei den Nachbarn Korbels Erkundigungen einziehen, ob jemand in der Nacht den Mercedes gesehen hatte.

Er selbst wollte den Gruppenleiter und den Kripochef Dr. Wenders informieren. Bei diesem Fall konnten Fragen ins Spiel kommen, für deren Klärung das 1. K. Rückendeckung brauchte. Doch erst wollte Freiberg mit Sörensen vom 19. K. sprechen. Dieses Kommissariat für die »Aufklärung und Verhütung von Staatsschutzdelikten« war dem Polizeipräsidenten direkt unterstellt; doch Freiberg wählte lieber den »kleinen Dienstweg«.

»Ich bin im 19.«, meldete er sich bei Fräulein Kuhnert ab.

Kriminalrat Sörensen saß eine Etage höher. Er diktierte seiner Sekretärin direkt in die Maschine und hatte das Klopfen an der Tür überhört. Als sein Besucher eintrat, hob er den Kopf: »Nanu, das 1. K. persönlich? Du kommst doch bestimmt nicht, um dich nach meinem Befinden zu erkundigen. – Was kann ich für dich tun?«

Freibergs Blick fiel auf eine dicke Akte mit rotem Diagonalbalken und der Aufschrift: »VS – Geheim«, die auf dem Schreibtisch lag. »Entschuldigung, ich wollte nicht stören – soll ich später wiederkommen?«

»Halt, hiergeblieben! Papier ist geduldig – ab damit in den Panzerschrank. Ich diktiere später weiter.«

Er bat Freiberg in sein Arbeitszimmer und zog die Tür hinter sich zu. Sörensen war der immer korrekt gekleidete Herr im grauen Flanell oder feinsten Kammgarn, stets mit weißem Hemd und farblich abgestimmter Krawatte. Er ähnelte Jean Gabin, dem brillanten Darsteller eines großen Kollegen, und ließ es sich gern gefallen, mit »Monsieur Maigret« angeredet zu werden. Als Chef des 19. K. brauchte er nicht mehr in den Niederungen des kriminalpolizeilichen Alltags, im Sumpf von Mord, Totschlag, Erpressung, Raub und Korruption herumzuwaten. Er hatte es mit den Schlips-und-Kragen-Verbrechern zu tun.

»Nun, Freiberg, womit kann ich dienen?«

Freiberg hatte sich immer noch nicht dazu durchringen können, den väterlichen Kollegen zu duzen, wie es bei der Kripo allgemein üblich war. So ließen Sörensens »Du« und sein »Sie« die Unterhaltung etwas eigenartig erscheinen.

»Das ist eine längere Geschichte.«

»Ich höre.«

Freiberg legte den Stand der Ermittlungen dar, ohne seine Schlußfolgerung vorzutragen.

»Ihr geht also von Mord aus?« fragte Sörensen.

»Ja, müssen wir wohl – alles andere gibt keinen Sinn. Fehlen nur noch Motiv und Täter. Das Motiv liegt entweder im persönlichen Bereich, von dem wir bisher null Ahnung haben, oder in der dienstlich-fachlichen Vergangenheit des Toten. Nur stehen wir da vor einer Wand. Elektronik-Abwehr-Spezialist, Datenschützer bei der Bundeswehr – das schmeckt mir gar nicht.«

Sörensen holte ein dünn gewickeltes Zigarillo aus dem Kistchen auf seinem Schreibtisch. »Ach so, du rauchst ja nicht, stört's?«

»Nein, wenn es dazu beiträgt, in unserem Fall weiterzukommen, bestimmt nicht.«

»Ich muß mal über meinen Zerhacker versuchen, ob ich Oberst Martes vom MAD erwische.« Sörensen griff zum zweiten Telefon, mit dem er über geschützte Sonderleitungen und über die elektronische Zerhackeranlage mit den Diensten sprechen konnte. Ein Abhören war nicht möglich.

Der Oberst schien, nach dem lebhaften Wortwechsel zu urteilen, über den Anruf erfreut zu sein. Sörensen gab seine Informationen weiter. »So sieht es also aus. Mein Kollege Freiberg, der hier neben mir sitzt, geht von Mord aus. Ich werde für ihn, der Einfachheit halber, Ihre Mitteilungen wiederholen: ... also, der MAD weiß auch nicht, was dahinterstecken könnte!... Was sagen Sie da? Bei Selbstmord wäre es die Duplizität der Fälle? Vor fünf Monaten hat sich ein Computer-Wissenschaftler aus Mehlem erschossen, weil Korbel im Begriff war, ihm Unregelmäßigkeiten nachzuweisen... GRU und KGB dürften scharf auf solche Informationen sein... In Mehlem war es also wirklich Selbstmord und hat keine Flitzerwelle ausgelöst? Ach so, im Nachbarland Rheinland-Pfalz hat er sich erschossen. Dann waren wir

Nordrheinlichen damit ja auch nicht befaßt... Na klar, schriftlicher Bericht kommt unverzüglich.«

Sörensen hielt den Hörer noch eine Weile in der Hand, erst nach einigen Sekunden legte er ihn auf die Gabel zurück.

»Mensch, Freiberg, du hast die richtige Nase. Da hat sich also ein Bundeswehrbeamter aus Mehlem eine Kugel in den Kopf gejagt, weil Korbel ihm die Hölle heiß gemacht hat. Und ein paar Wochen später holt ihr den Teufel – oder war es der Beelzebub? – mit einem Strick um den Hals aus dem Baum. – Na dann, viel Vergnügen bei euren Ermittlungen.«

»Oje«, seufzte Freiberg, »warum darf sich die Kripo in Bonn nicht mit der simplen Kunst des Mordes befassen; kaum ein Fall, ohne daß die Dienste tangiert werden. Manchmal hat man das Gefühl, die mischen selber mit.«

Sörensen wollte sich nicht festlegen. »Wenn überhaupt etwas geheim bleibt, dann das.«

Freiberg dankte und schob seinen Stuhl zurück. »Dann wollen wir mal wieder zu unseren langen Stangen greifen und im Nebel herumstochern.«

»Tritt nicht in zu viele Fettnäpfchen«, verabschiedete ihn Sörensen, »und halte mich auf dem laufenden.«

7

Die Staatsvisiten der »Kleinen« blockieren die Bundeshauptstadt nicht so sehr wie die Staatsbesuche der »Großen«. Der Aufwand mit Fahnen, Eskorten und Empfängen hält sich in Grenzen und geht im Alltagsleben völlig unter; gleichwohl wird die Bundeskasse sehr viel stärker strapaziert, denn die erwarteten Kapitalhilfen können gar nicht hoch und bar genug sein. Bei Arbeitsessen und Empfängen läßt das Nehmerland dafür seinen ganzen Charme spielen. Je dunkler die Hautfarbe, um so besser die Stimmung.

Die Godesburg war fest in der Hand der Staatsgäste. Diejenigen unter ihnen, die ein wenig Deutsch konnten, hatten es sich nicht nehmen lassen, die Graugußplatte am Aufgang zu entziffern und ihre Erkenntnisse weiterzugeben:

1210 Gründung einer Feste der Kölner Erzbischöfe, Vorburg um 1350, Zerstörung 1583, Neugestaltung 1959–60.

Nach einer guten Stunde höchst intensiver, aber völlig bedeutungsloser Fachgespräche im Rittersaal des Hotels hatte die Arbeit dem Lunch weichen müssen. Der Ministerpräsident aus dem fernen Erdteil hatte eine in der bunten Landestracht prunkende, überaus schwergewichtige Dame zur Seite, welche die Freuden des Essens noch zu schätzen wußte. Mager waren im eigenen Land nur die Armen, die aus Blech und Pappe an den Stadträndern ihre »Homes« gebaut hatten und sich schneller vermehrten, als das Sozialprodukt wuchs. Die dunklen Herren in Dunkel waren zwar reichlich vertreten, aber doch in der Minderheit, denn dem Protokoll war es wieder einmal nicht gelungen, die Zahl der deutschen Gesprächspartner im Rahmen zu halten. Die oft und weit reisenden Regierungsmitglieder gaben das Vorbild: Deutsch sein heißt zahlreich sein.

Was auf der Karte als Arbeitsessen geführt wurde, war ein kleines Menü, das den Gastgebern durchaus zur Ehre gereichte. Die Speisekarte mit dem goldenen Staatswappen versprach zunächst Morchelrahmsuppe, zum Hauptgang Kalbsrückensteaks rheinischer Art und danach Wiener Apfelstrudel mit Vanillesauce. Als Weine Bernkasteler Backstube und Brackenheimer Zweifelberg, zum Dessert Champagner Henriot Brut – und für die Strenggläubigen Eau minérale muette.

Während im Rittersaal die Toasts auf beide Staatsoberhäupter und die anwesenden Delegierten ausgebracht wurden, ließ sich im Turmzimmer eine kleine Gruppe das Essen munden, ohne vom Protokoll eingeengt zu sein. Die Runde von drei dunklen Herren in Zivil wurde durch den Militärattaché ihres Landes in Galauniform und durch einen Europäer heller Hautfarbe im gedeckten Anzug ergänzt und belebt. Das Gespräch lief mal in Englisch, mal in Deutsch.

»Indeed, Lad, wir brauchen die Ware sehr bald. Unsere Freunde im Süden geraten in die Klemme. Darum haben sie erhebliche Vorauszahlungen geleistet. You have already got the payment in advance«, sagte der Attaché.

»Ja, das stimmt schon, die Vorkasse ist eingegangen, but the job is a bit difficult, sehr schwierig sogar«, antwortete der mit »Lad« Angeredete. »Zur Hälfte Ostblock, zur anderen Hälfte atlantische Allianz. Das ist nicht so schnell zusammenzubekommen.«

Es war wirklich eines der seltsamsten Geschäfte, das Lad Wany – unter diesem Namen war Johann Wanitzky seinen Gesprächspartnern bekannt – übernommen hatte. Aber für ihn war es undenkbar, sich eine Provision von zwanzig Prozent entgehen zu lassen. Seine Verbindungen quer durch die Linien würden das Geschäft schon möglich machen, doch er brauchte Zeit, um den atlantischen Teil heranzubringen.

Der Militärattaché drängte: »Es gibt doch ein – wie sagt man: ›Time is Money‹ – Zeit ist Geld –, aber für unsere Freunde gilt: Zeit ist Leben. Also, Lad, wann kommen die Werkzeuge?«

»Already on the way«, versuchte Lad Wany zu beruhigen. »Die Ware Ost ist eingeschifft und segelt unter sicherer Flagge.«

»Können wir uns darüber Gewißheit verschaffen, bei Abladern oder Mittelsmännern?«

»No, my boy«, fuhr Lad auf. »Genau das könnt ihr nicht. Ich werde doch meine Beziehungen nicht kaputtmachen lassen! Die CIA braucht keine achtundvierzig Stunden, um euren ›agents‹ auf die Spur zu kommen. Ihr müßt mir schon glauben oder euch einen anderen Partner suchen.«

»Schon gut.«

»Das Schiff muß erst einmal aus den Hoheitsgewässern einiger Freunde heraussein und Gibraltar hinter sich haben. Dann ist die Kiste gelaufen. Zwei Tage vor der Ankunft könnt ihr auf hoher See eure Leute an Bord bringen – aber erst südlich der Kapverdischen Inseln. Ich schicke ein Kabel, in dem zweimal das Stichwort ›Tierfangexpedition‹ vorkommt. Vorher geschieht nichts – absolut nichts.«

»That's o. k.«, erklärte einer der Herren in Zivil. »Und die guns und lorries kommen mit einem anderen Schiff?«

»Wie geplant.«

»Was hat der erste steamer geladen?«

Lad Wanys Verbindlichkeit schmolz dahin: »Damned, soll ich es euch noch mal aufzählen: dreitausend sowjetische Sturmgewehre AK-47, eintausend Bazookas RPG-18, fünfzig Raketen

SAM 7, vierhunderttausend Schuß Gewehrmunition. Dazu noch die dreitausend Tarnanzüge, Koppel und Schuhe – und ein paar Werkzeugmaschinen; schließlich bin ich ja Maschinenhändler.« Schnell griff er in die Jackentasche und hielt zum Beweis der Verschiffung ein mehrfach gesiegeltes Konnossement hoch, ohne es jedoch aus der Hand zu geben.

»That's fine«, strahlte der Attaché.

»Friends«, sagte Lad Wany sehr betont, »wenn das Schiff in euren Hoheitsgewässern ist, habe ich meinen Auftrag erfüllt. – Wie das Zeug an Land kommt, ist nicht mehr mein Problem.«

»Indeed – alles klar. Die custom people sind gute Patrioten. – Sie wollen ja auch lange leben.«

»Damit kein Mißverständnis entsteht«, ergänzte Wany, »die guns und lorries kommen genau drei Tage später zum Übernahmepunkt. Sie sind als Transportfahrzeuge für Lebensmittelhilfe deklariert.«

»No problem at all, damit haben wir Erfahrung. Das läuft glatt«, bestätigte der Militärattaché und spielte mit einem seiner zahlreichen Orden.

Lad Wany, alias Johann Wanitzky, hatte das Fenster im Rükken, so daß sein Gesicht im Schatten blieb. Er tupfte mit dem linken Zeigefinger auf seinen Schnurrbart. »Das wäre schon die halbe Miete, gentlemen.«

»Please, what did you say?«

»Ich sagte, damit ist bereits die Hälfte des Auftrags erfüllt.«

»Und wann kommen die NATO-Werkzeuge? We like them more.«

»Sie kommen; aber bitte nicht drängen. Um das Geschäft voranzubringen, muß ich erst wieder nach Brüssel zurück. Germany is too small.«

»But very nice – serr, serr schön«, schwärmte der dritte Mann, der bisher schweigsam geblieben war. Seine Augen umfaßten das vom Panoramafenster gerahmte Bild der Landschaft. »Exciting view; the Rhine-valley is marvellous.«

Was den Römern schon vor zweitausend Jahren gefallen hatte, verfehlte auch seine Wirkung auf die Gäste aus Afrika nicht: die Vulkankuppen des Siebengebirges mit den Landmarken Drachenfels und Petersberg, in der Ferne die Ausläufer des Westerwaldes, näher dann sanft gewölbt der Rodderberg und das satte Grün der zum Rheintal abfallenden Randhöhen des Kottenforstes. – Nur der Fluß blieb verdeckt. Über dem Turm der Drachenburg stand eine Fahne im Wind, und die kleinen Wolken wirkten im zarten Blau des Himmels wie hingetupft.

Auf der Wendeltreppe waren Schritte zu hören. Ein Kellner kam und servierte Kaffee, Grand Marnier und Cognac; dazu ungepuderte Zigarren und Zigaretten verschiedener Sorten. Die gegenseitige Zuneigung wuchs mit der Zahl der geleerten Gläser. Der Militärattaché reckte stolz die ordensgeschmückte Brust, als habe er ganz allein eine Schlacht gewonnen. Die drei anderen Herren kosteten die Freuden des Gaumens aus, und Lad Wany überlegte seinen nächsten Zug in diesem Spiel. Es sprach vieles dafür, schon bald seine Zelte in Benelux abzubrechen.

Als der Alkohol die cleveren »Händler« von der Großartigkeit ihres Beitrags zum Wohle der Menschheit überzeugt hatte, sagte Lad Wany ein kurzes »Hallo« und verließ die Runde.

Großes Geld will nicht nur eingenommen, sondern auch verwaltet werden. Bisher hatte die Arbeitsteilung in der Gesellschaft für Investitionsberatung und Koordination reibungslos funktioniert. Arno von Sendenstein erschloß die Quellen, Kai Fischbach kümmerte sich um den Geschäftsbetrieb und legte das Geld an. Da von Sendenstein bis zur Selbstverleugnung darauf bedacht war, seine Informanten nicht bekanntwerden zu lassen, ließ Fischbach ihn seinerseits über die Geldgeschäfte des Unternehmens im unklaren. Allerdings funktionierte das System der Desinformation nur in einer Richtung. Fischbach war stets auf dem laufenden; er kannte alle Hintergründe der durch Arno von Sendenstein angeknüpften Beziehungen und jeden Gesprächspartner seines Kompagnons. Dafür sorgte der Kuckuck im Nest. Martha Nikols hatte keine Hemmungen – auch nicht hinsichtlich der Weitergabe von Informationen, die ihr als Chefsekretärin reichlich zuflossen. Ihr Glücksritter Kai wußte seiner Dankbarkeit entsprechenden Ausdruck zu geben.

Seit einiger Zeit war das »Gleichgewicht« der Beziehungen in der Koordinata erheblich gestört; denn der dazugekommene dritte Mann hatte das Gefüge verschoben. Von Sendenstein fühlte sich irritiert. Das von ihm schon seit Tagen in Aussicht genommene Dreiergespräch hatte bisher nicht stattfinden können, weil die Kompagnons »außer Haus« waren. Wanitzkys Beispiel hatte Schule gemacht. Jetzt kam und ging auch Kai Fischbach ganz nach Belieben und fand nur selten ein erklärendes Wort.

Unter Hinweis auf die zu erwartenden Änderungen im Steuerrecht hatte Fischbach nach vertraulicher Abstimmung mit Wanitzky ihrem Partner von Sendenstein die Zustimmung abgeluchst, die jetzt hereinfließenden Gelder auf Konten in der Schweiz zu »verwahren«. Das sei weder Steuerhinterziehung noch Abgabenbetrug, und kein Finanzamt könne die Hand darauf legen. In diesen unsicheren Zeiten müsse nun mal das Wohl der Firma Vorrang haben.

Nach diesen überzeugenden Darlegungen war Kai Fischbach in die Schweiz gereist.

Johann Wanitzky hatte von Sendenstein durch Ilka Ritter, die bevollmächtigte Sekretärin, wissen lassen, daß er wegen seiner Teilnahme an wichtigen Arbeitsgesprächen während des Staatsbesuchs für mindestens zwei Tage nicht zur Verfügung stehe. Er dürfe auf keinen Fall belästigt werden.

Obwohl von Sendenstein bei dieser Art der Geschäftsführung ein gewisses Unbehagen verspürte, war er sehr beeindruckt. Der neue Kompagnon schien doch ein Mann mit Beziehungen auf höchster Ebene zu sein und damit ein Gewinn für Koordinata-Bonn.

Lad Wany hatte seinen Abgang in der Godesburg zeitlich so gelegt, daß er die Abendmaschine nach Zürich ohne Schwierigkeiten erreichen konnte. Zufrieden steuerte er die 211 PS des BMW 735 i KAT über die Godesberger Allee zur Konrad-Adenauer-Brücke. Sein Blick streifte den riesigen Baukomplex zwischen den Kreuzbauten und dem Freizeitpark Rheinaue. Hier sollten im nächsten Jahrzehnt Hunderte von Millionen Mark für ministerielle Prachtbauten in den Sand gesetzt werden. Ein Teil der Gebäude hatte bereits Konturen angenommen, für andere lagen Planungen und Berechnungen vor. Haushaltsmittel waren bereitgestellt. Koordinata-Bonn würde saftige Provisionen einstreichen – viel Geld mußte in den nächsten Jahren in die Schweiz transferiert werden.

Auf der rechtsrheinischen Autobahn schnurrten die Kilometer unter den Rädern nur so dahin. Lad Wany hatte keine Mühe, ganz in der Nähe des Terminals einen Parkplatz zu finden. Zielstrebig durchquerte er die Halle und meldete sich am Schalter der Fluggesellschaft. »Reservation Flug Lufthansa 238 nach Zürich für Johann Wanitzky.«

Die Ground-Stewardeß gewährte ein geschäftlich-strahlendes Lächeln. Sie hatte die Tickets sofort zur Hand. »Bitte sehr, zahlen Sie per Scheck oder bar?«

»Arme Leute zahlen bar«, scherzte er.

»Das Geld nehme ich Ihnen gern ab«, sagte das uniformierte Lächeln und ließ die Augen klimpern, »aber den Kommentar nicht.«

»Schade, daß ich keine Zeit habe, den Beweis dafür anzutreten«, erwiderte er und wandte sich Richtung Abfertigung.

Sein reiseerprobter Handkoffer enthielt keinerlei metallene Gegenstände, auf welche Detektoren oder Röntgengeräte ansprechen konnten. Diese einfache Regel hatte es ihm in fast allen Ländern der Welt erspart, Koffer oder Taschen öffnen zu müssen.

Die Prozedur der Kontrollen vor dem Abflug ließ er in aller Ruhe über sich ergehen. Er handelte zwar mit »Werkzeugen«, trug aber niemals solche mit sich herum. Ohne Hast ging er die Gangway hinauf und setzte sich auf den nächsten freien Platz. Seiner Nachbarin nickte er kurz zu und lehnte sich dann in die Polster zurück. Das gleichmäßige Summen der Turbinen ließ ihn bald in seinen leichten Reiseschlaf fallen.

Etwa über dem Schwarzwald schreckte ihn eine empörte Stimme aus angenehmen Träumen auf. »Nun hören Sie sich das einmal an«, erregte sich seine Nachbarin und schlug mit einer Broschüre auf den noch herausgeklappten Serviertisch. »Diese Schweizer sind doch wohl total übergeschnappt! Bei denen werde ich ganz bestimmt keinen Urlaub verleben. Wer meinen Hund für verseucht hält, soll sich gefälligst nach anderen Gästen umsehen.«

Wanitzky fragte mehr höflich als interessiert:

»Haben Sie irgendwelche Probleme?«

»Ich nicht, aber die Eidgenossen. Impfzeugnisse für Hunde wollen die sehen, gegen Tollwut und was weiß ich. Das ist doch ein starkes Stück. Halten die uns für Barbaren, die mit kranken Tieren herumreisen?« Aufgeregt hielt sie Wanitzky die Broschüre entgegen.

Er blätterte die »Tourist-Information« durch und sagte mit einem ironischen Lächeln: »Für Papageien brauchen Sie sogar eine Bewilligung des Eidgenössischen Veterinäramtes in Bern.«

»Was bildet sich dieser Zwergstaat denn ein. Ohne uns könnten die Rheinvergifter ihre Wirtschaft doch einmotten und die Berge plattbügeln. Wenn meine Schwester nicht so krank wäre, würde ich keinen Fuß in dieses Land setzen.« Energisch warf sie sich in ihren Sitz zurück.

»Das dürfen Sie nicht so eng sehen. Ähnliche Bestimmungen gelten in anderen Ländern auch. Die Schweizer sind eben fleißig und besonders penibel, sie wollen ihr Land sauberhalten. – Vielleicht sollten Sie das Haustier wechseln. Ich lese hier: ›Die Mitnahme von Hamstern oder Meerschweinchen ist ohne Zeugnis möglich.‹«

»Das könnte denen so passen. Ich werde doch nicht meinen Afghanen gegen einen Hamster eintauschen. – Diese Jodler sind nur scharf auf unser Geld.«

»Wie recht Sie haben, gnädige Frau«, bestätigte Johann Wanitzky und hatte dabei Mühe, ernst zu bleiben. »Daraus machen die ja auch gar keinen Hehl«, und schmunzelnd las er vor: »Bei der Einreise in die Schweiz wie auch bei der Ausreise darf jeder Reisende deutsche und ausländische Geldsorten sowie sonstige Zahlungsmittel in unbegrenzter Höhe mitführen.«

Die Nachbarin setzte sich steif auf. »Na bitte, da haben Sie es schwarz auf weiß. Geld wollen die sehen, am liebsten kofferweise, aber keinen deutschen Hund über ihre Grenze lassen. Das ist doch wirklich ein starkes Stück. Die sind für mich erledigt. – Ich habe meine Konten ohnehin in Liechtenstein.«

Dieses überaus anregende Gespräch wurde durch das Zeremoniell des Landeanflugs unterbrochen. Die Stewardeß klappte die Serviertische hoch, und über den Lautsprecher kam die Aufforderung, das Rauchen einzustellen und die Gurte anzulegen.

»Nicht die Starts, nur die Landungen schlagen mir auf den Magen«, murmelte die Dame und umklammerte ihre Handtasche.

Doch es gab keinen Grund zur Beunruhigung. Die Landung in Kloten verlief glatt, und die Eidgenossen empfingen auch die Übellaunige mit der Vorliebe für Liechtenstein mit einem freundlichen Willkommensgruß.

Johann Wanitzky hatte seinen Handkoffer bei der Ausgangsabfertigung nicht öffnen müssen. Mit einer Taxe fuhr er stadtwärts. »Savoy-Hotel bitte«, gab er sein Ziel an. Die Fahrt schien eine Ewigkeit zu dauern, und Wanitzky ärgerte sich wieder einmal, daß die Vorteile einer kurzen Flugzeit erheblich beeinträchtigt wurden, wenn man fast genauso lange brauchte, um vom Flugplatz ins Zentrum zu gelangen.

Der Empfangschef des Savoy begrüßte ihn als einen vertrauten Stammgast. Wanitzky schätzte dieses Hotel besonders wegen seiner Lage. Man war mit wenigen Schritten in der Bahnhofstraße, die sich nicht wie in anderen Städten durch Straßenprostitution und Zuhältermilieu, sondern durch gepflegte Geschäfte, Boutiquen und Restaurants der gehobenen Klasse auszeichnete. Die wahre Bedeutung dieser Straße verbarg sich allerdings hinter schlichten Fassaden, wo Geld verwahrt und mit Geld gehandelt wurde. In der Bahnhofstraße herrschten zwar keine Wohlgerüche, aber hier wurde auch keines Menschen Geruchssinn beleidigt – denn Geld stinkt nicht, wie schon Vespasian seinem Sohn Titus bestätigen mußte, als der ihm die ersten Einnahmen aus der Besteuerung der Pissoirs von Rom unter die Nase hielt.

Als Wanitzky die Halle des Savoy betrat, wurde er von Kai Fischbach erwartet. »Grüezi, Johann, du bist spät. Ich habe schon befürchtet, es sei etwas dazwischengekommen in Bonn.«

»Hallo, Kai. Alles klar. So wichtig war die Sache auf der Godesburg nicht. Statisten auf diplomatischer Bühne gibt es ohnehin genug. Das beste daran war das Essen.«

»Ach so, dann ging es wohl nur um die Pflege alter Bekanntschaften?« versuchte Fischbach seinen Partner auszuhorchen. Er konnte sich immer noch kein rechtes Bild von ihm machen. Denn trotz der schnell geschlossenen außergeschäftlichen »Duz-Freundschaft« war es Kai nicht gelungen, Konkretes über Wanitzkys Geschäftsbeziehungen zu erfahren.

»Nun ja, der übliche Zirkus, bei dem irgendwer glaubt, irgendwem durch die Einladung einen Gefallen zu tun. – Bitte, laß uns schon mal einen Drink kommen. Ich muß erst mein Zimmer sehen und die Tasche deponieren. – Für mich einen doppelten Whisky on the Rocks.«

Wanitzky ging zur Rezeption, füllte den Meldezettel aus und ließ sich vom Pagen in die dritte Etage bringen.

Das Zimmer hatte jeden Komfort. Telefon, Fernsehen und eine gut bestückte Kühlbar sollten den Aufenthalt angenehm gestalten. Wanitzky warf nur einen schnellen Blick in den Spiegel, wusch Gesicht und Hände und öffnete seinen Handkoffer. Mit sicherem Griff holte er die eingepaßte Mappe heraus, die bei einer nicht sehr gründlichen Kontrolle für den Boden des Koffers gehalten werden konnte. Er deponierte die »Kollegmappe« im Safe des Hotels und setzte sich zu Kai Fischbach an den ein wenig abseits stehenden Tisch in der Lounge. Der Whisky war serviert.

»Cheers, Kai!«

»Cheers, Johann! – Hast du interessante Gesichter gesehen in Bonn?« Kai Fischbach versuchte, Einzelheiten über Wanitzkys Aktivitäten in Erfahrung zu bringen. Es war vergeblich.

»Lassen wir diese Banalitäten beiseite. – Hier erwartet uns Wichtigeres – morgen müssen wir die Weichen stellen.«

»Aber gewiß«, ging Fischbach sofort auf das Thema ein. »Befassen wir uns mit dem Wohlergehen der Koordinata-Bonn, die hier so repräsentativ durch uns vertreten ist. – Wie also wollen wir vorgehen?«

»Ganz einfach. Du hast das Mandat der Koordinata und richtest ein Nummernkonto bei der Bakka-Bank ein. Unserem Kollegen Sendenstein ist klar, daß keine Überweisungen von Konto zu Konto erfolgen, sondern daß wir bar transferieren. Das ist devisenrechtlich sowohl in Deutschland als auch in der Schweiz kein Problem.«

»Aber wir müssen bei der Bakka-Bank flexibel sein.«

»Richtig! Du wirst in meiner Anwesenheit das Konto unter vollständiger Offenlegung unser beider Identität eröffnen und das Verfügungsrecht für jeden von uns festschreiben lassen.«

»Und von Sendenstein?«

Wanitzky legte mit langer Leine den Köder aus. »Ich hätte

nichts dagegen, ihm das Zeichnungsrecht in gleicher Weise zu sichern. Er müßte dann allerdings herkommen oder eine notarielle Bestätigung seiner Identität und seiner Unterschrift beibringen. Aber er wird in seiner pingeligen Art wenig Verständnis dafür haben, daß wir hier nicht so bürokratisch vorgehen können wie in Bonn. Besser wäre es, ihm die Existenz des Kontos in der Schweiz nicht zu deutlich werden zu lassen. Das würde ihm seine Unbefangenheit gegenüber dritten erhalten.«

»Sehr richtig«, bestätigte Kai Fischbach. »Gerade als Sprecher des Unternehmens könnte ihm eines Tages vollständige Unbefangenheit nützlich sein. Aber was haben wir für Sicherheiten – gegeneinander?«

Wanitzky schmunzelte. »Keine. – Wir fühlen uns als Treuhänder des Unternehmens und stimmen uns mündlich ab. Jeder kann über das Konto verfügen. Wir haben ja beide vollständigen Einblick in die Geldbewegungen – damit hat jeder den anderen in der Hand.«

Fischbach nickte. »Ja, das ist ein durchschlagendes Argument.«

Mit einem gegenseitigen »Zum Wohl« wurde das Abkommen besiegelt.

Am nächsten Morgen würden zwei seriöse Geschäftsleute, die Herren Fischbach und Wanitzky, ein Nummernkonto bei der Bakka-Bank eröffnen und ihre Verfügungsberechtigung festschreiben. Kai Fischbach würde zwei Millionen aus den Einnahmen der Gesellschaft für Investitionsberatung und Koordination, GmbH und Co KG, in bar über den Schalter schieben und unverzüglich mit der Elf-Uhr-Maschine nach Köln/Bonn zurückfliegen.

Johann Wanitzky würde als Lad Wany seiner Kollegmappe einen namhaften Betrag in Dollars entnehmen und auf ein anderes Konto einzahlen; denn auch Gelder aus dem »Werkzeughandel« wollen sicher und gewinnbringend angelegt sein.

8

»Wo bleiben Sie denn?« empfing Fräulein Kuhnert ihren Chef. »Jetzt weiß ich, was es bedeutet, der Presse zum Fraß vorgeworfen zu werden. – Genauso komme ich mir vor. Dauernd Journalisten am Telefon. Mauser hat schon dreimal angerufen. Er wollte wissen, ob der Tote vom Stadtwald lebend an den Ast gekommen ist oder als Leichnam. Was konnte ich ihm schon sagen? – Nichts! Die Knaben in der Pressestelle sind stocksauer, weil sie von uns keine Informationen bekommen. Chef, Sie müssen sich wohl zu einem kurzen Statement durchringen.«

Kommissar Freiberg knurrte: »Die sollen uns in Frieden lassen. Wir wollen ermitteln und keine Sprüche klopfen. Die Bosse können auch nichts anderes als dumme Fragen stellen. Sollen sie doch ihren CEBI anmelken. – Haben wir etwas von unseren Klinkenputzern gehört?«

Fräulein Kuhnert verzog den Mund. »Auch nur blöde Bemerkungen. Ahrens und Peters haben vor ein paar Minuten angerufen, nichts Neues.«

»Und Lupus?«

»Der kümmert sich um den Strick. Wird wohl gleich herkommen.«

Doch erst einmal kam der schnelle Mauser hereingewieselt. Anklopfen, Tür aufreißen und »Tag« sagen waren eins. »Hallo, Kommissar Freiberg. Sie müssen mir weiterhelfen, meine Leser warten auf Informationen. Schließlich hängt nicht alle Tage ein Computer-As im Baum. – Was darf ich schreiben? Mord oder Selbstmord? Die Sache stinkt doch zum Himmel, wenn die gesamte Mordkommission unterwegs ist.«

»Wieso kommen Sie eigentlich zu uns? Die Pressestelle liegt im anderen Teil des Hauses.«

»Ach, die scheinen noch weniger zu wissen als ich; die haben mich ja quasi hergeschickt.«

»Das möchte ich von denen selbst hören«, bluffte Freiberg und griff nach dem Telefon.

»Na ja, so direkt auch wieder nicht«, leitete Mauser den Rückzug ein. »Wenn einer mehr wisse, dann könnten nur Sie das sein, meinte Burger. Also – wissen Sie mehr?«

Freiberg legte den Hörer zurück. »Ich weiß nur, daß Sie hier nichts zu suchen haben.«

»Aha, so sieht's aus. Mordverdacht, und die Kripo tappt im dunkeln.«

»Schnellster Herr Mauser, Sie dürfen sich freuen«, sagte Freiberg und grinste.

Schon hatte der Pressemann sein Notizbuch in der Hand. »Ich höre.«

»Gleich kommt Ihr geschätzter Freund Lupus und befördert Sie im hohen Bogen die Treppe hinunter.«

Mauser grinste zurück. »Aber, Herr Kommissar, Sie wissen doch, nicht jeder Wolf beißt. – Was darf ich nun meinen Lesern andienen? Ihre Erkenntnisse oder meine Spekulationen? Schließlich hat der verblichene Doktor Korbel schon in Mehlem bei unseren Verteidigern gearbeitet – und in Remagen hat es vor ein paar Wochen einen sauberen Kopfschuß gegeben. Zwar jenseits der Landesgrenze, aber man darf sich ja wohl seine Gedanken machen.«

Freiberg merkte auf. »Woher wollen Sie das wissen?«

»Also auch in diese Richtung gehen Ihre Recherchen. Korbel soll ja mächtig scharf auf Weiber, na, sagen wir Frauen, gewesen sein«, forderte Mauser heraus. »Wäre ja nicht der erste Liebhaber, der an einem Ast hängt. – Oder war er ganz einfach lebensmüde, weil ein paar Freunde jenseits des Eisernen Vorhangs von ihm zuviel wissen wollten?«

Fräulein Kuhnert wartete gespannt auf Freibergs Reaktion. Der würde sich diesen Ton doch nicht gefallen lassen. Sie war enttäuscht, als er sagte: »Fünf Minuten, Herr Mauser, und Sie, Fräulein Kuhnert, sind dabei.«

»Stenogramm?«

»Nein, aufpassen, daß dieser Mensch hier sich anständig aufführt.«

Mauser wußte, daß er die erste Runde gewonnen hatte, als Freiberg sich zurücklehnte und ihn an den Tisch winkte.

Egon Mauser arbeitete als unabhängiger Journalist in Bonn und bediente mit seinem »Bauchladen« mehr als ein Dutzend Zeitungen und Zeitschriften, dazu die Presseagenturen. Außerdem hatte er einen guten Draht zu den Studios von Funk und

Fernsehen. Mittelgroß, alert und sportlich – heute im karierten Hemd mit Lederblouson –, die stets schußbereite Winder-Kamera über der Schulter, so entsprach »Presse-Mauser« vollkommen dem Klischee des »rasenden Reporters«. Zur Polizei hielt er besonders guten Kontakt, denn Meldungen über Verbrechen in Bonn fanden eine breite Resonanz in den Medien. Er lebte ständig unter Hochdruck und gab seine Berichte mit einer Geschwindigkeit in den Schreibcomputer, die jede Sekretärin hätte erblassen lassen.

»Jetzt Klartext – was wissen Sie vom Fall Korbel?« fragte der Kommissar.

»Sie meinen, was ich vom Fall Korbel wissen möchte«, drehte sich Mauser aus dem Zwang zu einer Antwort heraus. »War es Mord oder Selbstmord?«

»Eine Minute ist gleich rum«, sagte Freiberg. »Wenn das so weitergeht, werden Ihre Leser nicht viel erfahren. – Also?«

»Do ut des?« vergewisserte sich Mauser.

»Gibste mir, geb' ich dir; das alte Spiel...«, setzte Freiberg an, als Lupus mit Schwung ins Zimmer trat.

»Da schlag' doch einer lang hin. Der Lügenoptiker weilt unter uns. – Wird er lästig, Chef?«

Freiberg winkte ab. Er wußte, daß Lupus und Mauser alte Freunde waren, die schon manches Glas Kölsch miteinander geleert hatten, sich aber wie zwei Raubkatzen gebärden konnten. Jeder versuchte, den anderen auszutricksen und ihm Informationen zu entlocken.

»Dein Freund will uns helfen«, erklärte Freiberg.

»Irrtum, Chef – der will uns ausnehmen.«

»Für diese erbauliche Diskussion bekomme ich eine Minute gutgeschrieben«, sagte Mauser und wiederholte seine Frage: »Mord oder Selbstmord?«

»Also gut, fair play«, sagte Freiberg. »Alles was geschrieben wird, bekommt ein dickes Fragezeichen. Wir gehen von Mord aus, haben aber nach rechtsmedizinischen Gesichtspunkten keine hundertprozentige Sicherheit. Motiv und Täter unbekannt.«

»Spuren?«

Freiberg zögerte. »Helfen Sie uns?«

»Na klar.«

»Also: Korbel ist in der letzten Nacht gegen zweiundzwanzig Uhr dreißig von seiner Wohnung in der Burgstraße abgeholt worden. Freundschaftliches Gespräch mit einem Mann, dann Einstieg in einen Mercedes 280 älterer Bauart. Farbe hell; was immer das heißen mag. Am Steuer eine blonde Frau. Abfahrt in Richtung Godesburg – also in Richtung Todesort. – Ende unserer Erkenntnisse.«

»Ich hetze meine Leser hoch.«

»Worum dringend gebeten wird.«

»Probleme in der GeDaSi?«

»Keine. Korbel wollte sich dort zwei Monate lang mit neuen Computersystemen vertraut machen. Die Hälfte der Zeit war abgelaufen.«

»Was sollte dann geschehen?«

»Er sollte zurück nach Mehlem in sein Stammunternehmen.«

»Bundeswehr!«

»Stammunternehmen – bitte.«

»Gut, also Stammunternehmen. Was ist nun mit dem Selbstmord durch Kopfschuß damals an der Rheinbrücke?«

»Der Kripo bekannt, bisher aber keine Zusammenhänge ersichtlich. Es wäre für Sie besser, Mehlem nicht zu erwähnen. Sonst könnten die Dienste sauer werden. Das steht ein Journalist nicht lange durch.«

»Mauser schon.«

»Egon, Egon, du gehst einen schweren Gang«, warnte Lupus. »Bleib auf dem Teppich. Es gibt auch so Stoff genug. – Leg dich mit mir an, aber nicht mit Leuten, denen du nicht gewachsen bist.«

»Gut, Mehlem bleibt draußen vor – einstweilen. Aber ich bekomme es aus erster Hand, wenn sich da etwas entwickelt.«

»Versprochen«, sagte Freiberg.

»Aufs Auge«, ergänzte Lupus freundlich, »von mir persönlich.«

»Korbel hing an einem Abschleppseil. – Erkenntnisse?«

»Ich habe dich nicht im Stadtwald gesehen. Woher hast du diese Information?« fragte Lupus überrascht.

»Recherchen und Interviews. Was meinst du denn, womit ich

mein Geld verdiene? Ich hab' auch mit dem Waldarbeiter gesprochen. – Gibt das Seil was her?«

»Bisher nichts, außer der Tatsache, daß es aus Hanf ist.«

»Aha, wenigstens etwas. Ich denke, die Dinger sind aus Stahl oder Kunststoff.«

»Eben – nur dieses nicht«, kommentierte Lupus. »Frag mal deine Leser, vielleicht wissen die mehr darüber.«

»Kann ich Fotos machen?«

»Geht jetzt nicht. Die Kriminaltechniker haben das Seil. Und wenn du in der KTU erscheinst, hängen die dich dran auf. Aber du erhältst einen Abzug, sobald wir ihn bekommen können.«

»Danke. – Wie geht's weiter?«

Freiberg lächelte. »Schnellster Herr Mauser, die Zeit ist um. Wir müssen arbeiten – und Sie auch.«

»Ich werde schreiben: Ermittlungen laufen – es wird fieberhaft gefahndet.«

»Stimmt immer«, bestätigte Freiberg. »Bis später dann.«

»Das ist ein Bursche«, stellte Lupus anerkennend fest, als Mauser gegangen war.

»Und wofür darf ich dich loben?« fragte Freiberg.

»Ich habe inzwischen viel über eine ehrbare Zunft gelernt. Ich weiß jetzt endlich, daß schwere und mindestens zweihundert Meter lange Seile auf der Reeperbahn, also einer Seilerbahn, ausgetrieben werden.«

»Ich kenne diese Einrichtung nur als sündige Meile.«

Lupus sang: »Auf der Reeperbahn nachts um halb eins, ob du ein Seilchen hast oder hast keins, ei, da kriegt man dich, ei, da hängt man dich – auf der Reeperbahn nachts um halb eins.« Dann erklärte er weiter: »Die Techniker haben mir was von Litzen, Kardeelen und vom Trossenschlag erzählt. Aber woher das Abschleppseil stammen könnte, wußte unsere Seilschaft auch nicht.«

»Das muß doch festzustellen sein.«

»Das sei unser Job, nicht ihrer, meinten die. Vielleicht käme so was noch aus dem Balkan oder von Rußland oder Italien; dort wird Hanf angebaut. Man müßte sich auch in Holland, England, Dänemark, das heißt überall dort erkundigen, wo Hanf verarbeitet und Schiffe ausgerüstet werden. Wir dachten schon, eine Plastiklasche ›Corde de Chanvre‹ könne weiterhelfen – aber das ist nur eine Warenbezeichnung.«

»Spricht für französischsprachiges Ausland.«

»Leider nein. Im Supermarkt gibt es Stricke aus deutscher Produktion mit der gleichen Aufschrift.«

»Na also.«

»Nix also. Die paar deutschen Firmen stellen keine Abschleppseile her; ich habe mich erkundigt. Sie beliefern auch keine Hersteller von Autozubehör.«

»Pech! Aber dafür wissen wir, wer das Fahrzeug hergestellt hat.«

»Ha, ha, was sind wir schlau, Herr Kommissar.«

»Hoffentlich auch schlau genug, eine Quelle für Abschleppseile im Ausland aufzutreiben. Aber bevor wir uns damit verzetteln, sollten wir ausloten, was vor Ort zu tun ist.«

»Den Flensburger Computer abfragen und das BKA.«

»Schon, aber wir wissen zuwenig über das Auto«, stellte Lupus fest.

Freiberg strich sich mit den mittleren drei Fingern der linken Hand mehrmals über die Stirn. »Wir müssen uns über zwei Komplexe klarwerden: Was war das für ein Selbstmord im Stammunternehmen von Korbel? – Noch wichtiger scheint mir aber die Abklärung des privaten Umfeldes.«

»Du meinst seine Frauengeschichten.«

»Wenn schon Mauser davon Wind bekommen hat, müssen wir sehr schnell versuchen, mehr zu wissen als er. Was haben wir bisher im Körbchen?«

Lupus überlegte nicht lange. »Verwaltungsdirektor Seukler deutete private Beziehungen zwischen Korbel und Nikols an.«

»Richtig, Nikols bestätigt sie, stellt aber gleichzeitig fest, daß man Korbel nicht zum Freund haben könne.«

»Er versucht zwar, das als Rivalitätskämpfe zwischen Wissenschaftlern darzustellen, aber...«

»Kurz drauf läßt er die Katze aus dem Sack: ›Wenn er Freunde hatte, war er hinter deren Frauen her‹...«

»...und wilderte in fremden Revieren«, fuhr Lupus fort.

Freiberg sah auf. Er kannte die Antwort auf seine jetzt fällige Frage: »Und wen nehmen wir uns als nächsten vor?«

»Die Frau, zuerst immer die Frau«, kam prompt die Antwort.

»Ja, morgen werden wir der Firma für Investitionsberatung und Koordination einen Besuch abstatten und uns Frau Nikols zur Brust nehmen.«

»Nicht schon wieder Intimitäten im Amt«, meinte Lupus. »Ich bin viel mehr auf ihre Haarfarbe gespannt.«

9

Der für die Fahndung so entscheidende erste Tag nach der Tat hatte noch keine konkreten Ergebnisse gebracht. Die Ermittlungen waren »angeleiert« – mehr nicht. Dieser unbefriedigende Zustand hatte die Mitarbeiter des 1. K. wie auf ein geheimes Kommando bereits um sieben Uhr im Präsidium zusammengetrieben. Fräulein Kuhnert kam als letzte.

»Den Kaffee ziehen wir noch in Ruhe rein«, sagte Kommissar Freiberg. »Was melden die Blätter?«

Lupus hatte wie üblich auf dem Weg von Bad Godesberg zum Präsidium seinen Stoß Zeitungen eingekauft: Express, General-Anzeiger, Bonner Rundschau und Bild. Mausers Anfütterung war gelungen. Auch soweit die Berichte nicht aus seiner »Feder« stammten, gingen die Spekulationen in Richtung Mord. Die aufgeworfenen Fragen nach dem Auto und dem Abschleppseil würden ganz gewiß eine Flut von Anrufen auslösen – verbunden mit der Frage, wie hoch denn die ausgesetzte Belohnung sei. Ahrens mit seinem wachen Verstand und methodischen Vorgehen war der richtige Mann dafür, die anrufenden Narren und Wichtigmacher auszusondern.

Peters hielt es nicht im Büro. »Ich werde mich noch bei den Anliegern vom Parkplatz Katharinenhof umhören«, meldete er sich ab und verließ, ohne auf Bestätigung zu warten, den Raum.

In das Schweigen hinein sagte Freiberg: »Der macht mir Sorgen; man müßte ihn im Innendienst einsetzen.«

»Lieber nicht«, meinte Lupus. »Das arme Schwein braucht Bewegung, scheint noch Schmerzen zu haben. Darum setzt er sich selten hin.«

Freiberg sprach leise: »Dieser Schuß in den Bauch hat ihn fertiggemacht.« Noch leiser fügte er hinzu: »Es kann jeden von uns erwischen – irgendwann.«

»Nur nicht so«, murmelte Ahrens und sah Fräulein Kuhnert an.

Freiberg klopfte mit dem Knöchel auf den Schreibtisch. »Dame, Männer – Schluß damit. Ahrens! Stellung halten und versuchen, die Anrufer zu sortieren. Kuhnertchen hilft dabei. Lupus und ich fahren raus zur Gesellschaft für Investitionsberatung und Koordination und werden mit Frau Nikols sprechen. – Wo sitzt die Firma eigentlich?«

Fräulein Kuhnert antwortete prompt: »Koordinata-Bonn im Rhein-Center-Hochhaus. Ich war schon mal...«

»Bei der Firma etwa?« wunderte sich Freiberg.

Sie zögerte mit der Antwort. Ein sanftes Rot lief über Hals und Wangen. »Nein, nicht dort. – In der Ärzteetage.«

Lupus hob mahnend den Zeigefinger. »Immer schön brav einnehmen und keinen Tag auslassen, sonst wirken die Dinger nicht. Ahrens braucht eine zuverlässige Mitarbeiterin.«

»Laß deine Frotzeleien«, fuhr Freiberg ihn an. »Dort haben auch Augenärzte und Orthopäden ihre Praxen. – Nun komm schon, satteln wir die Ente.«

Vom Polizei-Präsidium bis zum Rhein-Center war es nur ein Katzensprung. Freiberg saß wieder am Steuer. Beim Erich-Ollenhauer-Haus gliederte er sich in den Strom aus rollendem Blech ein. Lupus meldete UNI 81/12 bei der Leitstelle zum Dienst und gab mit wütendem Knopfdrücken über den Statusgeber »seinem« CEBI Futter: erst die Drei – Auftrag übernommen – und sofort danach die Vier – im Einsatz. »So, jetzt weiß der elektronische Blödmann für heute genug von uns.«

In der Office-Halle des Rhein-Centers saß der Pförtner beim Frühstück und las den Express. Die Besucher streifte er mit einem flüchtigen Blick. Neben den Fahrstuhltüren blitzten Dutzende von Messingschildern und meldeten den Sitz von Verbänden, Lobbyisten, Zeitungskorrespondenten, Ärzten und Unternehmen, die sich in Bonn satte Gewinne erhofften. Sauber geprägt und auf Hochglanz poliert auch das Schild: »Koordinata-

Bonn, Investitionsberatung und Koordination, GmbH und Co. KG – 13. Etage«.

Neben den Bedienungsknöpfen im Fahrstuhl prangten die Namensschildchen in Miniaturformat wie die Auszeichnungen an den Ordensspangen eines hochdekorierten Generals.

Drei junge Mädchen stiegen kichernd zu und tauschten Erfahrungen aus, die Außenstehenden unverständlich blieben. Mit Begriffen wie wahnsinnig, affengeil, irre, abgemackert, Zoff und Bock ging das Gepräch hin und her, so daß Freiberg sich fragte, ob seine Zurückhaltung gegenüber diesem Vokabular ein Zeichen dafür war, daß er seine Jugend hinter sich hatte.

Die 13. Etage war mit Teppichboden ausgelegt und hatte auf Mahagoni gearbeitete Türen. In einem Arbeits- und Warteraum, mit Sitzecken in weichem Leder, die mit geschickt gestellten Paravents abgeteilt waren, wurden Freiberg und Lupus von einer aparten Dame empfangen. »Bitte, meine Herren, was kann ich für Sie tun?« fragte sie mit natürlicher Liebenswürdigkeit die beiden Besucher. »Ich hoffe, Sie nicht zu enttäuschen – Herr von Sendenstein frühstückt mit einem Abgeordneten und wird nicht vor elf zurück sein.«

»Nun«, sagte Freiberg, »wir werden ihn sicherlich entbehren können.«

»Leider sind auch die beiden anderen Herren der Geschäftsleitung nicht im Hause«, erklärte die Dame ungefragt weiter, und um den Besuchern die guten Verbindungen der Firma deutlich zu machen, fügte sie noch hinzu: »Herr Fischbach wird erst am Nachmittag von einer Auslandsreise zurückerwartet, und Herr Wanitzky nimmt als Gast und Sachverständiger an den Arbeitsgesprächen anläßlich des Staatsbesuchs teil.«

Freiberg sah sie aufmerksam an. »Danke für die Informationen. Wir können gewiß ohne die Herren auskommen. Wir hätten gern Frau Nikols gesprochen.«

»Aber bitte, was kann ich für Sie tun?«

»Sie sind Frau Nikols?«

»Ja, die bin ich – Sekretärin bei Herrn von Sendenstein. Mit wem habe ich die Ehre?«

Freiberg zog seinen Dienstausweis aus der Tasche. »Kriminalhauptkommissar Freiberg und Kriminalhauptmeister Müller. –

Wir hätten einige Fragen an Sie.«

»Ja, bitte, aber ich verstehe nicht...«

Ihr offensichtliches Erschrecken durfte nach allen Erfahrungen bei der kriminalpolizeilichen Arbeit nicht falsch gedeutet werden. Eine so überraschende Konfrontation schafft Beklemmung auch bei den Menschen, die sich nichts vorzuwerfen haben. Je bürgerlicher die Herkunft, um so deutlicher das Betroffensein, es mit einer Macht zu tun zu haben, welche die Existenz von Gewalt und Verbrechen signalisiert.

Frau Nikols bat mit einer Handbewegung in eine der paraventgeschützten Ecken hinüber.

»Bitte, setzen Sie sich zu uns«, sagte Freiberg. Sie nahm zögernd Platz und erwartete, auf der Vorderkante des Sessels verharrend, die Fragen.

»Es gibt keinen Grund zur Aufregung, Frau Nikols. Wir ermitteln im Zusammenhang mit dem Tod von Doktor Korbel.«

»Ach so. Ja, das ist schrecklich – ich habe darüber in den Zeitungen gelesen.« Sie hielt die Hände im Schoß und drückte mit der linken Hand ihren rechten Daumen.

»Wir haben in der GeDaSi mit Ihrem Gatten gesprochen. Von ihm wissen wir, daß eine nähere Bekanntschaft mit Korbel bestanden hat. Aber er scheint davon nicht sehr erbaut gewesen zu sein; oder wie sonst ist die Bemerkung zu verstehen, daß man Korbel nicht zum Freund haben konnte?«

»Der war wohl scharf auf die Frauen seiner Freunde«, ergänzte Lupus mit einem Schuß Impertinenz.

»Zu verstehen, na ja, zu verstehen ist das so, wie mein Mann es gesagt hat.«

»Haben Sie persönlich diese Erfahrung gemacht?«

Sie zögerte mit der Antwort. »Nun – kennengelernt haben wir Korbel auf einem wissenschaftlichen Kongreß in Berlin. – Aber muß ich Ihnen solche Fragen beantworten? Sie rühren da Dinge auf, die einige Zeit zurückliegen.«

Lupus ließ seinem Kommissar keine Gelegenheit für eine Höflichkeitsfloskel. »Sie hatten also ein Verhältnis mit Korbel?«

»Wenn Sie es so nennen wollen, ja. Er war ein so robuster Intellektueller; für eine Weile sehr faszinierend, so ganz anders als mein Mann.«

»Wann war die Affäre?« fragte Lupus. »Oder bestand sie noch?«

»Nein, wirklich nicht mehr. Das liegt schon bald zwei Jahre zurück. Er hatte kein echtes Einfühlungsvermögen und kein Verständnis für mich.«

»Und Ihr Mann, hatte der Verständnis für diese Liaison?« stieß Lupus nach.

»Die Affäre hat uns ziemlich entfremdet. Mein Mann ist in ein kleines Appartement gezogen. Das Haus konnte ich allein nicht halten; ich habe es verkauft.«

»Moment – hing das mit Korbel zusammen?« wollte Freiberg wissen.

»Nein. Das hatte andere Gründe. Korbel hatte damit nichts zu tun.«

»Sie haben gespielt und viel Geld verloren.«

Martha Nikols sah erschreckt, aber auch wütend auf. »Machen Sie mir das zum Vorwurf? Ich habe gelegentlich mein Glück beim Roulette versucht, mit einem ›todsicheren System‹, das mein Mann errechnet hatte. Es war der völlige Ruin. Dadurch habe ich alles verloren. Der Erlös aus dem Hausverkauf hat nicht einmal gereicht, alle Schulden zu bezahlen. Ich mußte noch ein Darlehen...«

»...aufnehmen«, ergänzte Freiberg, weil sie den Satz nicht zu Ende führte.

»Und das Geld hat Ihnen Korbel gegeben«, warf Lupus ein.

»Nein, ich habe sechzigtausend Mark durch Herrn von Sendenstein bekommen. Aber was soll das alles mit dem Fall zu tun haben?«

»Das wissen wir noch nicht. Aber sechzigtausend sind eine ganz beachtliche Summe. Zinsen und Tilgung – da bleibt nicht viel vom Monatseinkommen einer Sekretärin übrig.«

Sie lächelte verstohlen. »Die Rückzahlungen leistet mein Mann. Der hat mich ja schließlich auflaufen lassen mit seinen unfehlbaren Gesetzmäßigkeiten der Mathematik.«

»Soll das heißen, Sie haben das Darlehen bekommen und Ihr Mann zahlt es zurück?«

»Genauso ist es.«

Freiberg dachte an Korbels Aufgabe als Datenschützer und an

seinen »Sicherheitstick«. Wenn der erfahren hätte, daß Nikols in seiner verantwortungsvollen Position derartige Schulden gemacht hatte, dürfte er das als einen Risikofaktor für die GeDaSi eingeschätzt haben. Das hätte zu Folgerungen geführt.

»Wußte Korbel von Ihrer Spielleidenschaft und dem Darlehen?«

»Wie kommen Sie darauf?«

»Das Fragen sollten Sie mir überlassen. – Also, wußte Korbel davon?«

»Ich habe keine Ahnung; aber das spielt doch auch keine Rolle.«

Die nächste Frage von Lupus kam wie ein Überfall aus dem Dunkeln: »Ist das Ihre natürliche Haarfarbe, Frau Nikols?«

»Wie bitte?«

»Tragen Sie manchmal eine Perücke?«

»Ich weiß zwar nicht, was diese Fragerei soll; aber wenn es für Sie von Bedeutung ist, bitte – das ist mein Naturhaar und auch meine Naturfarbe. Etwas aufgehellt, wenn Sie schon so genaue Antworten schätzen.«

»Damit ist nur ein Teil der Fragen beantwortet. Tragen Sie manchmal, und ich füge hinzu, ›auffällig blonde‹ Perücken? – Wir können das bei einer Hausdurchsuchung sehr schnell feststellen.«

Martha Nikols war so verwirrt, daß ihr Protest über ein Stammeln nicht hinauskam. »Aber wie... das muß ich mir doch nicht gefallen lassen.«

»Frau Nikols«, sagte Freiberg sehr energisch, »tragen Sie nun Perücken oder nicht?«

»Ja, manchmal, wie andere Frauen auch, wenn die Frisur nicht mehr sitzt. Aber dann in meiner Haarfarbe, mittelblond.«

Die nächste Frage ließ ihre Verwirrung noch größer werden: »Wo waren Sie in der Nacht von Mittwoch auf Donnerstag? – In der Nacht von Korbels Tod.«

Sie hatte Mühe, die Fassung zu bewahren, und versuchte, Zeit zu gewinnen. »Ich, ich war... In meiner Wohnung war ich.«

»Dort waren Sie nicht!« fuhr Lupus sie an.

»Ja, aber ja, ich...«

»Das ist die Unwahrheit. Wenn Sie weiterhin lügen, bringen

Sie sich in den Verdacht, an der Ermordung Ihres Liebhabers beteiligt gewesen zu sein.«

Freiberg fröstelte. Die manchmal unbarmherzigen Vernehmungsmethoden seines Mitarbeiters gingen ihm unter die Haut. Doch sie brachten meist sehr schnell die Wahrheit an den Tag.

Martha Nikols war blaß geworden. Kaum hörbar sagte sie: »Ich war bei einem Bekannten.«

»Bei wem, wann und wo?« schaltete sich Freiberg ein.

»Im Flughafenhotel – die ganze Nacht.«

»Hätten Sie vielleicht die Güte, die Fragen des Kommissars vollständig zu beantworten!« herrschte Lupus sie an. »Oder möchten sie lieber mit uns ins Präsidium fahren? Also – wer war es?«

Martha Nikols schluchzte auf. Ganz langsam zogen die Tränen eine Spur durch das makellose Make-up. »Ich kann es nicht sagen.«

»Sie werden es schon sagen müssen«, bellte Lupus.

Freiberg wollte ihr helfen. »Ich sichere Ihnen absolute Vertraulichkeit zu – natürlich nur für den Fall, daß alles nichts mit dem Tod von Korbel zu tun hat.«

»Es hat nichts damit zu tun – bestimmt nicht!«

»Dann sagen Sie schon, wer es war.«

Sie griff zum Taschentuch. »Wir haben uns dort getroffen, bevor er nach Zürich geflogen ist.«

»Wen haben Sie getroffen?«

»Kai Fischbach.« Sie drückte die Hand mit dem Taschentuch auf den Mund. »Um Gottes willen; das darf der Chef nicht erfahren. – Bitte, sagen Sie ihm nichts, bitte.«

»Das wird sich einrichten lassen«, nickte Freiberg. »Aber mit dem Herrn Fischbach werden wir uns unterhalten müssen. Hoffentlich wird man im Hotel Ihre Angaben bestätigen. Wann sind Sie dort angekommen?«

»Kurz nach neun.«

»Und abgereist?«

»In der Früh, nachdem die Maschine gestartet war. Anschließend bin ich gleich ins Büro gefahren.«

»Wenn Ihre Angaben stimmen – und das werden wir überprüfen –, dann haben Sie ein Alibi.«

»Alibi – wieso Alibi?«

Freiberg wollte keine weiteren Erklärungen abgeben. »Im Augenblick ist das unser Problem. – Wir werden uns später noch einmal unterhalten müssen.«

»Aber bitte nicht hier. Es ist reiner Zufall, daß Sie mich heute allein angetroffen haben.«

»Wir bitten Sie dann ins Präsidium«, sagte Lupus.

»Oder an einen anderen Ort, wenn Ihnen das lieber ist«, fügte Freiberg hinzu. »Jetzt werden Sie sicher froh sein, wenn wir uns verabschieden.«

Sie schwieg und saß noch lange steil aufgerichtet im Sessel, nachdem die Besucher gegangen waren.

Der Pförtner war so in die Lektüre seiner Zeitung vertieft, daß er den Gruß der Ermittler, die langsam durch die Office-Halle zum Ausgang schlenderten, nicht wahrnahm. Freiberg ließ sich Zeit, zum Wagen zu gelangen. Er blieb stehen und stieß seinen Kollegen an. »Das war kein Futter für CEBI, nur Ballaststoffe – wenn das Alibi stimmt.«

»Aber blond ist sie, Perücken trägt sie, intim war sie mit dem Herrn aus dem Baum, ihr Mann war sauer auf den Hängenden – und der neue Liebhaber dürfte auch nicht ganz koscher sein«, überlegte Lupus laut.

Der Kommissar hatte es plötzlich eilig. »Los, komm! Wir checken das Alibi an Ort und Stelle.« Er klemmte sich hinter das Steuer und ließ Lupus kaum Zeit, die Beifahrertür zuzuziehen.

Minuten später nahm UNI 81/12 dieselbe Strecke, die auch Kai Fischbach, Martha Nikols und der dritte Geschäftsführer zum Flughafen Köln/Bonn gefahren waren.

Unübersehbar ragten links der Autobahn die einundzwanzig Stockwerke der Kaiser-Bauruine in den Himmel. Dieser gespenstische Betonklotz mit Kongreßzentrum, Swimming-pool und zwölfhundert Zimmern für Gäste würde nie fertig werden. Gleichwohl hatte er schon eine traurige Berühmtheit erlangt. Bei einer »rauschenden Party« war ein Junge aus luftiger Höhe in die Tiefe gestürzt. Wenig später hatte sich ein von der Polizei Gesuchter durch den Sprung ins Ungewisse für immer der Verfolgung entzogen.

Polizei und Feuerwehr bemühten sich seit Jahren, Penner und

potentielle Selbstmörder aus dem Betonmonster zu vertreiben. Eines Tages würden erfahrene Sprengmeister der Pleite-Ruine und der darin geplanten Spielbank mit einer Ladung Dynamit ein donnerndes Ende bereiten und das »Las Vegas von Troisdorf« in einen Schutthaufen verwandeln.

Mit heulenden Triebwerken zog ein Jumbo-Jet über der Wahner Heide in die Höhe, einen Teppich aus Lärm und Kerosingeruch hinter sich herziehend, hinauf zu den Wolken, wo die Freiheit wohl grenzenlos ist.

»Dem deutschen Wald wird's guttun – was ist dagegen unser Auto für ein kleiner Stinker«, meinte Lupus. »Ob das Getöse die Hotelgäste bei der Liebe inspiriert?«

Schon nach wenigen Minuten konnte er sich davon überzeugen, daß im Flughafenhotel gepflegte Stille herrschte. Kluge Architekten hatten doppelte und dreifache Schallsicherungen eingebaut. Der »Preis« war das Summen der Klimaanlage, denn Fenster konnten nicht geöffnet werden. Wie aus weiter Ferne, eher angenehm als störend, drangen die Geräusche der startenden und landenden Maschinen ans Ohr.

Selbst zu dieser Stunde herrschte in der Halle Betrieb.

Der Empfangschef erkannte mit geschultem Blick, daß die Besucher nicht über Nacht bleiben würden. In tadellosem Anzug, dunkles Fliegerblau, wirksam unterstrichen durch weißblonde Haare und umgeben von dem herb-männlichen Duft eines Rasierwassers für Erfolgreiche, wirkte er wie der millionenschwere Boß einer Fluggesellschaft. Sein Gruß war herablassend kühl.

Freiberg trug sein Anliegen vor.

»Um die Buchungen kümmert sich Frau Schmiedemann in der Rezeption.« Damit entschwand der Herr in Blau.

Mit der typisch schnellen Bewegung zeigte Freiberg seinen Dienstausweis, nannte seinen Namen und fragte Frau Schmiedemann, ob Kai Fischbach und Martha Nikols in der Nacht von Mittwoch auf Donnerstag Gäste des Hotels gewesen seien.

Die Empfangsdame nickte freundlich und griff zum Belegungsplan. Bevor sie antwortete, schob sie mit einer kurzen Bewegung die Brille auf ihrer Nase hoch. »Wir lassen grundsätzlich von allen Gäste Meldeformulare ausfüllen«, erläuterte sie die Praxis. »Das erspart Scherereien.«

»Und hilft uns hoffentlich bei den Recherchen«, sagte Freiberg.

»Wir hatten in dieser Nacht einundachtzig Einzelübernachtungen und eine Reisegruppe von zweiunddreißig jungen Leuten, die mehr Lärm gemacht haben als die Jumbos draußen.«

Ihr Finger schlug hart auf eine Zeile des Plans. »Hier! Ein Doppelzimmer Nummer zwei-null-eins; angemeldet, gebucht und bezahlt, auf die Namen Fischbach und Nikols. – Die waren wohl nicht verheiratet.«

»Aber verliebt«, stellte Lupus fest.

»Solche Gäste sind auch willkommen. Wir sind ja keine moralische Anstalt, sondern ein Hotel. Eng wird's nur, wenn ein Moslem vier Frauen mitbringt – legale, meine ich«, erklärte sie lächelnd.

»Und wie sieht's aus mit den illegalen?« fragte Lupus.

»Können Sie sich vier leisten?« kam es mit einem Stups auf die Brille zurück.

»Sie haben Menschenkenntnis«, schmunzelte Freiberg und ließ seinen Blick durch die Halle wandern. Eine getäfelte Decke, schwerer Teppichboden und voluminöse Sessel gaben dem Raum Atmosphäre. Zwischen den Türen zu den Aufzügen und einer breiten geschwungenen Treppe befand sich eine Nische mit einem Telefonautomaten. Bei regem Betrieb dürfte es schwerfallen, das Kommen und Gehen der Gäste zu kontrollieren.

»Läßt sich feststellen, ob Herr Fischbach und Frau Nikols die ganze Nacht über im Hotel geblieben sind?«

»Wohl kaum«, meinte Frau Schmiedemann. »Aber ich werde mich beim Etagenkellner erkundigen.« Mit einem Kopfschütteln beendete sie das Telefongespräch, drückte die Gabel nieder und wählte eine andere Nummer. Wieder Fragen und wieder Kopfschütteln. »Leider, Herr Kommissar – damit kann das Haus nicht dienen. Weder Etagenkellner noch Zimmermädchen haben die Gäste gesehen. Die Betten waren allerdings benutzt.«

»Man müßte nur wissen, wie sehr und wie lange«, brummelte Lupus.

Freiberg gab sich mit der Antwort nicht zufrieden. »Kann uns vielleicht jemand von der Rezeption weiterhelfen?«

Frau Schmiedemann winkte ihren Kollegen heran. »Du hattest

doch vorletzte Nacht Dienst, von Mittwoch auf Donnerstag. Die Herren von der Kripo möchten wissen...«

»...wann Herr Fischbach und Frau Nikols von zwei-null-eins angekommen sind und ob sie in der Nacht das Hotel verlassen haben«, nahm Freiberg die Befragung selbst in die Hand. Er beschrieb Martha Nikols so deutlich, daß sich der Gefragte sowohl an die Frau als auch an ihren Begleiter erinnern konnte. »Sie kamen zusammen gegen neun, also einundzwanzig Uhr. Großes Gepäck hatten sie nicht, der Herr trug einen Handkoffer.«

»Haben Sie die beiden Gäste später noch einmal gesehen, in der Halle, beim Verlassen des Hauses oder bei der Rückkehr?«

»Bei dem Betrieb?! – Ich kann mich beim besten Willen nicht erinnern. Wenn sie die Schlüssel abgegeben hätten, vielleicht. Hier!« sagte der Mann und hielt einen Zimmerschlüssel mit einem zehn Zentimeter langen Anhänger aus Aluminiumguß in die Höhe. »Die Dinger sind ziemlich schwer, und niemand hat sie gern in der Tasche. Darum werden sie auch meistens abgegeben, wenn die Gäste das Haus verlassen.«

Freiberg bohrte weiter: »Wenn nun jemand das Hotel verläßt und nimmt den Schlüssel mit?«

»Dann wäre es Zufall, wenn man wahrnimmt, ob der Gast kommt oder geht. Außerdem haben an diesem Abend die Mitglieder der Reisegruppe ein ziemliches Gerenne veranstaltet. Ich kann mich jedenfalls nicht erinnern, die Dame oder den Herrn noch einmal gesehen zu haben. – Die Ausbuchung hat übrigens mein Kollege von der Morgenschicht erledigt.«

»Wie lange hatten Sie Dienst?«

»Wir wechseln um zwei Uhr in der Nacht.«

»Danke für die Auskunft. Ihnen auch, Frau Schmiedemann. Seien Sie bitte so freundlich, den Kollegen von der Morgenschicht zu fragen, ob er die Gäste von zwei-null-eins in der Nacht gesehen hat. Wenn das der Fall sein sollte, rufen Sie uns bitte an. Hier, meine Karte. – Auf Wiedersehen.«

Freiberg blieb ebenso schweigsam wie sein Kollege. Erst im Auto sagte er: »Tolles Alibi!«

Lupus kommentierte: »Also rein sind sie zur guten Zeit – ich meine ins Hotel. Raus sind sie zur richtigen Zeit. Drin waren sie demnach bestimmt: wenn man nur wüßte, wie lange.«

»Das sieht recht dünn aus«, sagte Freiberg.

Lupus listete auf: »Ankunft im Hotel gegen neun, Zimmerbelegung und Herrichten eine halbe Stunde, Fahrzeit von hier bis Godesberg gut eine halbe Stunde, halb elf bis Mitternacht Aktivitäten mit dem Hanfseil. Mit Karacho zurück; gegen eins in der Heia; Frühstück und Abflug wie geplant.«

»Dazu Betrieb in der Hotelhalle, so daß niemand sie wahrnimmt. Tja, das Alibi hat ein Loch.«

»Eine haarige Angelegenheit, Chef«, stellte Lupus fest. »Hoffentlich hat Kai Fischbach noch ein As im Ärmel, sonst sehen die beiden Liebenden ziemlich alt aus. Nun möchte ich nur noch gern wissen, was für ein Auto der Fischbach fährt. Das müßte ja hier auf einem der Parkplätze stehen.«

»Auf zum Flugplatz«, sagte Freiberg. »Mal sehen, wann eine Maschine aus Zürich landet.«

Der Autobahnzubringer führte direkt in den sich hufeisenförmig öffnenden Gebäudekomplex hinein und in einer weiten Kurve wieder heraus. Auf den angeschlossenen Parkplätzen standen Hunderte von Fahrzeugen. Es wäre ein mühsames Unterfangen gewesen, hier nach einem bestimmten Wagen zu suchen. Ein besserer und kürzerer Weg, zum Ziel zu kommen, war der, Kai Fischbach bei der Ankunft in Empfang zu nehmen.

Freiberg stellte UNI 81/12 auf dem Parkplatz für Behördenfahrzeuge ab. PS-starke Staatskarossen mit BD-Nummern und Diplomatenwagen mit CD- oder CC-Kennzeichen warteten auf hereinschwebende Politiker und höhere Beamte. Die Fahrer vertrieben sich auf unterschiedliche Art die Zeit. Einige putzten die Scheiben nach und polierten Chromteile; andere lasen Zeitschriften oder dünne Heftchen, die man schnell verschwinden lassen konnte.

Rolltreppen beförderten die Fluggäste zur Abfertigung oder schoben sie den Taxen entgegen, die in kurzen Abständen vorfuhren. Polizeibeamte mit Sprechfunkgeräten und lässig über die Schulter gehängten Maschinenpistolen stellten sich selbst und die Staatsmacht zur Schau. Einigen der Beschützten vermittelten sie ein Gefühl von Sicherheit, anderen Unbehagen.

Auf der Leuchttafel klickten die Anzeigen und meldeten Abflug und Ankunft der Maschinen. Freiberg versuchte erst gar nicht, das Spiel auf der Anzeigentafel zu durchschauen, sondern ging zur Information. Kurzes Vorzeigen des Ausweises und das Wort »Kriminalpolizei« – schon kam die Antwort schnell und präzise, Lächeln inklusive. »Die Maschine von Zürich landet um elf Uhr fünfundfünfzig Minuten. Verspätungen sind nicht gemeldet.«

Freiberg dankte und trat zu Lupus, der die Tafel studiert hatte. »Noch eine halbe Stunde bis zur Landung, die laufen wir spielend ab. Hier ist immer was zu sehen.«

Zu hören war erst einmal der Gesang einer Chartergruppe, die sich in Höhe der Snackbar für den Flug nach Kenia zusammengefunden hatte. Der Reiseleiter trug das schwarz-rot-grüne Fähnchen mit dem ovalen Mittenemblem und gab seinen Schäfchen Gelegenheit, sich kennenzulernen. Manche im Sonnenstudio vorgebräunte Singles peilten ihre Chancen an; manche Duos peilten mit.

Wegen der Terroristengefahr waren die Türen zu den Aussichtsplattformen abgesperrt. An den Isolierglasscheiben drückten Kinder ihre Nasen platt, um die Flugzeuge auf dem Rollfeld zu sehen. Mit großen Augen folgten sie dem FOLLOW-ME, der eine Maschine der Lufthansa an den Anlegestern dirigierte. Ein riesiger Jumbo rollte zum Startplatz, und kleine Gepäckwagen fuhren hin und her. Eindrücke genug für Kinderaugen. Auch Freiberg betrachtete aufmerksam das geschäftige Treiben.

Lupus berührte seinen Arm. »Dreh dich nicht um – Besuch für Kai Fischbach. Frau Nikols geht zur Abfertigung B. Wir müssen uns unauffällig verdrücken. Ich nehme Deckung in der Reisegruppe.«

Freiberg drängte sich in einen englischsprechenden Pulk Wartender und sah vorsichtig zur Passage B hinüber. Martha Nikols trug einen hellen Sommermantel. Sie blickte unruhig in die Menge und ging langsam zur Anzeigentafel. Sie schaute hoch und verharrte eine Weile; dann ging sie mit schnellen Schritten zurück. Als sie wieder die Menschen in der Halle zu mustern begann, ertönte über den Lautsprecher die Ansage: »Ankunft Swissair Flug fünf-sechsundachtzig aus Zürich. – Arrival Swissair Flight five-eightysix from Zürich.«

Martha Nikols wählte ihren Standort so, daß sie jeden ankommenden Fluggast erkennen konnte, bevor er die Treppe zur Gepäckausgabe betrat. Freiberg drückte sich mit gemurmelten Entschuldigungen durch die Wartenden und tauchte ebenfalls bei den Kenia-Freunden unter.

Schnell hatte er sich an Lupus herangeschoben. »Wenn die ersten Fluggäste aus Zürich auftauchen, konzentriert sich die Nikols nur noch dorthin. Dann schnell vor. Wir kennen Fischbach ja nicht. Sobald sie ihn anspricht, gehen wir dazwischen. Du hältst die Dame zurück, und ich befördere den Herrn in die VIP-Lounge, ein Stockwerk tiefer. Dort gibt es immer ein freies Eckchen oder einen Nebenraum.«

»Setz ihm die Daumenschrauben an.«

»Nein – die sanfte Tour mit etwas Druck. Der muß uns erst zu seinem Auto führen. Du kommst mit Frau Nikols nach; dann sehen wir weiter. – Sei lieb zu der Blondine.«

»Worauf du dich verlassen kannst.«

An der schwarzen Tafel leuchtete hinter der Anzeige »Flug 586« in Grün das Wort »gelandet« auf. Wenige Minuten später wurden die ersten Fluggäste von den Wartenden begrüßt.

Martha Nikols reckte sich auf Zehenspitzen und winkte.

»Los!« sagte Freiberg.

So schnell wie möglich, doch ohne zu rennen, eilten die beiden Kollegen zum Eingang »B«. Lupus nahm die rechte Seite, Freiberg die linke. Ein Herr mittlerer Größe im dunkelblauen Gabardinemantel mit einem kleinen Handkoffer ließ deutlich Überraschung erkennen, als er Martha Nikols sah. Sie lief auf ihn zu und setzte zu einer Erklärung an.

Kommissar Freiberg trat dazwischen. »Herr Fischbach?«

»Das ist Kriminalpolizei«, rief Martha Nikols, bevor sie von Lupus energisch fortgezogen wurde. »Sie kommen mit mir!«

»Aber...«

»Bitte, hier entlang. Sie werden mir ganz gewiß einiges mitzuteilen haben.«

»Aber...«, sagte auch Kai Fischbach. Freiberg ließ ihm keine Zeit, sich auf die Situation einzustellen. »Wir gehen am besten in die VIP-Lounge, damit Sie mir ein paar Fragen beantworten können.«

»Was ist mit Frau Nikols?«

»Die unterhält sich mit meinem Kollegen. Wir treffen uns nachher. Mein Name ist Freiberg, Kriminalhauptkommissar, Präsidium Bonn.«

Kai Fischbach folgte zögernd und trug seinen Koffer mit gestrecktem Arm. »Was wollen Sie denn von mir?« fragte er auf der Treppe zum Untergeschoß und versuchte vergeblich, seine Stimme entrüstet klingen zu lassen.

»Fragen stellen und Antworten hören«, erklärte Freiberg, »aber nicht hier auf der Treppe.«

Der Lounge-Steward sah erstaunt auf. Des Kommissars scharf gesprochene Worte und ein kurzes Zeigen des Dienstausweises halfen, die Tür zum VIP-Raum 2 zu öffnen. »In einigen Minuten kommt mein Kollege mit einer Dame; lassen Sie die beiden dann bitte herein.«

»Wie Sie wünschen«, antwortete der Steward und vergewisserte sich mit einem Rundblick, daß die im Raum wartenden Very Important Persons nicht beunruhigt waren.

»Wir nehmen dort Platz«, sagte Freiberg und wies in die Ecke unter dem Bild vom Kölner Dom. Kai Fischbach konnte eine gewisse Unsicherheit nicht verbergen. Das galt es auszunutzen, und sofort kam die Frage: »Hatte Ihr Flug nach Zürich geschäftliche oder private Gründe?«

»Warum wollen Sie das wissen? Ich hatte dort einiges zu erledigen.«

»Hat Frau Nikols damit etwas zu tun?«

»Wieso Frau Nikols? – Nichts hat sie damit zu tun. Warum diese Frage?«

»Weil Sie vor Ihrem Abflug in der Nacht von Mittwoch auf Donnerstag gemeinsam im Flughafenhotel übernachtet haben.«

»Aber... dürfte ich...?«

»Stimmt das etwa nicht? Frau Nikols hat es vor ein paar Stunden erzählt. Außerdem haben wir uns im Hotel erkundigt. – Also, versuchen Sie bitte nicht zu leugnen.«

Abermals setzte Fischbach zu einer Frage an: »Dürfte ich denn vielleicht...«

Freiberg unterbrach. »Die Dame ist spornstreichs von Bonn hierhergeeilt, um Ihnen über unseren Besuch in der Koordinata zu berichten. Warum? Kennen Sie den Grund?«

Kai Fischbach hatte sich noch immer nicht gefangen. »Ich weiß es wirklich nicht. Dürfte ich...«

»Wir haben ein Delikt aufzuklären. – Also, warum waren Sie in Zürich?«

»Geschäftlich. Aber das dürfte die Kripo nicht interessieren!«

»Vielleicht doch. Haben Sie in der Nacht von Mittwoch auf Donnerstag das Flughafenhotel noch einmal verlassen? Überlegen Sie Ihre Antwort genau.«

»Das Hotel verlassen? Nein – ganz gewiß nicht.«

»Vielleicht mit Frau Nikols?«

»Aber nein – ich sagte es schon.«

»Nur für einen Abstecher nach Bonn?«

»Was für eine dumme Frage – entschuldigen Sie; von dort sind wir doch gekommen.«

»Mit Ihrem Auto?«

»Mit zwei Wagen. Niki, ich meine Frau Nikols, mit ihrem Golf; ich mit meinem Mercedes.«

»Und der steht jetzt hier auf dem Flughafengelände?«

»Wenn er nicht gestohlen worden ist – ja. Auf dem Parkplatz Nord. – Aber bevor ich noch eine einzige Frage beantworte, möchte ich von Ihnen wissen, was Sie mir vorwerfen.«

Freiberg gab sich konziliant. »Gern! Wir suchen im Zusammenhang mit der Aufklärung einer Straftat einen bestimmten Wagen. Würden Sie mir bitte sagen, welches Modell Sie fahren?«

»Einen 280er Mercedes, schon etwas älter.«

»Von heller Farbe – vermute ich.«

»Ja, beige – fast gelb.«

»Haben Sie ein Abschleppseil im Wagen?«

Fischbach schüttelte den Kopf. »Langsam verstehe ich gar nichts mehr. Wieso fragen Sie nach dem Abschleppseil? – Verbandskasten und Warndreieck habe ich mit Sicherheit im Kofferraum. Aber ein Abschleppseil? Das weiß ich wirklich nicht; ich habe nie eins gebraucht.«

»Sie werden mich bitte zu Ihrem Wagen führen und den Kofferraum öffnen!«

»Wenn es sein muß.«

»Wir gehen, sobald mein Kollege hier ist. Mich interessiert noch – und die Frage haben Sie nicht beantwortet –, warum Sie in

Zürich waren.«

»Das dürfte mit Ihrem Fall nichts zu tun haben. Ich bin nicht autorisiert, über Geschäftsangelegenheiten der Firma zu sprechen.«

»Doch! Sie sind Geschäftsführer – also?«

Kai Fischbach war nicht selbstsicher genug, um dieser Situation gewachsen zu sein. Für ihn stand nur fest, daß er sein Treffen mit Wanitzky und den gemeinsamen Auftritt in der Bakka-Bank nicht offenbaren durfte. Er nahm alle Kraft zusammen, um seine Antwort entschieden klingen zu lassen. »Ich bin gern bereit, der Polizei in persönlichen Angelegenheiten Auskunft zu geben, aber nicht in Belangen der Firma Koordinata.«

»Nun gut«, sagte Freiberg. »Ich bin sicher, daß Sie Ihre Meinung bald ändern werden.«

Ohne anzuklopfen, öffnete Lupus die Tür zur Lounge und ließ Frau Nikols den Vortritt. Sie versuchte vergeblich, das Weinen zu unterdrücken.

»Was geht hier vor?« entrüstete sich Fischbach. »Was hat Ihr Kollege mit Frau Nikols gemacht? Warum weint sie?«

»Aus Freude, Sie wiederzusehen«, gab Lupus die Antwort. Zu Freiberg gewandt, sagte er: »Chef, sie will nur hergekommen sein, um Herrn Fischbach von unserem Besuch in der Firma zu berichten.«

»Ein triftiger Grund – bitte berichten Sie«, sagte Freiberg. »Wir hören gern zu.«

Sie versuchte, tief Luft zu holen. »Kai – Herr Fischbach, die Kripo glaubt, daß wir etwas mit dem Tod von Korbel zu tun haben.«

»Was, Korbel ist tot?«

Sie nickte und konnte vor Erregung nicht weitersprechen.

»Mord und Erhängen im Stadtwald von Bad Godesberg in der Nacht von Mittwoch auf Donnerstag, etwa eine Stunde vor Mitternacht«, erläuterte der Kommissar kühl und knapp den Vorgang, als handele es sich um einen simplen Geschäftsabschluß.

Ein schwer zu deutender Ausdruck trat in Fischbachs Augen.

»Korbel ermordet – und Sie überprüfen unsere Alibis. Was soll das?«

»Es könnte ja sein, daß Korbels Tod Ihr Verhältnis zu Frau

Nikols – sagen wir mal – erleichtert. Es könnte auch sein, daß sein Tod die Abwicklung von Geschäften hier oder in Zürich vereinfacht. Wir werden das schon herausfinden.«

Über das Gesicht von Fischbach zog ein überlegenes Lächeln.

»So nicht, Herr Kommissar. Niki und ich waren in dieser Nacht gemeinsam im Flughafenhotel. Ich habe die Hotelrechnung in der Tasche. Außerdem gibt es Zeugen.«

»Stimmt!« sagte Freiberg. »Die haben wir befragt. Doch niemand kann bestätigen, daß Sie während der ganzen Nacht im Hotel geblieben sind. – Für die Aktion im Stadtwald reichten drei Stunden. Es könnte ja sein, daß Sie sich ein Alibi verschaffen wollten. So neu wäre allerdings die Masche mit der Übernachtung im Hotel nicht. Damit Sie vollständig informiert sind: Das Opfer Korbel ist gegen halb elf, also zweiundzwanzig Uhr dreißig, vor seiner Wohnung ohne jeden Zwang in einen hellen Mercedes 280 eingestiegen. Am Steuer saß eine blonde Frau. Korbel wurde wahrscheinlich auf dem Vordersitz von dem Mann im Fond erdrosselt und dann mit einem Abschleppseil aufgehängt. – Und nun sind wir gespannt, ob Sie ein Abschleppseil im Kofferraum haben.«

Fischbach schüttelte wie abwesend den Kopf. »Mein Wagen soll das gewesen sein? Eine blonde Frau am Steuer? – Ganz unmöglich! Das ist ja eine tolle Unterstellung! Von dem Autotyp laufen noch Tausende, und blonde Frauen gibt es Millionen.«

Freiberg stand auf. »Gehen wir zu Ihrem Wagen, damit wir uns überzeugen können.«

Sie brauchten einige Minuten bis zum Parkplatz Nord.

»Da steht er ja!« Kai Fischbach wies mit der Linken, die den Koffer hielt, auf den Mercedes in der rückwärtigen Reihe. »Scheint nicht bewegt worden zu sein«, stellte er fest und griff nach dem Schlüsselbund in der rechten Hosentasche.

»Den Kofferraum öffnen, bitte«, sagte Freiberg.

Fischbachs Hand zitterte kaum merklich, als er den Schlüssel in das Schloß steckte. Die Haube klappte hoch. Kanister, Einkaufstüten, Verbandskasten, eine Wolldecke, Firmenprospekte und ein Startkabel bildeten ein wirres Durcheinander. Fischbach hatte seinen Handkoffer abgestellt und beugte sich vor.

»Das überlassen Sie besser mir«, sagte Lupus und begann, den Inhalt des Kofferraums sorgfältig auf dem Asphalt abzulegen. »So, das wäre alles.«

»Bitte, überzeugen Sie sich, Herr Fischbach«, sagte Freiberg, »das Abschleppseil fehlt!«

Fischbach warf nur einen kurzen Blick auf das Sammelsurium und zuckte mit den Schultern. »Ich habe Ihnen doch schon gesagt, daß ich nie eins gebraucht habe; und ich weiß auch nicht, ob jemals eins im Wagen war.«

»Ein Abschleppseil wäre aber sehr dienlich gewesen«, stellte Lupus fest und legte die ausgeräumten Sachen in den Kofferraum zurück.

Der Kommissar streckte die Hand aus. »Herr Fischbach, die Autoschlüssel, bitte. Erkennungsdienst und KTU werden sich den Wagen vornehmen – und wir werden unser Gespräch im Präsidium fortsetzen müssen. Sie kommen mit uns. – Sie, Frau Nikols, fahren mit Ihrem Wagen nach Bonn und melden sich im Präsidium, Zimmer dreihundertsechs, erstes Kommissariat – Mordkommission.«

Ohne zu protestieren, gab Fischbach seine Schlüssel ab. Er war schweigsam geworden.

Lupus eilte mit schnellen Schritten voraus, um über Funk den Erkennungsdienst herbeizurufen. »...und erklärt bitte den Colonesen, daß wir in ihrem Zuständigkeitsbereich herumgefummelt haben. – Gefahr im Verzug oder was auch immer. Sonst fühlen die sich auf den Schlips getreten.«

Auf der Fahrt nach Bonn setzte Fischbach einige Male zu einer Erklärung an. Der Kommissar sagte kurz: »Bitte nicht jetzt; wir unterhalten uns in meinem Dienstzimmer und nehmen ein Protokoll auf.«

10

Johann Wanitzky war es nicht leichtgefallen, die Transaktion auf der Bakka-Bank mit der gegenüber Kai Fischbach gebotenen Unbefangenheit abzuwickeln. Der Anruf aus Brüssel in den grauen Morgenstunden hatte höchste Gefahr signalisiert; nicht nur für den »Werkzeug- und Maschinenhandel«, sondern auch für ihn, Lad Wany, persönlich. Aufgeregt hatte ihm sein »Stabschef«, Henrico Sarkis, in einem Blitzgespräch mitgeteilt, daß die »Tina Robin« vor achtundvierzig Stunden im Roten Meer östlich Port Sudan nach einer Explosion mit »Mann und Maus« untergegangen sei.

»Mann«, das waren elf Seeleute aus Pakistan und Griechenland; »Maus« bedeutete nicht nur zwanzig Kanonen vom Typ Gun-Howitzer-Noricum, GHN 45, zum Stückpreis von zwei Millionen Dollar, dazu die Spezialmunition mit vierzig Kilometer Reichweite, sondern auch fünftausend Sturmgewehre G 3, tausend Splitterhandgranaten, Typ MK 2, und fünfzig Milan-Panzerabwehrraketen.

Es hatte aller Tricks und Anstrengungen bedurft, um dieses Sortiment »West« zusammenzubekommen. Eine ähnliche Möglichkeit, so hochwertige Ware zu beschaffen, würde es nie wieder geben.

Die Explosion im Roten Meer war für Lad Wany die Katastrophe schlechthin, denn dem Besteller würde kaum die Version vom unverschuldeten Untergang deutlich zu machen sein. Waffen, die im voraus bezahlt worden sind, aber ihren Adressaten nicht erreichen, kehren sich sofort gegen den, der behauptet hat, sie liefern zu können. – Schließlich kann man auch Schiffe mit Eisenschrott und mit Steinen in den Munitionskisten auf hoher See in die Tiefe schicken.

Johann Wanitzky hatte noch in der Nacht den Rückflug nach Köln/Bonn streichen lassen und auf den Namen Lad Wany ein Ticket nach Brüssel bestellt. Seine Anwesenheit vor Ort erschien ihm wichtiger als die Teilnahme an den Plenargesprächen beim Staatsempfang auf der Godesburg. Das große Bla-Bla diente ohnehin nur dazu, bei der Presse einen guten Eindruck zu machen. Am Abschlußbankett in der Redoute hoffte er noch teilnehmen zu können.

Die Boeing 727 der Sabena landete um dreizehn Uhr fünf auf der Landebahn drei des Flughafens Brüssel-National. Henrico Sarkis wartete mit dem Porsche am angegebenen Treffpunkt vor dem Seitenausgang. Wany ärgerte sich, daß er seinen Koffer vor den Douaniers öffnen mußte, obwohl er den grünen Ausgang »rien à déclarer« gewählt hatte. Ein Zollbeamter nahm die »Kollegmappe« heraus und zog mit einem beleidigenden Grinsen den Reißverschluß auf.

»Nichts. – Woher kommen Sie?«

»Aus Zürich, und ich hab's eilig.«

»Aha – aus Zürich. Da muß die Tasche ja leer sein. Voilà, Monsieur. Sie können gehen.« Damit erhielt Lad Wany die Gepäckstücke einzeln zurück.

Als Henrico Sarkis seinen Boß durch die Ausgangstür kommen sah, startete er den Motor und fuhr an, noch bevor Wany sich angeschnallt hatte. »Verdammt schlechte Nachrichten, Lad«, stieß Henrico hervor, »das einzig Gute daran ist: kein Hinweis auf die Ladung der ›Tina Robin‹; Überlebende gibt es nicht.«

»Bestimmt besser so«, stellte Lad Wany fest. »Aber daß die Ladung futsch ist... Uns steht Ärger ins Haus. Die werden annehmen, wir hätten den Seelenverkäufer mit einem Zeitzünder und der entsprechenden Ladung Composit B in die Luft gejagt, um den großen Deal zu machen. Dabei waren die Werkzeuge ja wirklich an Bord, und es war verdammt schwer, sie zusammenzubekommen. – Eine solche Chance wird es nie wieder geben.«

»Kann das gefährlich werden?«

»Und ob – lebensgefährlich!«

»Übrigens, Lad, da gab es heute morgen gegen zehn Uhr noch einen zweiten Anruf. Mir ist allerdings nicht klar, was der Mann wollte.«

»Wer war der Anrufer?«

»Ich weiß es nicht. Der Mann sprach wenig Deutsch und dazu ein hastiges Pidgin-Englisch; redete irgendwas von Mikro-Elektronik und Reichenberger.«

»Versuch dich zu erinnern – was sagte er genau?«

»Er sagte wörtlich: ›Wenn nix Ware, dann Reichenberger.‹«

In Lad Wany kroch die Angst hoch. »Weißt du, was das bedeutet, Henrico?«

»Nein – sollte ich?«

»Unheil bedeutet das! Erwin Reichenberger ist vor ein paar Jahren zwischen Europa und dem Nahen Osten spurlos verschwunden, nachdem er kassiert hatte, aber nicht liefern konnte oder wollte. Kein Mensch aus der Branche hat je erfahren, ob ihn die Syrer oder Iraker ›abgelegt‹ haben. Jedenfalls ist er nie wieder aufgetaucht. – Aber was hast du am Telefon geantwortet?«

»Der Kahn sei auf eine Mine gelaufen; die explodieren ja hin und wieder im Roten Meer, und du hättest schon entsprechende Order erteilt. Die Spezialmaschinen seien einwandfrei als Bohrstellenausrüstung deklariert und hoch versichert gewesen. Geld sei also nicht das Problem; es dauere jetzt nur zwei bis drei Wochen länger, bis neue Ware verfügbar sei.«

»Gut – sehr gut sogar, so haben wir Zeit gewonnen. Was macht die Lieferung Schwarzafrika?«

»Schwimmt unbehelligt. – Doch wann können wir mit den NATO-Werkzeugen rüberkommen?«

Lad Wany schloß die Augen. »Das will gründlich überlegt sein: Wir werden in Tervuren darüber sprechen. – Sonst alles klar?«

»Alles geritzt. Erstens: Aktion Reise ist glattgelaufen; zweitens: das Kabel ›Tierfangexpedition‹ kann morgen heraus; drittens: von Interarms haben wir ein Angebot über viertausend FN-FAL 7,62 Service Rifles, sofort lieferbar.«

»Okay, bestens. Aber jetzt muß ich nachdenken. Fahr langsam.«

Bis zur Abfahrt nach Tervuren hatte sich der Verkehr auf der Autoroute entzerrt. Hier, östlich der Stadt, lagen versteckt hinter haushohen Rhododendronbüschen die Villen und Gärten derer, die geholfen hatten, Belgisch-Kongo auszubeuten, und denen es gelungen war, die Gewinne nicht nur in Aktien, sondern auch in Immobilien und alten flämischen Meistern anzulegen.

Einige hundert Meter nach dem Hotel Derby an der Avenue de Tervuren bog Henrico Sarkis zur »Moulin à Vent« ab, die dem hinter einer hohen Feldsteinmauer gelegenen Besitz den Namen gegeben hatte. Von der Windmühle war nur der Rest des Turms geblieben. Links schloß sich ein Landhaus an, das Reichtum und Geschmack bekundete. Ein Sockel aus rauhem Stein trug das schwere Fachwerk aus Eichenholz und weiß geschlemmten Feldern; dazu ein Dach aus sorgfältig behauenem Schiefer.

Ein Infrarotstrahl aus dem Signalgeber ließ die Pforte aufschwingen – sie schloß sich automatisch nach fünf Sekunden. Henrico hielt vor dem Turm. Im »Torre« liefen die Fäden des »Werkzeug- und Maschinenhandels« zusammen. Das kaum postkartengroße Schild aus Edelstahl wies diskret auf die Firma hin. Ein kleiner Empfangsraum und zwei Büros füllten das Rund des Erdgeschosses. Darüber lagen die beiden Räume des »Stabschefs«. Noch eine Treppe höher, in der Rotunde mit ihren vier schießschartenartigen Fenstern nach Ost, Süd, West und Nord, residierte Lad Wany, wenn er ausnahmsweise »vor Ort« war.

»Henrico«, sagte er beim Aussteigen, »hol die Mannschaft zusammen. Wir müssen Entscheidungen treffen, wenn uns unser Leben noch etwas wert ist. – Ich muß heute unbedingt nach Bonn zurück, um wenigstens noch am Bankett mit den Staatsbesuchern teilnehmen zu können. Aber keine unnötigen Spuren legen, also keine Buchungen bei den Luftfahrtgesellschaften. Du bringst mich mit dem Porsche zum Flugplatz Köln/Bonn; dort steht mein BMW.«

»Sollen die Leute aus Antwerpen auch herkommen? Das dauert allerdings ein paar Stunden.«

»Nein, kein Wort zu denen. Laß sie dort, wo sie sind. Benno kann uns etwas zu essen machen.«

»Und die Mädchen?« fragte der Stabschef.

»Die schicken wir nach Hause; für heute Feierabend und ein langes Wochenende. – Also in einer halben Stunde bei mir.«

Henrico Sarkis fuhr den Porsche zur Garage und ging mit langsamen Schritten zum Haus. Er ahnte, daß sich etwas zusammenbraute und daß der Boß nach Auswegen suchte.

Benno würde in der Küche sein. Das war sein Revier, denn er versorgte den ›frauenlosen Haushalt‹. Doch im Augenblick schien er seiner anderen großen Leidenschaft nachzugehen; die Tür zum Weinkeller stand offen. Henrico stieg die Treppe hinunter. In den Regalen lagerten mehr als fünftausend Flaschen; schlanke grüne mit trockenem Riesling aus dem Elsaß, bauchige braune mit Burgunder und Beaujolais und Vin Jaune vom Château-Châlon. Die edelsten Tropfen der Anbaugebiete um Bordeaux und Entre-deux-Mers ruhten in dem schweren Standregal vor der Stirnseite des Kellers. Aus weiter Ferne drangen undefinierbare Geräusche wie von einer Baustelle ans Ohr.

Henrico bückte sich, nahm einen handgroßen Stein aus dem Mauerwerk und ließ durch einen Knopfdruck das Regal mit den Grands-Crus samt einem Teil der Wand zur Seite gleiten. Jetzt ließen sich die Geräusche definieren; erst einzeln: plopp-plopp, dann in schneller Folge wie das Ratschen über einen Kamm: tak, tak, tak, tak. Henrico gab über den Flackerschalter das vereinbarte Signal. Von innen wurde die schalldichte Tür des Schießkellers geöffnet.

»Die reinste Mähmaschine«, sagte Benno und hielt ein ölig glänzendes AUG STEYR Sturmgewehr hoch. »Warum muß es beim Kaliber 5,56 eigentlich immer Amerikas M 16 sein? Wir sollten uns mehr nach Austria orientieren – exzellente Werkzeuge, sage ich dir, und weniger Probleme mit den Ausfuhrbestimmungen. Wir könnten über Jugoslawien verschiffen. In Kardeljevo-Ploce hat schon mancher Steamer heiße Ware geladen. – Was gibt's?«

Henrico tippte mit beiden Zeigefingern an seine Ohren. Benno nickte und nahm den Gehörschutz ab. »Also – warum kommst du hierher?«

»Wir haben Schwierigkeiten. Lad ist im Torre und will uns sprechen. – Er ist extra hergeflogen.«

»Wegen der ›Tina Robin‹?«

»Wahrscheinlich. Treffen um halb drei in der Rotunde. Küken und Basil sind mit von der Partie. – Wo kann ich die auftreiben?«

»Basil im Lager, Küken bestimmt bei den Mädchen. – Sind die etwa auch erwünscht?«

»Nein, der Boß hat sie ins Wochenende geschickt.«

»Verdammt! Dann sieht's in der Tat trübe aus«, stellte Benno fest und hängte den Gehörschutz zu den anderen auf einen Holzhaken.

»Bitte beeil dich, du sollst für uns etwas zu essen machen.«

»Geht schon klar. – Aber Waffen sind das! Lieferbar mit Zielfernrohr und allen Schikanen.«

Benno sprach bedächtig. Im graublauen Overall wirkte er wie ein solider Handwerker, der sich von der Hektik seiner Kunden nicht beeindrucken läßt. Das gemütliche Rund seines Gesichts und die sanften braunen Augen strahlten Ruhe aus. Für ihn hatten Waffen keinen Charakter, sondern nur technische Qualitäten – sonst nahm er sie gar nicht erst in die Hand. Er vergewisserte sich, daß das Sturmgewehr entladen war. Durch den noch warmen Lauf zog er zwei-, dreimal die Gliederkette mit dem Öllappen. Dann stellte er die Waffe zu den anderen Mustern in das Regal und ging in die Küche.

Das Lager im Seitentrakt der »Moulin à Vent« enthielt nur Handfeuerwaffen und die dazugehörige Munition. Schwere Werkzeuge wurden in der Regel direkt beim Hersteller abgerufen, allenfalls für wenige Tage in Antwerpen oder anderen Häfen zwischengelagert. Doch das war die Ausnahme.

Basilius Tekov, kurz Basil genannt, wuchtete mit einem Mini-Stapler Munitionskisten übereinander, um Platz für neue Lieferungen zu schaffen. Henrico Sarkis ging dieser vierschrötigen Gestalt mit der niedrigen Stirn und dem armenischen Kraushaar nach Möglichkeit aus dem Wege. Als er ihn jetzt mit einem lauten »Hei« anrief, wurde er prompt mit einem der üblichen Flüche bedacht. »Son of a bitch, was treibst du dich hier herum? Hau ab! Du siehst doch, daß ich arbeite.«

»Du sollst um vierzehn Uhr dreißig im Torre sein. Es gibt einiges zu besprechen.«

»Fuck off, oder sag mir schon, was du willst.«

»Ich hab' Lad vom Flugplatz abgeholt. Er will uns sehen – das gilt auch für dich«, rief Henrico ihm zu und drehte sich um.

»Okay, sag das doch gleich. Der Boß ist der Boß.«

Henrico wußte, das Basil und Küken für den Chef unentbehrlich waren. Sie fungierten als Kofferträger, clevere Disponenten und Bodyguards zugleich. In einer Bodega in Tanger hatten sie Lad ihre bedingungslose Ergebenheit bewiesen, als sie ihn aus einer brenzligen Situation wirkungsvoll herausgehauen hatten. Dabei war nicht nur das Mobiliar auf der Strecke geblieben, sondern auch ein »freundlicher Geschäftspartner«, der die Lieferung von Waffen durch eine Anzeigendrohung erpressen wollte.

»Wo ist Küken?« fragte Henrico.

»Bei den Hennen – wo sonst?«

»Die sind nicht mehr im Stall; Lad hat sie ins Wochenende geschickt.«

Basil lachte laut. »Dann such dein Küken mal am Gare du Nord – diesen kleinen geilen Fleischfresser.«

Als Henrico zum Torre zurückkam, hockte der Gesuchte bereits in der Rotunde und versuchte, Lad Wany mit unterhaltsamen Stories aus »Anwenderkreisen« aufzuheitern. Küken fand es ganz großartig, daß Exekutionskommandos in manchen ordnungsliebenden Staaten mit ihren M 16 oder Kalaschnikows nicht auf das Herz des Opfers zielten, sondern zwischen die Beine. »... so einer wäre für jeden Kopfschuß dankbar gewesen – wie unser Mann in Tanger.«

Die Geschichte war nicht dazu angetan, Lad Wany heiterer zu stimmen. Er stand auf und trat an das Ostfenster. Sein Blick suchte die Ferne. Kükens Geplapper verstummte.

Basil kam pfeifend die Treppe herauf. Er verhielt in der Tür zur Rotunde, sah Küken an, zeigte mit dem Daumen auf den stumm am Fenster Stehenden und hob fragend die Augenbrauen. Küken schüttelte den Kopf. Schweigen lastete im Raum.

Erst als Benno mit einem Korb voll Brot, Wurst, Pastete und Bier kam, löste sich die Erstarrung.

Lad Wany drehte sich um und griff nach einem Baguette. Er nahm das Brot zwischen beide Hände und brach es mit einem energischen Ruck in der Mitte durch. Die geplatzte Kruste hinterließ ihre Spuren auf dem Teppich. »Los, Jungs – laßt euch's schmecken.«

Stabschef Henrico Sarkis war als letzter gekommen. Die von Basil wie eine Handfeuerwaffe auf ihn gerichtete Stange Baguette stieß er zurück. Er nahm sich eine Flasche Stella-Artois und schob das erste volle Glas Lad Wany zu. Für einige Minuten waren nur das Krachen der Kruste und das Mahlen der Zähne zu hören.

»Da sind wir also zusammen«, sagte Henrico.

Lad Wany hob den Blick, sah ihn an, dann Benno, danach Basil und schließlich Küken. »Habt ihr eure Ersatzpässe klar?« kam überraschend die Frage.

Die vier nickten.

»Gut! – Ich denke, wir müssen die Zelte in der ›Moulin à Vent‹

abbrechen und untertauchen – und zwar schnell!«

»Wegen der ›Tina Robin‹ etwa?« fragte Henrico. »Der Verlust müßte sich doch ausbügeln lassen.«

»Bescheißen wir die Black Tiger«, ergänzte Basil mit einer wegwerfenden Handbewegung. »Was brauchen die noch NATO-Werkzeuge; sollen froh sein, daß die ›Tierfangexpedition‹ läuft.«

Benno nickte zustimmend. »Wenn wir sofort damit anfangen, könnten wir die für unsere schwarzen Freunde vorgesehene Ware ›West‹ in den Vorderen Orient umdisponieren. Da sind die zahlungskräftigeren Kunden – aber auch die gefährlicheren.«

»Die machen sonst ›krch‹!« gab Küken mit einem Grinsen kund und führte die gestreckte Hand einige Male an seinem Hals hin und her. »Krch-krch.«

»Dir wird das Lachen schon noch vergehen«, sagte Lad Wany. »Ihr wißt ja, uns fehlt Ware – von dem mit der ›Tina Robin‹ abgesoffenen Material mal abgesehen. – Versichert waren die Werkzeuge natürlich nicht.«

»Alle Aktivitäten für die Katz«, knurrte Basil und fuhr mit gespreizten Fingern durch sein Kraushaar. »Ich dachte, mit dem neuen Informanten gebe es keine Schwierigkeiten mehr; auch die Alpenländer könnten zügig liefern.«

Lad Wany trank den Rest seines Biers in einem Zuge aus. »Disponier du mal ohne Dollars. Die Sache mit der ›Tina Robin‹ ist doch in der Branche das Thema Nummer eins. Das bedeutet, auf uns läuft keine Vorkasse mehr zu. Wir sind blank. Oder wollt ihr eure Gewinnanteile für zweifelhafte Geschäfte zuschießen? – Na also«, nickte er, als keiner antwortete, und fuhr bestimmt fort: »Nein – wir lassen den Plan ›Isolde‹ anlaufen.«

Die Runde schwieg bedrückt.

»Wer hat die ›Tina Robin‹ hochgehen lassen? – Ein Unfall war das bestimmt nicht«, überlegte Henrico laut und gab gleich selbst die Antwort: »Israels Mossad, vermute ich. Die haben nicht so gern 45er GHN-Kanonen in ihrer Flanke.«

»Aber die Werkzeuge hatten doch einen ganz anderen Bestimmungsort«, sagte Benno und knöpfte seinen Overall auf. »Warum dann Mossad?«

Lad Wany wußte auch keine Antwort. »Frag mich was Leichteres. – Es könnte ja auch sein, daß wir ›Privaten‹ den ›Offiziösen‹ ins Gehege gekommen sind. Die Délégation Générale pour L'Armement dürfte herzlich wenig Bedenken haben, unliebsame Konkurrenz aus dem Wege zu räumen. Wenn es so wäre, dann hätten sie uns mit der ›Tina Robin‹ auf den Nerv getroffen. Wir sind erledigt, und die anderen Privaten sind gewarnt.«

»Saubere Doppelpointe«, sagte der Stabschef und verzog angewidert das Gesicht.

Lad Wany sah die Sache sehr nüchtern. »Gegen Mossad, CIA oder DGA haben wir keine Chance. – Also?«

»Bleibt nur ›Isolde‹ oder der Tod«, antwortete Henrico. Die anderen nickten.

Lad Wany war erleichtert über das Einvernehmen. Jetzt zahlte es sich aus, daß jeder sein Scherflein im trockenen hatte – sonst hätte es Mord und Totschlag gegeben. »Also sind wir uns einig: Plan ›Isolde‹! Henrico, du verlegst alles nach Luxemburg und transferierst die noch verfügbaren Gelder nach Nassau. Dann löst du Firma und Konten auf und tauchst in Santo Domingo unter. Benno, du expedierst die restlichen Werkzeuge nach Antwerpen und verläßt die ›Moulin à Vent‹. Dann kannst du in Amsterdam anheuern und für eine Weile verschwinden.«

»Wie lange haben wir noch Zeit?« fragte Benno.

»Wenig! Es geht nicht etwa um Wochen, sondern nur um Tage oder Stunden«, stellte Lad Wany klar. »Basil und Küken bleiben bei mir.«

»Ist das nicht zu gefährlich? Wäre es nicht besser, einzeln unterzutauchen? Manche Staaten haben etwas gegen unsere Methoden des Werkzeughandels.«

»Für mich wäre es gefährlicher, die zwei nicht dabeizuhaben. Ich kann ja wohl schlecht die Polizei um einen Leibwächter bitten! Hoffen wir, daß Henrico das Kunststück fertigbringt, die Spuren so zu verwischen, daß man den Südafrikaner Lad Wany in seiner Heimat in Kapstadt vermutet. In dem Apartheid-Staat haben Araber und Schwarze keine Chance, einen ehrbaren weißen Mann über den Tisch zu ziehen. – Also, kommt ihr mit?«

Basil und Küken bekundeten freudig ihre Zustimmung.

»Und unsere Helfer in Antwerpen?« erkundigte sich der Stabschef vorsichtig.

»Die laufen unter einer anderen Firma. Sie haben die restlichen Werkzeuge und müssen sehen, wie sie zurechtkommen.« Seine wahren Absichten konnte Lad Wany nicht offenbaren. Die Späher aus dem Vorderen Orient würden die Fährte schon aufnehmen. Im Krieg war nun einmal die Nachhut dazu bestimmt, sich für die Rettung des Gros zu opfern.

»Wir jedenfalls«, sagte er, »verlassen dieses gastliche Land für immer. In einem Jahr, auf den Tag genau, wird Henrico in der Times eine ›Villa Isolde‹ zum Verkauf anbieten. Auf dem Weg über die Chiffre nehmen wir Kontakt auf und klären ab, ob sich neue Geschäfte machen lassen oder ob jemand Hilfe braucht.«

»Bleiben noch die beiden Mädchen vom Büro«, erinnerte Henrico.

»Mit einem Halbjahreslohn abfinden und am Montag sofort nach Hause schicken«, ordnete Lad Wany an. »Küken, ich warne dich, kein weiterer Kontakt. – Du mußt dein Hühnerfleisch in der neuen Heimat suchen.«

11

Als Lupus mit dem Kommissar und Kai Fischbach vom Flughafen kommend mit Schwung auf den Parkplatz des Präsidiums einbiegen wollte, fand er diesen von Polizeifahrzeugen blockiert. In Bonn stand wieder einmal eine Großdemonstration bevor. Daher hatten sich im Besprechungsraum zahlreiche »Leitende« versammelt, um den Einsatz der von weit her zusammengezogenen Kräfte bei der Demonstration »Tod der Chemie – Leben dem Rhein« zu planen. Durch Gerichtsentscheid war die Hofgartenwiese zwischen Universität und Akademischem Kunstmuseum für die Großveranstaltung am Wochenende freigegeben worden. Nach den Meldungen der V-Männer mußte mit Ausschreitungen auch in der Innenstadt gerechnet werden. Wieder hatte die Polizei die fast unlösbare Aufgabe, die Universität, das alte Rathaus, Post, Banken und Geschäftshäuser vor den in Rudeln mitreisenden Chaoten zu schützen. Die Innenstadt war einfach zu klein, um in ihren engen Straßen und Gassen fünfzigtausend Demonstranten verkraften zu können. Die doppelte Anzahl von Karnevalsjecken wäre kein Problem gewesen, denn an den Umgang mit Narren hatte man sich in Bonn gewöhnt; darum wurden auch Politiker so friedlich integriert.

Lupus ließ seine Mitfahrer auf der Rampe aussteigen und fuhr UNI 81/12 in die mit schweren Eisengittern geschützte Tiefgarage. Zuvor hatte er per Knopfdruck seinem CEBI die Heimkehr gemeldet.

Kai Fischbach betrat zum ersten Mal das »Landesbehördenhaus«. Diese verharmlosende Wortschöpfung stand zwar schwarz auf weiß an der Haltestelle der U-Strab, doch der Zusatz »Polizeipräsidium« gab den Bestimmungszweck treffender wieder. Der in große Kuben gegliederte Zweckbau wirkte von außen wie eine teilvergitterte Festung, innen nicht anders als eine solide gebaute Verwaltungsdienststelle, in der man sich auch mal einem gesunden Büroschlaf hingeben konnte. Aber große Polizeidienststellen wie diese, mit hin und her eilenden jungen Beamten, Sekretärinnen, Azubis und Assistentinnen vermitteln eher den Eindruck eines Kontakthofes zur Pflege zwischenmenschlicher Beziehungen.

Hinter soliden Mauern gab es noch den separaten und besonders gesicherten Aufzug aus dem unten gelegenen Polizeigewahrsam, der im allgemeinen den Figuren mit Handschellen vorbehalten war. Es trug nicht zur Beruhigung Fischbachs bei, daß ein Herr im grauen Flanell mit kalten Eisen an den Händen seinen Weg kreuzte.

»Bitte«, sagte Freiberg an der Tür zum Zimmer dreihundertsechs. »Hier werden wir uns weiter unterhalten.«

»Bin ich festgenommen?« fragte Kai Fischbach.

»Nein«, antwortete Freiberg kurz. »Bitte, nehmen Sie Platz. Fräulein Kuhnert führt das Protokoll. Wir machen aktenkundig, daß es sich nicht um eine Vernehmung, sondern um ein Informationsgespräch handelt. – Sind Sie einverstanden?«

»Gewiß«, antwortete Kai Fischbach und schien erleichtert zu sein.

Lupus setzte sich auf seinen Stammplatz, den Stuhl nahe der Tür. Fräulein Kuhnert legte auf dem Beistelltisch Stenoblock und Bleistift bereit.

»Herr Fischbach, sind Sie sich im klaren darüber, daß Sie für die Nacht, in der Doktor Korbel ermordet wurde, kein überzeugendes Alibi haben?« fragte der Kommissar ohne Schärfe.

»Ich brauche zwar kein Alibi, aber ich habe eins.«

»Sie meinen die Übernachtung im Flughafenhotel?«

»Sehr richtig.«

Freiberg schüttelte den Kopf. »Ich möchte mich nicht wiederholen, aber Sie könnten ohne Schwierigkeiten das Hotel verlassen haben, um nach Bad Godesberg zu fahren, sich dort zwischen zweiundzwanzig und vierundzwanzig Uhr – sagen wir – ›aufgehalten‹ haben und gegen eins im Flughafenhotel zurück gewesen sein.«

Fischbach zeigte sich wenig beeindruckt und ließ sich Zeit mit der Antwort. Er schien während der schweigsamen Fahrt durch gründliches Nachdenken neue Sicherheit gewonnen zu haben. Freiberg bedauerte, daß er die Drucksituation auf dem Parkplatz nicht besser ausgenutzt hatte. Der angeschlagene Boxer hatte sich in der Ringecke – den Polstern des Wagens – wieder erholt.

Lupus wußte auch nicht so recht, wie er ansetzen konnte, um den jetzt so glatt wirkenden Geschäftsmann auszuhebeln. Aber der alte Vernehmungstaktiker blieb seinen Grundsätzen treu – im Zweifel voll drauf: »Seien Sie vorsichtig, Herr Fischbach, die Mordkommission hat schon ganz andere Probleme gelöst. So sieht's aus: Sie hatten ein Motiv, die Gelegenheit zur Ausführung der Tat, das Auto mit der blonden Frau am Steuer. Außerdem genoß die Dame als alte Bekannte von Doktor Korbel so viel Vertrauen, daß dieser nachts sorglos zu ihr in den Wagen steigen konnte. Dann gibt es noch den Augenzeugen, der gesehen hat, wie Korbel mit einem Herrn Ihrer Statur in den Mercedes gestiegen ist. – Der Zeuge wird Sie bei einer Gegenüberstellung wiedererkennen.«

Kai Fischbach kniff die Augen zusammen, blieb aber stumm.

»Vielleicht sollten wir dieses Gespräch als Beschuldigtenvernehmung fortsetzen«, sagte Freiberg. »Sie haben dann die Rechte der Strafprozeßordnung und können einen Verteidiger befragen, von mir aus auch gleich beiziehen.«

»Das können Sie alles vergessen, Herr Kommissar. Ich habe einen Zeugen dafür, daß ich mich ziemlich genau um dreiundzwanzig Uhr im Hotel aufgehalten habe.«

»Frau Nikols' Aussage taugt sowenig wie Ihre«, fuhr Lupus auf.

Kai Fischbach sah demonstrativ und gelangweilt aus dem Fenster. Mit abgewandtem Blick wiederholte er: »Ich kann einen Zeugen benennen, mit dem ich vom Hotel aus um dreiundzwanzig Uhr telefoniert habe – einen absolut integren Zeugen.«

»Das wird sich feststellen lassen. Darf ich mal bitte Ihre Hotelrechnung...« Das Eintreten von Martha Nikols unterbrach den angefangenen Satz.

»Danke, daß Sie so schnell gekommen sind. Bitte nehmen Sie Platz«, sagte der Kommissar. »So kann ich Sie gleich fragen, ob Herr Fischbach vom Hotel aus gegen dreiundzwanzig Uhr ein Telefongespräch geführt hat.«

Kai Fischbach versuchte zu unterbrechen: »Ich habe...«

»Sie haben still zu sein«, wies Lupus ihn zurecht. »Hier redet erst einmal der, der gefragt worden ist.«

Martha Nikols sah Kai Fischbach verständnislos an und schien auf ein Stichwort zu warten.

»Ich...«, setzte der abermals an.

»Verdammt, Sie sind jetzt still, oder ich lasse Sie abführen. – Frau Nikols, bitte antworten Sie dem Kommissar.«

»Ein Telefongespräch – wer soll telefoniert haben und mit wem?« stotterte sie.

»Das ist keine Antwort, sondern eine Gegenfrage«, stellte Freiberg fest. »Ich wiederhole: Hat Herr Fischbach gegen dreiundzwanzig Uhr ein Telefongespräch geführt?«

Noch einmal hob sie verunsichert den Blick und antwortete zögernd: »Nein, er hat nicht telefoniert.«

Kommissar Freiberg griff nach der Hotelrechnung, die Fischbach aus der Brieftasche genommen hatte und noch in der Hand hielt. »Darf ich?«

»Bitte«, sagte der, wobei ihm bewußt war, was der Kommissar in der nächsten Sekunde feststellen würde.

Freiberg sah sich die Rechnung an. »Haben Sie noch Abrechnungszettel oder andere Belege?«

»Nein.«

»Pech für Sie. Hier ist kein Telefongespräch nachgewiesen.«

»Das weiß ich – Sie hätten mich ausreden lassen sollen«, versuchte Fischbach die Zusammenhänge zu erklären. »Als Niki, hm, als Frau Nikols im Bad war, habe ich von der Halle aus telefoniert, dort steht ein Münzfernsprecher.«

»Was hast du...?« fragte Martha Nikols ungläubig und mit zunehmender Erregung. »Wir hatten ein Durchwahltelefon auf dem Nachttisch. – Dahinter steckt doch eine andere Frau.«

»Unsinn, das war geschäftlich«, fuhr Fischbach sie an.

Jetzt wurde sie erst richtig wütend. »Geschäftlich! – Ich höre wohl nicht richtig. Da arbeite ich als Chefsekretärin bei deinem Firmenpartner, erzähle dir alles, gehe sogar mit dir ins Bett – und du verdrückst dich aus dem Zimmer, um geschäftlich zu telefonieren! Das ist doch unglaublich!«

So überraschend dieses Streitgespräch aufkam, es paßte nicht in das Bild von Täter und Mittäter, welches sich Freiberg und Lupus von dem seltsamen Paar gemacht hatten. Wenn es ein Verschleierungsmanöver sein sollte, dann war es jedenfalls mit äußerster Raffinesse angelegt und mit großem schauspielerischen Talent in Szene gesetzt.

Wut und Aufregung ließen in Martha Nikols' Gesicht kleine rote Flecken entstehen, und das Blut pochte sichtbar in den Adern des Halses. »Geschäftlich! – Daß ich nicht lache. Das kannst du der Kripo erzählen, aber nicht mir. – Wer ist die Frau?«

»Sind Sie verheiratet, Herr Fischbach?« fragte der Kommissar.

»Nein, mit großer Erleichterung geschieden, seit zehn Jahren. Meine Ehemalige lebt in England. – Dürfte ich jetzt wohl die Zusammenhänge darlegen? Allerdings nicht im Beisein von Frau Nikols.«

»Mistkerl«, bäumte Niki sich noch einmal auf. »Herr Kommissar, der Kerl lügt Ihnen die Hucke voll. – Ich glaube ihm kein Wort mehr.«

»Doch die Liebe höret nimmer auf«, murmelte Lupus und verschränkte schmunzelnd beide Hände über der recht stramm sitzenden Jacke. »Ist die Sondervorstellung jetzt beendet?«

Freiberg griff zum Telefon und rief Ahrens herein, um ihm für die nächsten Minuten die etwas derangierte Dame anzuvertrauen.

»Kollege Ahrens wird sich gern anhören, was Sie noch zu sagen haben.«

»Nichts wird er hören. Ich möchte so schnell wie möglich von hier verschwinden«, erwiderte sie aufgebracht und stieß energisch den Stuhl zurück.

»Sie bleiben bitte vorerst bei meinem Kollegen«, sagte Freiberg.

Nachdem Martha Nikols gegangen war, sah der Kommissar Kai Fischbach abwartend an. »Also?«

»Das wird sich schon wieder einrenken. Niki kann sehr impulsiv sein. Doch es gibt Geschäftsangelegenheiten, die nicht zu Bettgeheimnissen verkommen dürfen.«

»Mit wem haben Sie telefoniert?«

»Mit meinem Kollegen Johann Wanitzky. Er ist neben unserem Sprecher von Sendenstein und mir der dritte gleichberechtigte Geschäftsführer der Gesellschaft für Investitionsberatung und Koordination. Der Inhalt des Gesprächs war nicht für die Ohren anderer bestimmt; darum habe ich von der Halle aus telefoniert. Das hat nur ein paar Minuten gedauert.«

»Und worum ging es?«

»Um Geld.«

»Und davon darf die Chefsekretärin nichts wissen? Das leuchtet mir nicht ein.«

»Es ging nicht um laufende Geschäfte, sondern um die richtige Geldanlage. Mein Kollege Wanitzky hat die größeren Erfahrungen mit Dispositionen im Ausland. Darum habe ich ihm noch eine kurze Frage gestellt, meine Reise nach Zürich betreffend.«

»Und das kann Herr Wanitzky bestätigen?«

»Ganz ohne Zweifel.«

Freiberg stand abrupt auf. »Das hätten Sie mir schon am Flughafen sagen können. Oder gab es vielleicht einen Grund, diesen Zeugen in der Hinterhand zu haben? – Das werden wir klären. Sie und Frau Nikols können gehen. Ihren Wagen erhalten Sie zurück, sobald der Erkennungsdienst ihn freigegeben hat.«

Ohne ein weiteres Wort verließ Kai Fischbach den Raum. Der Kommissar gab Ahrens telefonisch die Weisung, auch Frau Nikols sofort gehen zu lassen und dann zu ihm zu kommen.

Lupus war von dieser Wende so überrascht, daß er entgegen

seiner Gewohnheit noch immer auf dem Stuhl saß, als Fischbach schon über den Gang davoneilte. »Nanu, Chef, den Vogel läßt du abschwirren? Mit dem stimmt doch was nicht. Diesen Typen könnte ich stundenlang sonstwohin treten.«

»Ich auch«, sagte Freiberg, »und darum bin ich froh, daß er fort ist. – Aber nun zur Sache: Kuhnert, schnell einen Anruf bei der Koordinata-Bonn. Ich möchte den Geschäftsführer Wanitzky sprechen.«

Wie immer dauerte es nur Sekunden, bis Fräulein Kuhnert die Verbindung hergestellt hatte. Durch die offene Vorzimmertür rief sie, die Hand auf der Sprechmuschel: »Wanitzky ist außer Haus. Seine Sekretärin ist in der Leitung.«

»Ich übernehme das Gespräch«, sagte Freiberg und schob Lupus die Mithörmuschel zu. Die Sekretärin stellte sich als Ilka Ritter vor und erklärte, daß ihr Chef an einem Staatsbesuch auf der Godesburg teilnehme und heute nicht mehr in der Firma zurückerwartet werde.

»Wie kann ich ihn dort erreichen?« fragte der Kommissar.

»Das ist nicht möglich. Herr Wanitzky möchte unter keinen Umständen gestört werden. – Soll ich ihm etwas ausrichten, wenn er ins Haus kommt?«

»Nein, auszurichten ist nichts. Ich melde mich dann später wieder. Danke, Frau Ritter.«

»Hm, hm, Staatsbesuch und will nicht gestört werden; – aber wir stören doch so gern«, kommentierte Lupus.

Freiberg wandte sich an Ahrens. »Versuch doch bitte festzustellen, was sich in der Koordinata tut und welche Rolle Frau Nikols darin spielt. Sie ist Chefsekretärin bei von Sendenstein. Er hat ihr durch ein Darlehen geholfen, ihre Spielschulden zu bezahlen. Außerdem ist sie die Geliebte des zweiten Geschäftsführers Kai Fischbach, und sie hat zugegeben, mit dem ermordeten Korbel ein Verhältnis gehabt zu haben. Ausgerechnet dieser Korbel war in der GeDaSi Mitarbeiter von Nikols, dem mehrfach gehörnten Ehemann. Könnte es da nicht Zusammenhänge geben?« Als müsse er sich entschuldigen, fügte der Kommissar hinzu: »Es fällt mir immer schwerer, an Zufälle zu glauben.«

Ahrens strahlte.

Das war ein Auftrag, der ihm bestätigte, wie sehr er bereits zu einem unentbehrlichen Teil des Teams geworden war.

»Gibt es Reaktionen auf die Pressemeldungen?«

Die hatte es in der Tat gegeben. Dutzende von Anrufern wollten einen hellen Mercedes älterer Bauart gesehen haben, Frauen am Steuer, Männer und Kinder im Fond oder ganz große Bösewichte mit Mördervisagen hinter der schützend vorgehaltenen Hand. Einige Fahrzeuge waren in wilder Fahrt davongebraust, andere fuhren geheimnisvoll ohne Licht. »Mit den meisten Anrufern ist die Phantasie durchgegangen«, erklärte Ahrens. »Die Hinweise auf den Mercedes haben nicht weitergeführt, aber zwei andere Anrufer meldeten, daß es in Holland Abschleppseile aus Hanf zu kaufen gebe. Einer von ihnen hat ein Boot am Zuidersee und hat sein Seil beim Schiffsausrüster erstanden.«

»Beim Schiffsausrüster?«

»Ja, ich habe mich auch gewundert. – So ein Seil sei beim Bootsbetrieb nützlich, beim Zu-Wasser-Lassen und beim Stauen der Ladung.«

»Gut, und der andere Anrufer?«

»Der hat das Abschleppseil nach einem Besuch im Groote Peel Moor im Supermarkt von Eindhoven gekauft. Er hat uns seine noch original verpackte Erwerbung für eine Weile überlassen. Die von der KTU sind überzeugt, daß beide Seile, also das von Korbel und das von unserem freundlichen Hollandfahrer, aus einer Produktion stammen.«

Kommissar Freiberg stand auf, ging um den Schreibtisch und schlug Ahrens anerkennend auf die Schulter. »Bestens! Ich denke, das bringt uns ein Stück weiter. – Lupus, sag doch dem Presse-Mauser gelegentlich ein freundliches Danke für seine Artikel.«

»Das wäre wohl das letzte! Eine Runde Kölsch muß der schmeißen, wenn das Seil uns weiterführt.«

»Du bist wahrlich ein umsichtiger Mensch. Doch nun komm, gehen wir stören!« An Fräulein Kuhnert gewandt rief er noch: »Wir unternehmen jetzt einen Staatsbesuch.«

12

Die Auffahrt zur Godesburg war von einem Streifenwagen abgeriegelt. Für UNI 81/12 gab es kein Problem durchzukommen. Doch schon der untere Parkplatz war mit Dienstfahrzeugen blockiert. Weiter oben, an der Steilmauer der Burg, reihte sich Wagen an Wagen. Von den Bereitschaften anderer Ministerien war alles zusammengezogen worden, was viele PS und die überzeugende Nichtfarbe »Schwarz« aufwies. Zum Bedauern des Protokolls hatte sich in Bonn die Unsitte breitgemacht, den Fahrzeugpark auch mit anderen Tönungen zu bereichern. Fortschrittliche Minister bestellten alle drei Jahre ihre Prunkstücke in den von ihren Frauen bestimmten Lieblingsfarben vom satten Grün bis zum hellsten Blau. – Wie konnte man da den Staatsbesuchern noch ein homogenes Bild bieten? Eine bunte Kolonne; das mußte doch jedem Protokollchef den Atem verschlagen.

Aus dem Innern der Burg hatte es über die Walkie-Talkies geheime Zeichen gegeben. Die Fahrer eilten zu den schwarzen Karossen und ließen die Motoren an. Freiberg und Lupus hasteten die Treppe zum Burghof hinauf. Der Pulk der Presseleute war auf der Balustrade ebenfalls in Bewegung geraten und schob sich zum Ausgang. Ganz gegen seine Gewohnheit hielt Freiberg den Dienstausweis in Kopfhöhe und kämpfte sich mit den Worten: »Polizei – Polizei!« zum Eingang vor. Wie von einer Flut gedrückt sprangen die Türen auf, und die erste Welle der Staatsbesucher mit dem Ministerpräsidenten an der Spitze schwappte heraus. Hochgereckte Fotoapparate, Blitzlichter und der eindringliche Ruf: »Platz machen für das Fernsehen!« gaben der Szene den Anstrich großer politischer Bedeutung.

Presse-Mauser stand am Anfang des Pulks, der sich bis zum »hohen Tier« durchgekämpft hatte, und ließ seinen Winder klikken. Freiberg und Lupus blieben unbemerkt.

Nach dem Ablaufen der ersten Welle schafften sie es, bis in die Halle vorzudringen. Hier standen Schwarze und Weiße, in Zivil oder Uniform, um mit Hilfe beschwörender Formeln über ihre Sprechfunkgeräte dem Tohuwabohu einen Sinn zu geben – ein vergeblicher Versuch.

Freiberg und Lupus gelang es endlich, sich an einen der

schweißgebadeten Helfer des Protokolls heranzuarbeiten. Der war dabei, seine Listen und Papiere zusammenzupacken, um sie eiligst im Aktenkoffer zu verstauen. Sein dunkelhäutiger Kollege war schon gegangen.

»Halt!« sagte Freiberg energisch und legte seine Hand auf das Bündel Papier. »Ich brauche ganz schnell eine Auskunft.«

»Was denken Sie sich denn? Sie sehen doch, was hier los ist. Ich muß sofort zum Wagen«, ließ der Protokollführer den Kommissar ablaufen.

»Hier ist doch Schluß, also haben Sie Zeit. Ich bitte Sie nur um eine Namensüberprüfung.«

»Jetzt nicht. In zwei Stunden beginnt der Empfang in der Redoute. Da sind noch tausend Sachen zu erledigen«, erwiderte der Angesprochene patzig und versuchte, die Papiere zusammenzuraffen.

»Verdammt noch mal«, fuhr Freiberg ihn an, »ich will nur wisen, ob von deutscher Seite ein Johann Wanitzky an den Arbeitssitzungen teilgenommen hat.«

»Nein!« kam die Antwort ohne Zögern. »Und jetzt lassen Sie mich in Frieden.«

»Da hört doch alles auf!« donnerte Lupus los. »Wir sind von der Mordkommission und werden Sie belangen, wenn Sie uns eine falsche Auskunft gegeben haben.«

»Sehen Sie bitte in Ihren Unterlagen nach«, erklärte Freiberg in verbindlicherem Ton.

»Entschuldigung!« murmelte der etwas blasser gewordene Herr und wischte sich mit dem Handrücken den Schweiß von der Stirn.

»Ich wollte Ihre Ermittlungen nicht behindern.« Dabei griff er nach einem Satz kopierter Blätter und fuhr mit dem Finger die Namensreihen entlang. Er drehte das letzte Blatt so, daß Freiberg mitlesen konnte: Wachtberg, Professor; Wagener, GDZ; Wany, Kaufmann; Wechmer, Ingenieur – das ist alles mit ›W‹ – dann kommt schon ›Z‹. Sie sehen, nichts anderes, als ich Ihnen gesagt habe.«

»Also kein Johann Wanitzky von der Gesellschaft für Investitionsberatung und Koordination? – Er soll seit gestern an den Arbeitssitzungen teilgenommen haben.«

»Nein, diesen Herrn haben wir nicht im Protokoll.«

»Kann es sein, daß Herr Wanitzky ohne Anmeldung teilgenommen hat?«

»Nein, auf gar keinen Fall – wir haben strenge Sicherheitsvorkehrungen.«

Freiberg fühlte sich unbehaglich. Nach einem »Danke für Ihre Hilfe« stellte er noch die Frage: »Wie sieht es mit dem Abendempfang in der Redoute aus?«

»Für die deutsche Seite sind die Namen identisch, und weitere Gäste sind nicht eingeladen. – Kann ich jetzt gehen?«

»Aber bitte«, sagte Freiberg, und Lupus knurrte: »Wirklich, Sie waren uns eine große Hilfe.«

In der nächsten Viertelstunde war es unmöglich, dem Treiben auf der Burg zu entkommen. UNI 81/12 stand eingekeilt im hintersten Winkel des Parkplatzes. Nicht einmal mit Blaulicht und Sirene wäre ein Durchbruch zum Fuß des Bergkegels gelungen. Schwarzes Blech drängte die scharf geschwungene Straße hinunter. Sogar die Journalisten hatten resigniert und bildeten die Nachhut. Presse-Mauser allerdings war verschwunden. Er hatte seinen Porsche weiter unten abgestellt und den Burgberg zu Fuß erklommen. Auf dem schmalen Abstieg zurück hatte er genau die halbe Stunde gewonnen, um welche er schneller war als die zernierten Kollegen.

Freiberg hatte beide Hände auf das Geländer der Terrasse gelegt und blickte in die Ferne. Doch das Panorama des Rheintals, die satte Fülle einer uralten Kulturlandschaft, ließ ihn unbeeindruckt. Lupus stand neben ihm und gab Kommentare zum Gedränge auf dem Burghof. »...ich habe immer gedacht, die Chaoten seien bei den Demonstrationen zu suchen.«

»Das gefällt mir nicht«, sagte der Kommissar.

»Affentheater«, meinte Lupus die Szene in Kurzfassung beschreiben zu müssen.

Freiberg drehte den Kopf zur Seite. »Ach, laß doch die Narren! – Wo ist Wanitzky? Ich bin sicher, daß seine Sekretärin überzeugt war, ihr Chef sei auf der Godesburg. Diese Ilka Ritter hat bestimmt nur das weitergegeben, was man ihr aufgetragen hatte. – Wanitzky wollte unter keinen Umständen gestört werden. Also, wo steckt der Kerl, der unserem Fischbach als Alibi dienen soll?«

»Wenn du mich fragst – der lügt!«

Freiberg wurde aus seinen Überlegungen gerissen. »Wer lügt?«

»Fischbach natürlich!«

»Vorsicht mit schnellen Schlüssen. – Der kann sich doch denken, daß wir seine Angaben nachprüfen. Ich bin wirklich davon überzeugt, daß er mit Wanitzky telefoniert hat.«

»Ich auch«, stellte Lupus lakonisch fest.

»Wie bitte? Dir schmeckt doch irgend etwas nicht – also, spuck's schon aus.«

»Verdammt, warum ist mir das nicht früher eingefallen?!« Lupus war unzufrieden mit sich selbst. »Den hätten wir in die Mangel nehmen können. Kommissar Walter! Die Telefonzelle! Ein paar hundert Meter vom Tatort, zwei, drei Minuten mit dem Wagen vom Parkplatz Katharinenhof bis zum Reha-Zentrum.«

»Du meinst...?«

»Wäre das nicht ein tolles Stück! Korbel hängt, noch warm, am Ast, und Fischbach ruft seinen Kompagnon an, um mit ihm über die beste Geldanlage in Zürich zu sprechen.«

Freiberg nahm eine Hand vom Geländer und wandte sich Lupus zu. »Oder war es doch anders? – Wir müssen den Wanitzky erwischen. Nur sag mir bitte, wie und wo! Seine Sekretärin erklärt uns, er sei hier – was aber nicht stimmt. Den Herrn gibt's nicht einmal auf dem Papier. Und nun schließt die Kripo messerscharf: Entweder er hat mit dem Staatsbesuch nichts zu tun, oder er segelt unter falscher Flagge.«

»Seltsam das Ganze«, überlegte Lupus laut. »Warum soll der überhaupt bei einer so hochrangigen Veranstaltung dabeisein? Gewiß nicht in seiner Eigenschaft als Geschäftsführer der Koordinata. Aber krumme Geschäfte und ein falscher Name – das würde zusammenpassen.«

Das Gedränge hatte nachgelassen. Die letzten Journalisten schoben sich rechts und links an dem mächtigen freistehenden Bergfried vorbei und hasteten die Steintreppe hinunter.

Freiberg hatte sich vom Geländer gelöst und hielt seinen Kollegen am Arm zurück. »Warte mal! Was hältst du von folgender

Überlegung: Fischbach muß daran interessiert sein, so schnell wie möglich seinen Spezi Wanitzky aufzutreiben, um ihm von dem Gespräch mit der Kripo zu berichten. Sonst liefe er Gefahr, daß Wanitzky uns gegenüber den Telefonanruf leugnet, weil von den Kapitaltransaktionen nichts verlauten soll. Der weiß doch ganz genau, daß die Polizei kein Recht hat, in diesen Geldgeschäften herumzustochern. Würde er die Klappe halten, wäre es sicher gut fürs Geschäft, aber Fischbach stände ziemlich dumm da. – Die Vorstellung auf der Godesburg ist zu Ende, also...«

»... wird Fischbach versuchen, Wanitzky zu Hause oder nachher in der Redoute zu erreichen«, beendete Lupus den Satz.

»Richtig, wir lassen durch unsere Kuhnert klären, wo Wanitzky wohnt und ob er sich am Telefon meldet. Wenn ja, fahren wir hin; wenn nein, praktizieren wir noch einmal unsere Überraschungsstrategie. Fischbachs letzte Chance ist, Wanitzky vor der Redoute abzufangen. Dann gehen wir dazwischen.«

Das Fernsehteam hatte Kameras und Scheinwerfer abgebaut und schleppte seine Gerätschaften zum Ü-Wagen.

Vom Parkplatz verwehten die Abgase der Fahrzeugmotoren, während die Kolonne aus schwarzem Blech die Straße hinunterrollte. UNI 81/12 stand vereinsamt an der Steilmauer. Lupus drückte am Statusgeber die Nummer fünf – will sprechen – und gab CEBI einige sparsame Informationen in das Elektronengehirn. Danach ließ er sich mit Fräulein Kuhnert verbinden: »... bitte sofort, das heißt also ›noch gestern‹, klären, wo Johann Wanitzky wohnt und ob er telefonisch zu erreichen ist. Wir kommen gleich ins Präsidium. Danke.«

In Höhe der Michaels-Kapelle hängte sich UNI 81/12 an die Fahrzeuge der Journalisten, die dem motorisierten Bandwurm folgten. Mit viel Bremsen und Kuppeln ging es den Berg hinab. Nachdem die Engpässe am Aennchen-Platz überwunden waren, zeigten sich die Vorteile einer Kolonnenfahrt. Kräder und Streifenwagen übernahmen die Absperrung der Seitenstraßen, und die Fahrer der Polizei-Eskorte auf ihren schweren BMW drehten auf. So brausten die Staatsbesucher mit voller Fahrt in Richtung Innenstadt.

Die Journalisten kannten den Trick. Wer nicht im nachfolgenden Verkehrsgewühl steckenbleiben wollte, mußte versuchen, mit halsbrecherischen Manövern die Verbindung zur Kolonne nicht abreißen zu lassen. Freiberg als letzter der Mohikaner gab sich alle Mühe, den Anschluß zu halten, um möglichst schnell im Präsidium zu sein. Nach der dritten Vollbremsung, die durch gefährliche Zuckungen der Autoschlange verursacht worden war, nahm er den Fuß vom Gas. »Uff, so lebensmüde sind wir doch nicht.«

»Mein stilles Gebet wurde erhört«, dankte Lupus und lehnte sich erleichtert zurück.

Der Lautsprecher quäkte: »UNI 81/12 von UNI. Eine Nachricht für Sie.« Die Stimme des Beamten am Funktisch kam klar und deutlich: »Ihr Büro läßt folgendes mitteilen: Ein Telefonanschluß besteht; der Teilnehmer meldet sich aber nicht.«

»Danke, erledigt«, bestätigte Lupus.

Ohne den Blick von der verstopften Straße zu nehmen, sagte der Kommissar: »Auch gut – dann haben wir Zeit bis zum Abend.«

Die Parkplätze am Präsidium wirkten verlassen. Alle verfügbaren Polizeikräfte waren in Sachen Demonstration unterwegs. Am Sonnabend, dem ersten Tag der Veranstaltung, sollte durch besondere Zurückhaltung versucht werden, Zusammenstöße zwischen Polizei und Demonstranten zu vermeiden. Einige Dutzend Beamte mit Sprechfunkgeräten würden sich im Gewühl mittreiben lassen und nur im Notfall Hilfe herbeirufen. Vom verdeckten Einsatz der Kripo blieb Freibergs Kommissariat ausgenommen.

»Ahrens hat sich gemeldet«, empfing Fräulein Kuhnert ihre ›Mannen‹. »Er ist noch am Rhein-Center und wartet auf Kontakt.«

Das Gespräch war geschaltet, bevor der Kommissar seine Waffe abgelegt hatte. Er drückte die Lautsprechertaste, damit auch Lupus und Fräulein Kuhnert mithören konnten.

Ahrens berichtete: »Fischbach und die Frau sind wieder ein Herz und eine Seele. Sie sind eben erst mit ihrem Golf hier angekommen – dürften sich irgendwo unterwegs versöhnt haben.«

»Wie sieht es um die Firma aus?«

»Ich habe mich umgehört. Erster Eindruck: Solides Unternehmen für die Beratung bei Baumaßnahmen im Raum Bonn.

Drei gleichberechtigte Geschäftsführer. Sprecher: Arno von Sendenstein, ein Diplomingenieur. Martha Nikols ist seine Vorzimmerkraft. Er wird als Chef bezeichnet, sie als Chefsekretärin. Zweiter Geschäftsführer ist unser Mann mit einer frustrierten Endfünfzigerin im Büro. Mit ihr habe ich gesprochen. Sie hält nicht viel von ihrem Boß, und von Wanitzky weiß sie kaum etwas. Sie scheint einen Pik auf dessen Sekretärin Ilka Ritter zu haben. Die komme vom Internationalen Hostessen-Service, und von dem wisse man ja, daß nachts fleißiger gearbeitet werde als am Tage. Wanitzky sei in internationalen Geschäften dauernd unterwegs und kümmere sich wenig um die Koordinata-Bonn.«

»Wo wohnt der Mann?«

Fräulein Kuhnert rief dazwischen: »Adresse habe ich. Bonn-Ippendorf, auf dem Schafberg.«

Ahrens hatte den Zwischenruf gehört. »Ja, stimmt, im ›Dohlenhaus‹, einem alten bäuerlichen Anwesen, das er kürzlich gekauft und renoviert hat. – Chef, wenn ich nicht auffallen will, muß ich hier am Rhein-Center langsam verschwinden. Soll ich zurückkommen?«

Freiberg überlegte, ob es zweckmäßiger sei, Ahrens in Fischbachs Umgebung ermitteln zu lassen oder nach Wanitzky zu forschen. Dessen spurloses Verschwinden bereitete ihm größtes Unbehagen. Lupus mußte ähnlich gedacht haben, denn er nickte zustimmend, als Freiberg sagte: »Fahr raus zum ›Dohlenhaus‹ und sieh dich dort um – aber unauffällig bitte. Der Vogel ist ausgeflogen, telefonisch nicht zu erreichen. Auf der Godesburg, wo er sein sollte, war er nicht. Lupus und ich werden uns abends bei der Redoute aufhalten. Ich rechne damit, daß Fischbach dort mit Wanitzky Kontakt aufnehmen wird.«

»Und wenn sich im ›Dohlenhaus‹ nichts tut?«

Freiberg legte die Hand auf die Sprechmuschel. »Kuhnert, wollen Sie unserem Ahrens ein paar Stunden Gesellschaft leisten? Ein Pärchen kann sich überall herumdrücken, ohne besonderen Verdacht zu erregen.«

»Wenn es sich drückt!« fügte Lupus belehrend hinzu.

Sie nickte freudig.

»Ahrens, du mußt die Nacht durchhalten, bis auf Abruf. Unsere Kommissarin im Ehrenamt wird dich versorgen und dir Gesellschaft leisten. Aber du bist dienstlich dort – vergiß das nicht. Hol die Helferin hier ab – und dann viel Spaß!«

»Bestens, Chef. Wir machen es wie beim Mordfall am Blauen See, ich nehme die Kamera mit und werde einen Infrarotfilm einlegen.«

»Das Nachtsichtglas nicht vergessen«, sagte Freiberg. »Aber keine Experimente, nur beobachten. Wenn du dabei etwas Interessantes auf den Film bekommst, um so besser. – Bis später.«

»Und du«, sagte Freiberg zu Lupus, »begibst dich jetzt für ein Stündchen zu deiner Wölfin. Die Nacht wird lang. Ich hole dich dann auf der Fahrt zur Redoute ab. – Haben wir was von Peters gehört?«

Fräulein Kuhnert verneinte.

»Walter«, drängte Lupus energisch, »ich fahre nur, wenn du in einer halben Stunde nachkommst. Meine Frau macht einen Happen zu essen; du fällst uns sonst vom Fleisch.«

»Abgemacht – und nun verschwindet alle beide.«

Als Freiberg die Tür hinter seinen Mitarbeitern geschlossen hatte, griff er zum Telefon. Erst nach dem fünften oder sechsten Ruf meldete sich Sabine Heyden wie aus weiter Ferne mit einer vom Schlaf gedämpften Stimme.

»Hilfskraft, schläfst du etwa rund um die Uhr? Habe ich dich so strapaziert?«

»Ach Waldi«, seufzte sie, »red doch nicht so dummsprüchig daher. Deine Medizin war ja wunderbar, doch die Wirkung ist längst verpufft. Ich war den ganzen Vormittag auf dem Arbeitsamt. Nette Leute dort – aber die Aussichten beschissen.«

»Und die wären?«

Sabine machte eine lange Pause. »Ich soll mich umschulen lassen. Jobs in der elektronischen Datenverarbeitung böten immer noch die besten Zukunftschancen.«

Freiberg versuchte tröstend zu scherzen: »Meine jungfräuliche Königin als Computermieze, welch ergreifende Vorstellung.«

Sie schluckte einige Male. »Man könnte lachen, wenn es nicht zum Heulen wäre. Zwölf Semester in den Sand gesetzt.«

»Umschulung ist in. Dafür gibt es sogar Zuschüsse.«

»Ach, hör doch auf. Die haben dich dann im sozialen Netz,

daß du dich nicht mehr herauswinden kannst. Nein – danke! Der Zufall hat mir geholfen. Ich habe einen Job!«

»Was hast du?«

»Einen Job – Arbeit – du hörst doch. Meinen Doktorgrad habe ich dabei allerdings unterschlagen; der wäre eher hinderlich gewesen. – Ab Montag wird deine Hilfskraft mit Häubchen und Lächeln bei McDonalds die Big Mäcs und andere Köstlichkeiten verkaufen.«

Nun war Freiberg eine Weile stumm.

»Muß das wirklich sein? Du kennst mein Angebot.«

»O ja! Versorgungsehe hinter Gittern, Heimchen am Herd oder Alimentation für die Gewährung von Sex. Einspruch, Euer Ehren! – Es lebe die Liebe, Big Mäc und die Freiheit!« Sie schrie es ihm ins Ohr – Trotz und Verzweiflung in der Stimme. »Der Eintritt in das promovierte Berufsleben wird heute abend gefeiert. Gissy kommt mit ihrem Computer-Freak, und ein paar andere Leute, denen es auch nicht bessergeht als mir, sind auch da. Wann könntest du hiersein?«

Freiberg wußte, daß ihre Enttäuschung groß sein würde, aber er wollte ehrlich sein. »Sei nicht böse, das läuft nicht. Der Erhängte vom Stadtwald spukt, und wir müssen uns die Nacht um die Ohren schlagen. Das ganze Kommissariat ist unterwegs. – Wenn ich es überhaupt noch schaffen kann, dann nicht vor Mitternacht.«

»Du hast wirklich einen Traumjob! Aber komm auf alle Fälle noch vorbei, egal wann. Und sollte ich einen sitzen haben, versuch gar nicht erst wieder, den Krankenpfleger zu spielen.«

»Ay, ay, Madame. Ich bringe ein paar Kieselsteine mit.«

»Was spinnst du?«

»Damit du so richtig schön drauf knirschen kannst«, antwortete Freiberg und wünschte, an diesem Abend bei ihr sein zu können. Er wußte, wie enttäuscht und verbittert sie war – und wie hilfsbedürftig. Seine Scherze kamen ihm vor wie aufgesetzt.

»Mach's gut, Hilfskraft, und halt den Nacken steif. Ich muß los – leider.«

»Mein Waldi«, sagte sie leise, und ihre Stimme klang besorgt, »laß dich bitte nicht totschießen.« Noch bevor er antworten konnte, hatte sie aufgelegt.

13

Kommissar Freiberg nahm die 9-mm-Sig-Sauer aus der Schublade, ließ das Magazin in die linke Hand gleiten und legte es ab. Dann zog er den Schlitten auf und vergewisserte sich, daß nicht durchgeladen war. Mit geübter Bewegung schob er das Magazin in das Griffstück zurück und ließ es einrasten. Er wog noch einmal die Waffe in der Hand und steckte sie mit einem energischen Ruck in das Schulterholster. Von besonderer Bedeutung war dieses Zeremoniell nicht – es gehörte zur Routine.

Kurze Zeit später hatte er CEBI gefüttert und seinen Wagen unter den Bäumen der Kronprinzenstraße abgestellt. Dann durchschritt er den schmalen Vorgarten einer recht ansehnlichen Villa. Erst vor wenigen Monaten war Kriminalhauptmeister Wolfgang Müller mit Frau Helga und Tochter Annette in diesen Altbau eingezogen. Mit dem Gehalt eines Kriminalbeamten wäre ein solches Haus nicht zu erwerben gewesen; es künftig zu erhalten würde schon aller Anstrengung bedürfen. Jahrelang hatte Helga Müller die kinderlos gebliebene Großtante bis zu deren Tode gepflegt und hatte dankbar und ohne Gewissensbisse dieses prächtige Anwesen geerbt. Die Müllers waren sich einig, daß keine noch so hohe Beförderung die Familie von hier fortlocken würde.

Frau Müller hatte Freiberg erwartet und öffnete die Tür, noch bevor er klingeln konnte. Sie war der Typ Frau, wie ihn die Liebe im Rheinland so oft hervorbringt: mittelgroß, braune Augen, dunkles Haar und kräftig genug, um lange Sitzungen in der Karnevalssession durchzuhalten. Dabei fröhlich und so attraktiv, daß der Partner daheim den Appetit stillen konnte, den er sich auch schon mal woanders holen durfte. Papst hin, Pille her – eine Tochter war genug in dieser »strahlenden« Zeit.

»Herein und an den Tisch«, wurde Freiberg empfangen. »Wolfgang holt Bier aus dem Keller.« Der ausgesprochene Vorname seines Mitarbeiters hatte in Freibergs Ohren einen fremden Klang. Helga Müller vermied es strikt, ›Lupus‹ zu sagen; das sei Ganoven- und Polizeijargon. Kein Wunder, daß es den Kollegen vom Präsidium schwerfiel, bei Müllers daheim die richtige Anrede zu finden. Meist unterblieb sie ganz.

Der Tisch im Eßraum mit den beiden hohen Fenstern zum Garten war reich gedeckt. Eifeler Landbrot, Vollkornbrot und Rosinenbrötchen, dazu Aufschnitt, Käse, Gurken und eine lange Mettwurst am Stück.

»Was Neues, Walter?« fragte Lupus.

»Jetzt wird gegessen«, blockte Frau Müller ab. »Lieber Herr Freiberg, Sie könnten getrost die Pfunde zulegen, die mein Wolfgang zuviel hat. – Aber er meint, Hunger mache impotent – und ich widerspreche ihm ungern.«

Lupus gab ihr einen Klaps auf den recht strammen Hintern. »Du bist auch kein Kostverächter.«

»Hände weg!« wies sie ihn mit einem Knuff in die Rippen zurecht und wandte sich an Freiberg. »Wird es eine lange Nacht werden? Wie ich die Kripo kenne, kommt mein Held im Morgengrauen todmüde nach Hause.«

»Warte nur ab«, beruhigte Lupus sie, »ich habe gut gegessen.«

Freiberg sah auf die Uhr und hob um Entschuldigung bittend die Schultern. »Diese Pause war genau richtig – Dank für die Gastfreundschaft. Aber jetzt ruft...«

»Geschenkt«, unterbrach ihn Frau Müller, »ich drücke euch beide Daumen und wünsche toi, toi, toi!«

Freiberg nickte ihr beruhigend zu. »Wir tun unser Bestes – Tschüs.«

Die Zubringerstraße war für den Durchgangsverkehr gesperrt. Der Kommissar und Lupus hatten, verdeckt durch Buschwerk, vor der prachtvoll beleuchteten Redoute Position bezogen. Sie verfolgten mit den unvermeidlich nach vorn drängenden Gaffern und einem Dutzend ziviler Sicherheitskräfte – diskretes Erkennungszeichen: Stecknadel mit rotem Glasknopf im Revers – den Auftrieb der Prominenz.

Die ersten Gäste fuhren vor. Einige niedere Ränge mit ihren »wirklichen« Ehefrauen in auch nicht gerade billigen Kleidern – Prêt-à-porter – eröffneten nach ungeschriebenem Gesetz den Reigen. Wer ohne Chauffeur gekommen war, hatte Schwierigkeiten, einen nahen Parkplatz zu finden, und lief Gefahr, beim Anmarsch den Glanz von den Schuhen zu verlieren. Wer jedoch frei von solchen Erwägungen sein wollte, nahm die Taxe.

Auch Kai Fischbach dürfte sich überlegt haben, daß auf diese Art der Sicherheitskordon leichter überwunden werden konnte. Freiberg und Lupus sahen gleichzeitig, wie der Erwartete ausstieg und mit dem Ausweis in der Hand auf eine Gruppe von drei Männern zuging, welche am Eingang die Einladungskarten kontrollierten. Einige Worte wurden gewechselt, und Fischbach durfte, gemeinsam mit anderen Wartenden und kamerabehängten Pressevertretern, das Eintreffen der Gäste beobachten.

»Ein cleveres Kerlchen ist das«, stellte Lupus anerkennend fest. »Aber so haben wir ihn auf dem Präsentierteller.«

Die Autos kamen in schnellerer Folge; die Wagentypen wurden teurer, die Herren gesetzter und die Damen behangener.

Möglicherweise hatten sich die Gäste von dem Bankett in der Redoute etwas mehr erhofft als festliches Essen und hehre Worte über die völkerverbindende Kraft der Wirtschaftsbeziehungen in Frieden und Freiheit. Jedenfalls kamen sie mit Orden an der Brust und Damen an der Seite in nicht unerheblicher Zahl, wodurch die Wirkung der am Leibe getragenen Schöpfungen der Haute-Couture leider sehr relativiert wurde. Die runden dunklen Schönen in der Landestracht liefen allen Modemachern den Rang ab. Der im Urlaub abgespeckte Bundeskanzler und seine Gattin wurden mit einem Blitzlichtgewitter empfangen. Sie waren gerade noch rechtzeitig eingetroffen, um den Staatsgast zu begrüßen.

Nur ganz aufmerksame Beobachter konnten erkennen, daß sich hinter den Gaubenfenstern die Köpfe von Sicherheitsbeamten bewegten.

Als das »ganz große Tier« in einem ganz großen Wagen, einem in Stuttgart geliehenen Mercedes 600, vorfuhr, sah man dort oben auch einige Gewehrläufe blitzen. Heute war nicht nur mit »selbstgemachten« Terroristen, sondern auch mit Killerkommandos aus dem fernen Land zu rechnen. Da sich der Ministerpräsident schon aus Gründen der hohen Selbsteinschätzung als gefährdet ansehen mußte, stieg er trotz seiner Beleibtheit sehr behende aus und ließ sich an der Seite einer Dame in bunter Landestracht von seinen Bodyguards durch das verglaste Entree in die Empfangshalle schieben.

Wer dort wen begrüßte, konnten Freiberg und Lupus nicht

mehr wahrnehmen. Aber sie stellten fest, daß Kai Fischbach bei seiner Suche nach Wanitzky kein Glück gehabt hatte.

Mit dem Eintreffen weiterer Teilnehmer am Bankett war wohl kaum mehr zu rechnen. Kein guterzogener Gast möchte später als der Ministerpräsident erscheinen.

Die Gruppe der Wartenden löste sich auf. Da Journalisten während des Essens nicht zugelassen waren, zogen sie bald ab und nahmen die Gelegenheit wahr, sich gleich nebenan im »Redüttchen« auf Kosten der Gastgeber einen kleinen Imbiß zu gönnen.

Kai Fischbach wartete noch einige Minuten, bis er schließlich allein vor dem Portal stand. Dann ging er langsam mit den abziehenden Sicherheitskräften zur Kurfürstenallee.

Freiberg sagte zu Lupus: »Häng dich dran! Ich will mich vorsichtshalber beim Protokoll erkundigen, ob der Wanitzky wirklich nicht in der Liste steht. Der müßte doch erfaßt sein, wenn unser Mann ihn hier erwartet. – Wir treffen uns dann am Wagen.«

Lupus folgte Fischbach, der zu dem für dieses Ereignis besonders eingerichteten Taxistand am Rathausparkplatz hinüberging.

Um nicht unentwegt Erklärungen abgeben und seinen Ausweis zücken zu müssen, ließ Freiberg sich von einem Oberkommissar der Schutzpolizei in die Redoute geleiten. Die Gäste hatten sich in den großen Festsaal begeben; die Türen wurden geschlossen.

Die im Foyer zurückgebliebenen dunklen Bodyguards öffneten gelegentlich den Knopf vom Jackett und ließen das Lederzeug mit den wüsten Kanonen unter der Achsel hervorlugen. Derartige Schaustellungen hatten sich die Vertreter der deutschen Sicherungsgruppe längst abgewöhnt, weil sie wußten, daß den Terroristen mit Imponiergehabe nicht beizukommen war.

In der Nähe eines kleinen Tisches, auf dem die Faltkarten für die Sitzordnung gelegen hatten, traf Freiberg wieder auf den Vertreter des Protokolls, der ihm vor wenigen Stunden auf der Godesburg die Frage nach Wanitzky negativ beantwortet hatte.

»Na, Herr Kommissar«, sagte er jetzt lächelnd, »immer noch auf der Suche nach dem großen Unbekannten – wie war doch sein Name?«

»Johann Wanitzky! Den muß es geben. Draußen hat ein Geschäftsfreund auf ihn gewartet – allerdings genauso vergeblich wie wir. Würden Sie bitte noch einmal die Teilnehmerliste durchsehen?«

»Aber gern, wenn Sie es für erforderlich halten«, sagte der Mann vom Protokoll. »Schauen Sie, die Anwesenden sind abgehakt. Unter ihnen ist kein Wanitzky. Von denen, die nicht erschienen sind, liegen dort noch die Platzkarten. Unser Kalligraph hat sie für alle Eingeladenen ausgeschrieben. Sechs der erwarteten Gäste – zwei Damen und vier Herren – sind nicht gekommen.«

»Und was bedeutet das?«

»Nichts. Bei derart großen Veranstaltungen ist es durchaus üblich, daß einige nicht erscheinen.«

Freiberg ließ einen Blick über die kunstvoll in gestochener Handschrift ausgefüllten Namenskärtchen gleiten. Der Name Wanitzky fehlte.

Der Hüter des Protokolls erläuterte: »Wir warten noch eine halbe Stunde. Manchmal kommt ein Teilnehmer verspätet an. Wenn der erste Toast ausgebracht worden ist, bugsieren wir ihn so unauffällig wie möglich an seinen Platz. Aber auf Ihren Gesuchten brauchen Sie nicht zu warten – den gibt's bei uns nicht!«

»Wir haben leider Pech mit dem Protokoll«, sagte Freiberg. »Trotzdem herzlichen Dank.« Er drehte sich um und ging zum Ausgang, wo ein Bediensteter in blauer Livree ihm die Tür öffnete. Er fragte sich, ob ein Trinkgeld erwartet wurde – doch das mochten die Staatsgäste geben.

Mit wachsender Ungeduld hatte Lupus am Streifenwagen auf seinen Kommissar gewartet. »Schade, du kommst zu spät! Vor fünf Minuten hat Fischbach ein Taxi genommen.«

»Kein Problem. Ich nehme an, du hast die Fahrzeugnummer?«

»Aber ja.«

»Gut. Ruf in der Taxizentrale an; der Fahrer wird sich dort abgemeldet haben. Die sollen dir mal das Fahrtziel durchgeben; aber ohne sich mit dem Wagen in Verbindung zu setzen. Wenn noch keine Meldung vorliegt, warten wir.«

Lupus ließ sich über die Leitstelle im Präsidium mit der Taxi-Funk-Zentrale verbinden. Nach zwei Minuten kam die Antwort über den Lautsprecher: »Der Fahrer hat sich nach Ippendorf abgemeldet.«

Freiberg lachte laut auf. »Mensch Meier-Müller-Lupus! Da haben wir ja den richtigen Riecher gehabt. Fischbach fährt zum ›Dohlenhaus‹.«

Lupus grinste und legte wehmütiges Bedauern in seine Stimme: »Armer Kollege Ahrens; jetzt muß er von ihr lassen. – Ich werde ihn mal hochscheuchen, damit er weiß, was für ein Vögelchen da auf ihn zugeflogen kommt.«

Ahrens nahm es mit Gelassenheit: »Hier ist alles still, keine Dohle im Nest. – Was soll ich tun, wenn unser Mann aufkreuzt?«

»Was soll er tun?« gab Lupus die Frage weiter.

Freiberg übernahm das Mikrofon: »Ahrens, ich nehme an, unser Mann wird die Taxe warten lassen, sich umsehen, und wenn er sich davon überzeugt hat, daß niemand anwesend ist, wieder verschwinden. Fahr ihm nach und stell fest, wo er bleibt. Wir warten im Präsidium auf deine Nachricht. Dann ist für heute Schluß. Morgen zur gewohnten Zeit in meinem Dienstzimmer. – Ende.«

»Ende gut – gar nichts gut«, stellte Lupus säuerlich fest. »Dieser Fall geht mir langsam auf den Geist. Oder glaubst du vielleicht, daß wir als Partyschnüffler weitergekommen sind?«

»Viel weiter wohl nicht«, antwortete Freiberg zögernd. »Aber mir ist etwas aufgefallen: Auf dem Tisch im Foyer liegen noch sechs Platzkarten für Gäste, die bisher nicht erschienen sind. – Übrigens eine wundervolle kalligraphische Arbeit mit Versalien in Gold und einer dunkelblauen Schreibschrift. – Darunter ist zwar kein Wanitzky, aber doch ein Name mit ›W‹, der mich elektrisiert hat, zumal er auch in der Teilnehmerliste für die Godesburg stand.«

»Du meinst...?«

»Vielleicht, sehr vielleicht, hat unser Wanitzky hier in der Tat eine andere Identität. Wie hast du doch geunkt: ›Ein falscher Name und krumme Geschäfte, das würde zusammenpassen.‹ Was hältst du davon? Wany, Kaufmann, stand auf der Liste, Lad Wany steht auf einer der Tischkarten – und diese Karte wurde nicht abgeholt.«

»Mensch, Walter, du hast doch nicht vergeblich studiert«, sagte Lupus anerkennend. »Wany – das könnte er sein! Klar, das muß er sein: Johann Wanitzky, alias Lad Wany. – Heureka! Wir haben ihn. Das ist ja ein Ding wie 'ne Wanne.«

Freiberg versuchte die Begeisterung zu bremsen. »Langsam, wir müssen uns erst Gewißheit verschaffen. Aber ich bin auch deiner Meinung – und ich werde das Gefühl nicht los, daß alle Typen miteinander zusammenhängen. Doch wie – und warum? Verdammt, wir müssen es herausfinden.«

»Und du meinst, dann krabbelt so ein ganz kleines Mordmotiv aus dem Misthaufen hervor? – Aber wehe uns, wenn die Geschäftemacher mit dem Mord an Korbel nichts zu tun haben. Was ist, wenn Wanitzky den Anruf von Fischbach bestätigt?«

Freiberg winkte ab. »Mich interessiert im Augenblick viel mehr, wo sich Johann Wanitzky, alias Lad Wany? – vernimm mein Fragezeichen – in der Mordnacht aufgehalten hat.«

»Wenn der den Anruf bestätigt, haben *beide* ein Alibi«, resümierte Lupus mit Bedauern.

Freiberg hatte diese Möglichkeit ebenfalls durchdacht. »Du sagst es: ein schönes abgestütztes Alibi unter Ehrenmännern. – Und das erfreut die Polizei ganz besonders.«

Lupus nahm den Gedanken auf. »Es gibt einfach zu viele Ehrenmänner in Bonn – und zu viele gute Alibis.«

Kurz vor Mitternacht kam die Abschlußmeldung von Ahrens herein. Sie führte in der Sache nicht weiter, hatte aber eine kleine Pointe: »Am ›Dohlenhaus‹ ist alles wie erwartet gelaufen. Kai Fischbach hat sich wieder in die Taxe gesetzt. Wir sind ihr nachgefahren – und wo sind wir gelandet? Vor der Wohnung von Frau Nikols in der Hausdorffstraße. In dem Haus hat schon unsere Marianne Richter gewohnt, die nach der Affäre Erlenborn so blitzschnell verschwunden war. Peters und ich haben uns damals nächtelang die Beine in den Bauch gestanden. – Soll jetzt wieder observiert werden?«

»Nein«, sagte Freiberg, »fahrt nach Hause, morgen wird weitergebastelt.«

14

Die Politiker hatten schon am Freitag ihr »Wasserwerk« im Stich gelassen. In diesem Provisorium hockten die Volksvertreter während des Umbaus des alten Plenarsaals auf schmalen Ledersesseln so eng zusammen, daß jede Zwischenbemerkung der Opposition wie eine tätliche Beleidigung wirkte. Also nahm man nach der Eintragung in die Anwesenheitsliste den frühen Intercity und ließ sich im heimatlichen Wahlkreis lieber seine Wichtigkeit bestätigen.

Die höhere Ministerialbürokratie war mit der gleitenden Arbeitszeit nach dem Vorbild der MdBs ebenfalls in das verlängerte Wochenende geglitten. Gerüchte besagten, daß im Kanzleramt gearbeitet wurde. Fest stand aber nur, daß Demonstranten und Polizisten von der Stadt Besitz ergriffen hatten.

An diesem Sonnabend herrschte im Polizeipräsidium größte Geschäftigkeit. Im Lagezentrum wurden quadratmetergroße Stadtkarten in die richtige Position geschoben. Am Videomischpult schaltete ein Oberkommissar die Übersichtsaufnahmen des Polizeihubschraubers auf den Monitor. Kameras projizierten die ersten Bilder aus der Umgebung der gefährdeten Objekte auf die Lagekarte.

Im Nebenraum, in der Einsatzleitstelle, waren schon acht Fernmeldetische besetzt. Jedes Gespräch, jede Meldung und jede Weisung wurde auf Revoxbänder aufgezeichnet und von CEBIs Elektronengehirn erfaßt. Ein unsichtbares Netz von Funkstrahlen lag über der Stadt am Rhein. Dieses Netz war dicht genug, um die Demonstration nicht zu einem unkalkulierbaren Risiko werden zu lassen, aber seine Maschen würden immer zu grob sein, um Mord und Totschlag verhüten zu können.

Kommissar Freiberg wußte, daß mit statistischer Regelmäßigkeit in jedem Jahr etwa ein Dutzend solcher Fälle aufzuklären waren. Daran hatte auch CEBI, die *C*omputerunterstützte *E*insatzleitung, *B*earbeitung und *I*nformation, nichts ändern können. Es tröstete vor allem Lupus ein wenig, daß sein von Herzen gehaßter »elektronischer Blödmann« auch keine Wunder vollbringen konnte. Gefragt waren im 1. Kommissariat immer noch das Fachwissen und der gesunde Menschenverstand.

Heute durfte allerdings an der Funktionsfähigkeit der kleinen grauen Zellen der Geprächspartner, die aus dem Fenster von Zimmer dreihundertsechs in die Sonne blinzelten, stark gezweifelt werden. Das Blinzeln diente nicht nur dem Schutz vor dem Licht, sondern war auch ein Zeichen des Kampfes gegen die Müdigkeit.

Kommissar Freiberg versuchte, seinen Kater mit Mineralwasser zu ertränken. Sabine hatte um Mitternacht darauf bestanden, daß er schnellstens eine Nachfüllung vornahm, um seinen Alkoholspiegel auf den ihren einzupendeln. Die Wirkung war verheerend gewesen – nicht nur im Kopf. Als nach dem Abgang der Gäste Standfestigkeit gefragt war, hatte Waldi alle viere von sich gestreckt und war eingeschlafen. Sabine hatte darüber abermals den Kultusminister verflucht und auf bessere Zeiten mit Big Mäc gehofft.

Lupus hatte nach einem stimmungsvollen Bericht über die schwarzen Schönheiten in der Redoute seiner Helga verdeutlicht, daß eine Verminderung der Kalorienzufuhr weder für ihn noch für sie die richtige Medizin sein konnte.

Ahrens und Fräulein Kuhnert blinzelten, weil sie intensive Überstunden geleistet hatten und die Sonne über dem Siebengebirge es ihnen jetzt schwermachte, Blickkontakt zu halten.

Peters stand mit dem Rücken zum Fenster und sah mit verkniffenem Mund in die Runde. Er hatte wieder Schmerzen.

Der Kommissar referierte den Stand der Ermittlungen und fragte Peters nach seinen Erkenntnissen.

»Die Anlieger vom Parkplatz Katharinenhof wollen in der Mordnacht nichts bemerkt haben; waren wohl alle bettlägerig«, antwortete er kurz.

»Da kann man nichts machen; damit ist dieses Umfeld abgeklärt. Wir müssen jetzt das ›Dohlenhaus‹ im Auge behalten. Ich will wissen, was sich dort tut.«

»Das wäre eine Sache für mich, Chef. Du weißt, ich halte es im Büro nicht aus«, sagte Peters.

Freiberg nickte und faßte sich sofort mit beiden Händen an den Kopf. »Au – verdammt, brummt mir der Schädel! – Gut, nimm ein Handfunkgerät mit und geh jede volle Stunde für fünf Minuten auf Empfang. Dringende Telefonanrufe am besten von der Diplomatenschule aus. Die dürfte kaum einen Kilometer entfernt sein. Ich nehme an, das Auswärtige Amt wird uns Amtshilfe gewähren.«

»Wird das eine Dauerbeobachtung?«

»Nein, du hast freie Hand und kannst zwischenzeitlich auch verschwinden. Das ›Dohlenhaus‹ ist jetzt dein Objekt. Wenn du Verstärkung brauchst, melde dich rechtzeitig. Und bitte observieren – nichts riskieren.«

»Ich danke dir, Walter«, sagte Peters, schob seine Pistole im Holster zurecht und verließ sofort den Raum.

Freiberg sah Ahrens an. »Versuch herauszubekommen, warum sich der Mitarbeiter von Korbel aus dem Bundeswehrstall in Mehlem erschossen hat. Vielleicht besteht da eine Verbindung zu unserem Fall. Sörensen vom 19. K. und Martens vom MAD müßten weiterhelfen können. Es muß auch noch Unterlagen bei der Kripo im Nachbarland geben. – Die brauchen wir sofort. Dienstfahrt nach Koblenz ist genehmigt.«

»Von mir wird sicherlich ein strammer Kaffee erwartet«, kam Fräulein Kuhnert dem Ersuchen zuvor. »Das Maschinchen köchelt schon.«

Freiberg nickte. Dabei spürte er jede Haarwurzel einzeln. »Ich bitte herzlich darum – und um die Anmeldung unseres Besuchs bei Herrn Wanitzky in der Koordinata-Bonn.«

»Jetzt dürfen wir gespannt sein, ob unser Phantom Gestalt annimmt«, sagte Lupus, überzeugt davon, das Fräulein Kuhnert mit der Anmeldung keinen Erfolg haben würde.

Im Hinblick auf den Zustand ihrer »Mannen« stellte sie erst das Tablett mit den gefüllten Kaffeetassen auf den Tisch. Sie nahm ihre Tasse und zog die Verbindungstür hinter sich zu, um zu telefonieren.

»Bei jedem Alkoholexzeß sterben ein paar tausend Gehirnzellen ab«, stellte Freiberg mit Leidensmiene fest. »Hoffentlich fehlen die uns nicht bei der Aufklärung des Falles ›Korbel‹. Prost Kaffee – oh, das tut gut. Ich kann mich einfach nicht mit dem Gedanken anfreunden, daß Korbel nur der Sehnsucht und der Liebe wegen umgebracht worden sein soll. Dieser Versuch, einen Selbstmord durch Erhängen vorzutäuschen, läßt kaltblütige und sorgfältige Planung erkennen…«

Fräulein Kuhnert drückte mit der Schulter die Tür auf und kam mit der Kaffeetasse in der Hand zurück. »Herr Wanitzky erwartet die Herren in seinem Büro im Rhein-Center«, meldete sie, als handele es sich um die einfachste Sache der Welt.

»Da schlag' doch einer lang hin«, ereiferte sich Lupus. »Der Kerl ist einen ganzen Tag für uns unerreichbar und sitzt am nächsten Morgen ganz selbstverständlich an seinem Schreibtisch.«

»Diese Typensammlung von der Koordinata werden wir einkreisen«, sagte Freiberg und lächelte erstmals an diesem Morgen. »Wir machen es wie die Igel.«

»Und wie machen's die?« fragte Fräulein Kuhnert neugierig.

Ihre Mannen grinsten, und Lupus antwortete: »Vorsichtig – ganz vorsichtig.«

Ilka Ritter begrüßte »die Herren von der Kriminalpolizei« mit wacher Aufmerksamkeit, aber ohne jedes Zeichen von Überraschung. Das Bild, welches ihre sauertöpfische Kollegin von ihr gezeichnet hatte, wurde bestätigt: dunkelhaarig, wohlgebaut, gekleidet comme-il-faut und in dem Alter, wo die Unbefangenheit der Jugend bereits der reiferen Raffinesse gewichen ist. Sie ließ tatsächlich Einsatzbereitschaft und Leistung rund um die Uhr erwarten.

»Ich darf Sie bitten, gleich bei Herrn Wanitzky einzutreten.« Eine leichte Handbewegung, und sie öffnete die Tür, ohne anzuklopfen.

Hinter dem Mahagonischreibtisch erhob sich das »Phantom«. Johann Wanitzky ging seinen Besuchern einige Schritte entgegen. Vorstellung, kurzer Händedruck, und es durfte Platz genommen werden.

»Kaffee, Tee oder andere Getränke nach Wunsch – vielleicht ein wenig Gebäck? Wenn Sie rauchen wollen – bitte. Doch was verschafft mir die Ehre Ihres Besuchs?«

Freibergs stille Feststellung, daß Wanitzky von der Figur her seinem Kollegen Lupus ähnelte, hätte diesem gewiß kein Vergnügen bereitet. Er fragte sich, ob Wanitzkys dunkler Schnurrbart wohl echt sei oder ob es sich um eine mit Mastix befestigte Requisite handeln könne.

Der Kommissar sah keine Notwendigkeit, die Gesprächsrunde aufzulockern, und sagte: »Danke für Ihr freundliches Angebot. Aber wir kommen geradewegs von unserer morgendlichen Kaffeerunde im Präsidium; die habe ich von meinem Vorgänger übernommen. Sie erleichtert die Überlegungen in der Mordkommission.«

Wumm – Freiberg hatte mit einem gedämpften Paukenschlag die Diskussion eröffnet. Lupus sah Wanitzky aufmerksam an. Der blieb unbewegt und sagte mit größter Freundlichkeit: »Ich kenne das, jedes Geschäft hat seine Rituale, und daran soll man sich halten. – Aber jetzt bin ich doch gespannt, worauf Ihr Besuch bei mir hinauslaufen soll.«

Freiberg wußte sofort, daß er es mit einem aalglatten und kühl abwägenden Geschäftsmann zu tun hatte, der seine Antwort nur aufgrund einer blitzschnellen Kosten-Nutzen-Analyse abgeben würde. Hier galt es, vorsichtig, aber auch energisch das Terrain zu sondieren.

»Routineermittlungen, Herr Wanitzky. Wir versuchen den Mord an Doktor Korbel von der Gesellschaft für Datensicherheit aufzuklären. Sie werden sicher davon gehört haben.«

Wanitzky schüttelte mit einem Ausdruck des Bedauerns den Kopf. »Ich habe nur die Schlagzeilen gelesen. Dort links auf dem Schreibtisch hat meine Sekretärin alles bereitgelegt, was ich noch sichten muß. Sie werden verstehen, daß die Financial-Times und das Handelsblatt bei mir Vorrang haben.«

»Aber ja«, sagte der Kommissar, »dann waren Sie wohl einige Tage nicht in Bonn.«

»Wie kommen Sie denn darauf? – Natürlich war ich in Bonn. Mir haben nur die Verpflichtungen wegen des Staatsbesuchs auf der Godesburg keine Zeit gelassen. Die Delegation unserer ausländischen Freunde hatte mich als Berater zugezogen. Ich kenne den Herrn Ministerpräsidenten und einige seiner engsten Mitarbeiter persönlich. Da kann man sich der Mitwirkung nicht entziehen.«

Lupus fragte eher beiläufig: »Dann haben Sie gewiß auch am Bankett in der Redoute teilgenommen?«

»Aber sicher. Wir haben im kleinen Kreis noch bis weit nach Mitternacht zusammengesessen.«

Als Lupus mit einer Frage nachfassen wollte, kam Freiberg

ihm zuvor. »Herr Wanitzky, uns geht es da um ein Telefongespräch. Möglicherweise durch unglückliche Zufälle ist eine Konstellation eingetreten, die uns veranlaßt, nach dem Aufenthalt Ihres Kollegen Fischbach zu fragen. Er sagte uns, daß Sie in der Nacht von Mittwoch auf Donnerstag miteinander telefoniert haben.«

»Richtig, er hat mich wegen bevorstehender Geldanlagen um Rat gebeten.«

»Und wann war das bitte?«

»Ziemlich genau dreiundzwanzig Uhr.«

»Solch ein Thema so spät in der Nacht?«

Wanitzky lehnte sich zurück und sagte: »Im Geschäftsleben kann man sich nicht an Dienststunden halten, wenn ein Unternehmen auf Erfolgskurs liegen soll. Aber Sie haben recht; etwas ungewöhnlich erschien mir die Zeit für den Anruf schon. Wir hatten uns nach dem Abendessen in die Kaminecke gesetzt. Als das Telefon läutete, habe ich auf die Uhr gesehen. Es war zwei oder drei Minuten nach der vollen Stunde.«

»Und wo hat der Anruf Sie erreicht?«

»Zu Hause, am Schafberg. Ich habe dort das ›Dohlenhaus‹, ein kleines Anwesen, gekauft und wohnlich herrichten lassen. Meine Gäste sollten Gelegenheit haben, sich die ländliche Idylle am Rande Bonns einmal anzusehen.« Wanitzky strahlte Zufriedenheit aus. »Gespräche an einem hundert Jahre alten Kamin – da vergißt man die Schrecken der Welt.«

»Und von wo aus hat Herr Fischbach Sie angerufen?«

»Von wo? – Ich nehme an, vom Flughafenhotel Köln/Bonn aus, denn er wollte am nächsten Morgen mit der frühen Maschine nach Zürich fliegen.«

»Sind Sie sicher?«

»Sie machen mir Spaß. Ich kann doch nur das wiedergeben, was mein Kollege mir gesagt hat.«

»Gab es Geräusche im Hintergrund?«

»Da muß ich passen. Meine Gäste waren nicht gerade leise – nach einigen Flaschen Bordeaux. Ich habe auch nicht lange telefoniert; schließlich wollte ich zurück in die gemütliche Runde.«

Kommissar Freiberg faßte zusammen: »Sie bestätigen also, daß Herr Fischbach Sie in der Nacht von Mittwoch auf Donnerstag gegen dreiundzwanzig Uhr im ›Dohlenhaus‹ angerufen hat. Er hat Ihnen gegenüber angegeben, vom Flughafenhotel aus zu sprechen.«

»Richtig.«

»Konnten Ihre Gäste das Gespräch mithören?«

»Nein, die haben nur das Läuten gehört. Ich habe das Gespräch nebenan im Arbeitszimmer geführt; die Tür stand allerdings offen.«

»Würden Sie uns die Namen der Gäste nennen?«

Wanitzky lächelte herablassend. »Wenn die Mordkommission darum bittet, muß ich das wohl – aber ungern. Kommen die Namen ins Protokoll?«

»Dafür besteht aus meiner Sicht kein Anlaß.«

»Nun denn – ein Herrenabend mit folgenden Anwesenden: Arno von Sendenstein, mein Kollege und Sprecher der Geschäftsführung, dann Max Stellmeier, Architekt in Bonn, Ulrich Henkmann, Hochbauunternehmer, Bruno Jankelo, Chef der Tiefbau AG, und last but not least der Abgeordnete Hinterwimmer. – Den Service hatte meine Sekretärin Frau Ritter übernommen. Sie macht das perfekt und wird Ihnen die Angaben gern bestätigen.«

Freiberg dankte. »Nicht nötig. Wir haben keinen Grund, an Ihren Worten zu zweifeln.«

Lupus rutschte mit zunehmender Ungeduld im Sessel hin und her, schließlich war noch das Verhalten des »Phantoms« in der Redoute zu klären. In diese Richtung ging auch Freibergs nächste Frage. »Da ist noch etwas. Wir haben gestern vergeblich versucht, Sie auf der Godesburg und abends beim Bankett zu erreichen. – Nun sagen Sie uns, daß Sie daran teilgenommen und sogar noch um Mitternacht Gespräche mit den Staatsgästen geführt haben?«

Wanitzkys Blick wurde härter. »Welche Veranlassung hat die Kriminalpolizei, sich auf meine Fährte zu setzen?«

»Und welche Veranlassung hatte Ihr Kollege Fischbach?« warf Lupus ein und sah sein Gegenüber nicht sehr freundlich an.

Wanitzky verstärkte sein herablassendes Lächeln. Alles an ihm deutete die Überlegenheit eines Mannes an, der die Situation voll beherrscht. »Am Nachmittag hatte ich eine geschäftliche

Unterredung, und zum Bankett habe ich mich leider etwa eine halbe Stunde verspätet. Daß Herr Fischbach dort auf mich gewartet hat, weiß ich von ihm persönlich. Er hat mich heute morgen angerufen und darum gebeten, der Kripo gegenüber das nächtliche Telefongespräch zu bestätigen. Sie müssen das verstehen: Wir hatten striktes Stillschweigen vereinbart; schließlich ging es um Kapitalanlagen in beachtlicher Größenordnung. Aber Kollege Fischbach und ich waren uns sofort einig, der Polizei gegenüber mit offenen Karten zu spielen. – Wer möchte schon durch dumme Zufälle unschuldig in eine Mordsache verwickelt werden?«

»Liegen jetzt alle Karten auf dem Tisch?« fragte Lupus mit steinernem Gesicht.

Wanitzky runzelte mißbilligend die Stirn. Seine Antwort kam nach kurzem Zögern. »Ich denke doch.«

»Auch der Joker?« ergänzte Freiberg.

»Worauf wollen Sie hinaus?«

Kühl und knapp kam die Antwort: »Auf den Joker – Lad Wany!«

Die Überraschung schien gelungen. Für einen Augenblick verlor Johann Wanitzky sein herablassendes Lächeln, sein Blick schien sich nach innen zu kehren. Doch die Unsicherheit verging so schnell, wie sie gekommen war. Sein Mund verzog sich zu einem breiten Grinsen. Dann schlug er mit der flachen Hand auf die Sessellehne und lachte laut los.

Freiberg und Lupus sahen ihn erstaunt an. Wanitzky lachte, bis ihm die Tränen kamen. »Haha – oha, die Kripo ist dem Täter auf der Spur – der Joker ist enttarnt. Ein Verdächtiger mehr im Spiel um Schuld und Sühne. – Homer lacht sich kaputt. Lachen Sie mit, meine Herren!«

Den beiden »Herren von der Kriminalpolizei« war ganz und gar nicht danach. Sie ahnten, daß durch dieses Gelächter ihr Verdachtsgebäude im Fall Korbel erschüttert wurde.

Nach einer kurzen Erholungspause fragte Wanitzky mit unüberhörbarem Spott in der Stimme: »Sind Sie in der Lage, einfache Sachverhalte zu erfassen?« Er sprach langsam und deutlich wie zu kleinen Kindern: »Also, Johann ist Lad, und Wanitzky ist Wany – und das alles nur, weil es ein bißchen gefälliger und angelsächsischer klingt. Bei Lad Wany handelt es sich um einen Unternehmer in Belgien, der seit zwei Jahrzehnten in der internationalen Geschäftswelt zu Hause ist. So kennen ihn die Freunde, also auch die colored gentlemen von der Godesburg. – Hier in Bonn jedoch wohnt und agiert Johann Wanitzky als dritter Geschäftsführer der Gesellschaft für Investitionsberatung und Koordination GmbH und Co KG. Er möchte am Rhein seßhaft werden, etwas kürzer treten, der Gesundheit leben und das Kapital für sich arbeiten lassen.«

Damit griff das »Phantom« in die Innentasche seines Jacketts und zog den Reisepaß hervor. »Bitte meine Herren von der Kriminalpolizei. Johann Wanitzky weist sich Ihnen gegenüber in aller Form aus, und Lad Wany bittet untertänigst darum, von der Liste der Verdächtigen gestrichen zu werden. – Wenn Sie schon nicht mit mir lachen wollen, so sollten Sie es doch nicht zu ernst nehmen.«

Freiberg hatte das Gefühl, als habe ihm eine unsichtbare Kraft den Boden unter den Füßen weggezogen. Lupus ballte unter dem Tisch die Fäuste – er traute Wanitzky jetzt noch weniger als zuvor.

Der Abgang in der Koordinata-Bonn war nicht so eindrucksvoll, wie Freiberg und Lupus ihn sich vorgestellt hatten. Sie dankten für die Auskünfte und verabschiedeten sich. Beim Durchqueren des Vorzimmers nickten sie der Tag und Nacht einsatzbereiten Ilka Ritter zu und verließen das Rhein-Center wie auf der Flucht.

Lupus setzte sich hinter das Steuer von UNI 81/12. »Ich fahre; du brauchst Entspannung. – Mein lieber Kommissar und Kegelbruder, das war ja wohl die Bauchlandung des Jahres. Ich mag das Wort ›Alibi‹ schon gar nicht mehr in den Mund nehmen, die reinste Obszönität. Jetzt sind wir dümmer als unser ›elektronischer Blödmann‹.«

Freiberg atmete tief aus: »Und das will schon was heißen.«

15

Auf dem Weg zum Präsidium begegneten ihnen offene Lastwagen mit Absperrgittern und Stacheldraht auf der Ladefläche. Da mußte schnell noch an gefährdeten Objekten ein Schutz vor Demonstranten aufgebaut werden. Mannschaftswagen karrten junge Bereitschaftspolizisten mit eher neugierigen als kampfbereiten Gesichtern zu den Einsatzräumen.

»Gestern Staatsempfang für die Schwarzen, heute Prügel für die Weißen«, stellte Lupus fest. »Und wenn wir nicht schwer aufpassen, gibt es die für uns auch – allerdings von anderer Seite. Doktor Wenders wird sauer sein, wenn er von unserem furiosen Reinfall in der Koordinata-Bonn hört.«

»Bitte, Lupus, jetzt kein Viehsalz in die Wunden streuen. Ich möchte ja nicht wissen, wie der Herr Wanitzky sich in dieser Minute mit seiner Sekretärin auf unsere Kosten lustig macht.«

»Der Arsch«, knurrte Lupus, »der soll sich hüten.«

Freiberg ging das Gespräch mit Wanitzky gedanklich noch einmal durch. Dessen Antworten erschienen ihm zu glatt. Dahinter mußte sich noch etwas anderes verbergen, was Wanitzky nicht offenbaren wollte. Das galt es ans Licht zu holen.

Die Heimkehr der Helden war kein Triumph. Auf dem Schreibtisch des Kommissars in Zimmer dreihundertsechs türmten sich schon wieder unerledigte Akten. Freiberg ließ sich auf den Drehstuhl fallen, und Lupus hockte sich auf seinen Stammplatz. Fräulein Kuhnert hatte ein Gespür für die Stimmungen im Kommissariat und wußte sofort, daß die Ermittlungen festsaßen. Sie blieb in der Verbindungstür stehen. »Tut mir leid, Chef, noch eine schlechte Nachricht: Anruf von der KTU. Fischbachs Mercedes: totale Fehlanzeige – nichts, was mit Korbels Tod in Zusammenhang gebracht werden könnte. Der Wagen kann dem Eigentümer wieder überstellt werden. Und Herr Doktor Wenders erwartet einen Zwischenbericht.«

Freiberg hob ergeben die Schultern. »Vielleicht denkt er, seine Pastorenkinder seien dabei, einen Mord aufzuklären. – Der Arme.«

Auch Lupus war ungewöhnlich still und sagte schließlich: »Bleibt uns nur das nächtliche Telefongespräch. Hat dieser

Fischbach nun vom Hotel aus angerufen oder von der Telefonzelle am Reha-Zentrum?«

»Ach, laß. Wir haben die Aussagen der Beteiligten und müssen uns damit zufriedengeben, solange wir nichts anderes beweisen können. – Wo steckt Ahrens?«

»Schnellstens nach Koblenz, um die Akten zu holen«, erwiderte Fräulein Kuhnert.

Freiberg sah sie an und rang sich ein Lächeln ab. »Madame, wir haben einen Joker im Spiel – aber der hat ein Alibi!«

»Wie bitte?«

»So ist es: Johann Wanitzky ist Lad Wany, und Lad Wany ist Johann Wanitzky – aber who is who? Das müssen wir herausfinden. Versuchen Sie doch bitte, die Sekretärin von Fischbach anzuzapfen, sie ist die ungeliebte ›weiße Dohle‹ im Nest. Die soll Ihnen sagen, was sie über den dritten Geschäftsführer gehört hat, vor allem über seine Auslandsbeziehungen. Kurz, jeden Klatsch und Tratsch. Ahrens hat schon einmal mit ihr gesprochen.«

»Ja, das hat er mir erzählt.«

»Um so besser, dann läßt sich daran anknüpfen. Also, ans Telefon. Halt! Zuvor brauche ich eine Verbindung mit der Police judiciaire in Brüssel zu unserem Freund Boeremans. Der hat uns damals die tote Sekretärin aus dem Europaministerium so elegant über die Grenze zurückexpediert – erinnert ihr euch?«

Lupus richtete sich auf. »Endlich ein Zeichen! Warst du nicht auch im vorigen Jahr Gast bei seiner Amtseinführung als Commissaire en Chef?«

Freiberg nickte. »Oh, là, là! Das war ein Happening. Mit Innenminister, Polizeichefs und Gästen aus den Nachbarländern. Diese sonst so schlürigen Belgier tun was für ihre Polizei, und die haut drauf, wenn es ernst wird. – Also, Kuhnert, her mit dem Chefkommissar von Brüssel.«

»Mein Französisch ist nicht gerade bongforzionös, aber ich werde schon durchkommen«, erklärte sie.

»Nur zu. Brüssel ist mehrsprachig, und Boeremans spricht Deutsch.«

Es dauerte nicht länger als die Herstellung einer Verbindung nach München oder Hamburg, bis Kommissar Freiberg die Stimme seines Kollegen in Brüssel hörte. Großes Hallo an beiden

Enden der Leitung. Auch Lupus an der Mithörmuschel wurde begrüßt. Stolz meldete Boeremans, daß er neun Monate nach seiner Amtseinführung Vater geworden sei. Der Sohn heiße Colin und sei ein echter Prachtkerl. Dann fragte der Brüsseler Kollege nach dem Stand der Terroristenfahndung. »Die haben doch vor einiger Zeit in Bonn einen Ministerialdirektor vom Ministère des affaires étrangères erschossen. Seid ihr den Tätern auf der Spur?«

»Die sind untergetaucht«, erklärte Freiberg, »und ich bin froh, daß mein Kommissariat damit nichts zu tun hat. Terroristenermittlungen werden zentral gesteuert. Bundesanwaltschaft und Bundeskriminalamt verfügen über eine tolle Technik; aber mit den Erfolgen sieht es auch nicht so großartig aus – wie bei uns im ersten Kommissariat.«

»Ich vermute, du brauchst wieder einmal Hilfe. Also, wo liegen eure Probleme?«

Freiberg erläuterte den Fall Korbel und legte dar, was man über Johann Wanitzky, alias Lad Wany, herausgefunden hatte. »... uns interessiert ganz besonders, welche Geschäfte dieser Lad Wany in Belgien betreibt. Der muß einen Haufen Geld gemacht haben; ist vor kurzem in eine Bonner Firma für Investitionsberatung eingestiegen, hat kürzlich am Stadtrand einen alten Bauernhof gekauft und renovieren lassen.«

»Was sagst du, Lad Wany? – Das kann doch kein Zufall sein! Einen Südafrikaner dieses Namens hat meine Groupe Spécial seit einigen Monaten im Visier. Aber der Mann ist nicht zu erreichen; fährt in der ganzen Welt herum und dreht anscheinend ein großes Rad im – wie es offiziell heißt – ›Werkzeug- und Maschinenhandel‹. Aber wir vermuten illegale Waffengeschäfte. – Je mehr unsere Beziehungen zu dem Burenstaat in Südafrika abkühlen, um so mehr sind wir darauf bedacht, daß deren Waffenschieber aus Belgien verschwinden. Aber noch haben wir nichts gegen ihn in der Hand.«

»Schade. Aber das wäre ja auch zu schön gewesen.«

»Und du meinst, Lad Wany sei mit Johann Wanitzky in Bonn identisch?«

»Ohne Zweifel. Ausgewiesen durch einen gültigen Reisepaß.«

»Was sagt er zu seinem Pseudonym?«

»Er meint, Lad Wany klänge angelsächsischer und gefälliger.«

Boeremans ließ eine längere Pause eintreten. »Seltsam – eines verstehe ich dabei nicht. Die Inhaber von Handelsfirmen werden hier in Belgien doch nicht unter Spitznamen oder Pseudonymen in die Register eingetragen. Der Mann muß seine Identität mit gültigen Papieren als Lad Wany nachgewiesen haben. – Der Sache werden meine Leute schnellstens nachgehen.«

Freiberg vergewisserte sich noch einmal: »Sonst habt ihr nichts gegen ihn in der Hand?«

»Leider gar nichts. Die Firma hat sogar ihre Steuern ordentlich bezahlt; das allerdings könnte in Belgien schon Verdacht erregen.«

Freiberg lachte. »Bei uns ist es umgekehrt. Vorerst vielen Dank, Kollege Boeremans. So wenig war das nicht, was wir dazugelernt haben. Ich denke, wir halten in dieser Sache Kontakt.«

»Ja, das möchte ich auch sagen – au revoir.«

»Auf bald«, sagte Freiberg und legte den Hörer zurück. »So, Lupus, jetzt bitte nichts festreden. Wir brauchen mehr Material. Ich werde erst mal diesem verdammten Aktenberg zu Leibe rükken. Wir sprechen uns, wenn ich die Unterlagen aus Koblenz auf dem Tisch habe – bis dahin freie Jagd.«

Der Kommissar nahm die oberste Akte vom Stapel und warf sie mit Schwung auf die Schreibunterlage, während Lupus mit einem kurzen Winken das Zimmer verließ. – Doktor Wenders mußte noch eine Weile auf seinen Zwischenbericht warten.

Nach einigen Minuten steckte Fräulein Kuhnert den Kopf durch die Tür. »Dürfte ich für eine Stunde Ihren R4 haben, Chef?« fragte sie und erklärte auf seinen erstaunten Blick hin ihr Vorhaben: »Fischbachs Sekretärin kann vom Büro aus nicht frei sprechen. Also sagt sie ihm, daß sie kurzfristig einen Arzttermin bekommen habe. Wir treffen uns in einer halben Stunde im Wartezimmer in der Ärzteetage. Ich glaube, wir kennen uns sogar flüchtig vom gemeinsamen Herumsitzen beim Mediziner.«

»Kommissarin im Ehrenamt – mein Kompliment«, sagte Freiberg anerkennend. »Hier sind die Autoschlüssel.«

»Danke. Ich bin gespannt, was sich so ermitteln läßt von Frau zu Frau.«

Freiberg stürzte sich mit einer Verbissenheit auf den Aktenberg, als gelte es, das Siebengebirge abzutragen. Er nahm mit Verwunderung wahr, zu welch papierner Struktur sich die Menschen entwickelt hatten, die vor nicht gar zu langer Zeit auf dem Stuhl vor seinem Schreibtisch gesessen und mit ihren Nöten und Aggressionen gekämpft hatten. Jetzt wurden sie zu den Akten geschrieben, auf Wiedervorlage genommen oder wegverfügt. Ihr Schicksal war zu Papier geworden und würde irgendwann im Reißwolf enden.

Zur vollen Stunde nahm Freiberg über die Leitstelle mit Peters Funkkontakt auf. »Schön hier draußen, aber nichts los im ›Dohlenhaus‹«, kam die Meldung schwach über den Verstärker.

»Bleib am Ball und mach es dir bequem. – Wir sind auch nicht viel weiter gekommen. Allerdings führt der Oberrabe einen Alias-Namen; er hat aber ein einwandfreies Alibi für die Tatnacht – und dicke Beziehungen nach oben. Also Vorsicht, bitte. – Klar?«

»Verstanden.«

»Ende«, sagte Freiberg und zog die nächste Akte vom Stapel. Er haßte den Papierkram, doch Beklemmung bereitete ihm der Kampf mit dem geschriebenen Wort nicht. So hatten Studien, Klausuren und zwei Staatsexamen doch einen gewissen Nutzen für den Hauptkommissar.

Ahrens war die Strecke Bonn–Koblenz–Bonn in Rekordzeit gefahren. Freiberg füllte noch die Überstundenmeldung aus, als der Rennfahrer hereingestürmt kam und den Vorgang »Leichensache Rolf Benker – Suizid« auf den Tisch legte. Ein dünnes Heftchen, das wenig wog, obwohl darin das Schicksal eines Menschen verzeichnet war, der sich mit einem Kopfschuß von dieser Welt verabschiedet hatte.

Der Kommissar rief Lupus hinzu, und Ahrens berichtete, daß die Ermittler dieser Sache keine besondere Bedeutung beigemessen hätten. Der MAD habe zwar noch eine Weile untersucht, dann sei aber auch dessen Interesse erloschen. An den Namen Benker habe man sich kaum noch erinnert. Man sei wohl ganz froh gewesen, daß sich der Fall auf diese Weise erledigt habe.

Der Kommissar sah die Akte durch. Ein Angler hatte den toten Rolf Benker vor fünf Monaten bei Remagen gefunden, in Höhe des Brückenpfeilers, der einstmals auf der Westseite des

Stroms die Eisenbahnbrücke getragen hatte, die den alliierten Truppen 1945 den Rheinübergang in das Herz des Reichs ermöglichte.

In der Todesbescheinigung des Arztes, der die Leichenschau vorgenommen hatte, war unter der Rubrik II ›Todesart‹ vermerkt: Selbstmord. Beim ›Sektionsbefund‹ hieß es zu V. B. 1: Tod durch aufgesetzten Schuß in die rechte Schläfe.

Im polizeilichen Leichen- und Ermittlungsbericht war zum Kontaktschuß ausgeführt: Stanzmarke infolge der Aufpressung der Haut gegen den Lauf der Waffe und Schmauchhof an der Einschußstelle. Die Schlußfolgerung lautete: »Pulvereinsprengungen und Schmauchspuren an der rechten Hand des Toten, die noch die Pistole FN Kaliber 7,65 umfaßt hielt, müssen als zwingender Beweis für die eigenhändige Tötung angesehen werden.«

Der Kommissar zweifelte keine Sekunde daran, daß dieses Ermittlungsergebnis zutraf.

Einen Abschiedsbrief hatte man weder bei der Leiche noch in der »gepflegten Villa am Stadtrand von Remagen« gefunden. Die Ehefrau des Toten und die sechzehnjährige Tochter konnten sich die Tat nicht erklären.

Interessanter waren die Ausführungen unter der Zwischenüberschrift »Ermittlungen«. Zwar gab es keinen Hinweis auf familiäre oder wirtschaftliche Probleme, jedoch die Vermutung einer krankhaften Depression wegen Schwierigkeiten am Arbeitsplatz. Der Leichen- und Ermittlungsbericht endete mit der Schlußfolgerung: »Selbsttötung, bei der ein Fremdverschulden auszuschließen ist.«

Ein Vermerk, der drei Monate nach der Tat »z. d. A.« gelangt war, besagte, daß die zusätzlichen Ermittlungen des Militärischen Abschirmdienstes keinen begründeten Verdacht einer nachrichtendienstlichen Tätigkeit ergeben hätten. Die vom Referenten für Datensicherheit Doktor Korbel vermutete Leichtfertigkeit Benkers im Umgang mit geheimem Datenmaterial betreffend die Logistik der Bundeswehr, habe nicht bewiesen werden können. Auslandsreisen B.s nach Frankreich, Belgien und in die Niederlande hätten entweder einen dienstlichen Anlaß (Besprechungen im NATO-HQ) oder private Gründe (Urlaub mit Familie) gehabt.

Fünf DIN-A4-Seiten mit einem Zusatzvermerk; das war nicht viel für ein Menschenleben. Freiberg strich langsam mit den mittleren drei Fingern der linken Hand über seine Stirn. Irgendwo im Kopf spukten noch einige Geister des Weins herum, doch der Ermittlungsschock in der Koordinata-Bonn hatte die Denkwege wieder freigelegt. – Wie hatte ein von ihm hochgeschätzter älterer Lehrer in der Vorlesung über Kriminologie doziert: »Verbrechen entstehen im Kopf, und sie müssen auch im Kopf geklärt werden.«

Was hatte Rolf Benker gedacht und gewollt? – Sich einfach so erschießen, weil es beruflichen Ärger gegeben hatte? – Das sicher nicht! Ein Mensch in den besten Jahren war er, Computer-Wissenschaftler und Diplom-Ingenieur, Beamter der Bundeswehr. Doch irgendwo mußte er auf seinem Karriereweg ins Stolpern geraten sein. Aber Frau und Kind zurücklassen wie ausgesetzte Hunde vor der Urlaubsreise? – Nein, zu unwahrscheinlich! Noch einmal glitten die drei Finger über die Stirn. »Depressionen wegen Schwierigkeiten am Arbeitsplatz – oder Kalkül eines Mannes, der keinen Ausweg mehr sah?«

Lupus saß ganz still auf dem Stuhl neben der Tür und wartete auf die in Worte gefaßten Überlegungen seines Kommissars. Auch Ahrens am Besuchertisch rührte sich nicht.

Die erste Frage Freibergs überraschte dann doch: »Was stellt ihr euch unter einer gepflegten Villa am Stadtrand von Remagen vor?«

Lupus hob den Kopf und kniff nach einer Antwort suchend die Augen zusammen. »...gepflegte Villa? – Zum Beispiel so etwas, wie wir jetzt in Plittersdorf haben, oder? – Was Teures in jedem Falle.«

»Richtig! – Und was hältst du vom Gehalt eines Oberregierungsrats?«

»Wenig, besonders dann, wenn er davon solch ein Haus bezahlen muß. – Wir haben ja geerbt.«

»Siehst du«, brummte Freiberg mehrdeutig und schlug ein Blatt der ›Leichensache Rolf Benker – Suizid‹ um. »Was würde passieren, wenn man diesem Beamten das hätte nachweisen können, was der MAD als vermutete ›Leichtfertigkeit im Umgang mit geheimem Datenmaterial‹ bezeichnet hat?«

Lupus preßte mit einem leisen Zischen die Luft durch die Zähne. »Schh – Disziplinarverfahren, Suspendierung und schließlich Rausschmiß mit Verlust aller Rechte.«

Freiberg nickte. »Und was passiert, wenn man sich in einem solchen Fall rechtzeitig erschießt?«

Ahrens reckte aufmerksam den Kopf vor, als Lupus antwortete: »Witwe und Kind sind versorgt wie beim Tod eines Pensionärs. – Oha, mein lieber Walter, bei dir klickert da oben ja wieder einiges recht intensiv. – Aber was, zum Teufel, sollte dahinterstecken? So ein Kopfschuß ist doch kein Kinderspiel.«

»Eben«, sagte Freiberg und setzte seine Überlegungen fort: »Unterstellen wir mal, alle Andeutungen seien wahr – alle.«

Lupus lief ein Schauder über den Rücken. Er schwieg. So wie in diesem Moment wurde ihm sein Kommissar manchmal unheimlich. In dessen Kopf ging mehr vor, als man nach seinem freundlichen Äußeren und dem harmlos jungen Gesicht vermuten konnte.

Freiberg gab die Antwort selbst:

»Wenn wir alles als wahr unterstellen, dann hat sich Benker erschossen, weil er vermuten mußte, daß der für die Datensicherheit verantwortliche Doktor Korbel ihm bei einer Riesensauerei auf die Schliche gekommen war und daß die Bombe bald hochgehen würde.«

»Chef, Vorsicht! Ich halte mich an deine Worte: Wo sind die Fakten, und wie wollen wir auf diesem Wege weiterkommen?«

Freiberg tippte mit dem rechten Zeigefinger mehrmals an seine Schläfe und sagte fast beschwörend: »... mit dem Kopf. – Könnte nicht das Motiv für Benkers Selbstmord für uns der Zauberschlüssel im Fall Korbel sein? Da wir nicht zaubern können, laßt uns mal die Möglichkeiten abklopfen: Depressionen am Arbeitsplatz – schwach, sehr schwach. Keine ärztliche Behandlung vermerkt, kein Hinweis, der die Feststellung stützt. Familienkrach – entfällt, Sexeskapaden – keine, finanzielle Schwierigkeiten – auch keine.«

»Wieso eigentlich nicht?« fragte Lupus spontan. »Die haben wir sogar als glückliche Erben unserer Villa.«

»Daran haben die Ermittler in Koblenz auch gedacht.« Der Kommissar blätterte noch einmal zurück. »Das Haus wurde mit

Mitteln der Frau und mit zuteilungsreifen Bausparverträgen erworben und umgebaut. – Aber bei einer Dreiviertelmillion läppern sich auch die Folgekosten zusammen.«

»Und jetzt...?« setzte Lupus mit einer Frage an.

»...Jetzt nach seinem Tod ist der Bau schuldenfrei. Die Versicherung hat gezahlt, schließlich gab es die krankhaften Depressionen. Freunde – ich bleibe dabei: Benker hat sich erschossen, weil er keinen Ausweg mehr sah und weil er der Familie den Absturz in Schande und Armut ersparen wollte.«

»Ein ehrenwertes Motiv, Chef«, meinte Ahrens.

»Hm, vielleicht. Aber was hat er vorher angestellt?«

Lupus überlegte nicht lange: »Da drängt sich einem doch die Frage auf: Hat Benker Informationen geliefert und dafür Geld erhalten? – Aber der MAD sieht nichts, hört nichts, weiß nichts. Kurzum, er ist genauso schlau wie unser CEBI.«

»...mit dem Kopf«, murmelte Freiberg und fragte nach einer langen Pause: »Wem nützt sein Tod?«

»Ja, wem nützt es, wenn der Informant tot ist?« rief Lupus erregt. Als er merkte, wie sein Chef aufschreckte und zu einer Antwort ansetzte, sagte er: »Entschuldige, Walter, diese hintersinnigen Überlegungen rauben mir den letzten Nerv.«

»Schon gut. Die Frage ist durchaus berechtigt, wer hat den Nutzen vom Tod eines Informanten? In diesem Falle wohl nur die Bundeswehr; die Versorgung der Familie ist ein ganz anderes Problem. – Aber meine Frage galt unserem Erhängten vom Stadtwald, nicht dem Selbstmörder am Brückenpfeiler. Warum wurde Doktor Korbel umgebracht, wenn es keine Rache an einem lausigen Liebhaber oder an einem verhaßten Kollegen war? Also – wem war er im Wege?«

Die Frage stand im Raum. Freiberg hätte jetzt gern eine Tasse Kaffee getrunken, doch Fräulein Kuhnert war noch nicht zurück. Er war sicher, daß in diesem Fall nur wenige Steine fehlten, um die Dominoreihen aneinanderzulegen. Lehrsätze aus der Schulzeit kamen ihm in den Sinn: Sind zwei Größen einer dritten gleich, so sind sie untereinander gleich. Die dritte konnte nur Doktor Korbel sein. Doch was waren die beiden anderen Größen? Seine Gedanken rutschten ab in die Mengenlehre, die ihn schon auf der Penne zur Verzweiflung getrieben hatte. Nun war es aus mit der kreativen Spekulation; doch er wußte, daß nur wenige Steine fehlten im Spiel.

Die vor sich hin brütende Männerrunde wurde aufgeschreckt, als die Kommissarin im Ehrenamt mit dem ihr eigenen Ungestüm die Tür aufstieß und durch eine fröhliche Begrüßung die verknoteten Gedanken verscheuchte. »Mission beendet! Mit Dank die R4-Schlüssel zurück.« Fräulein Kuhnert betrachtete abwägend die Gesichter ihrer Mannen. »Ich weiß, was fehlt. – Nur einen Augenblick, dann wird berichtet.« Sie ging zum Schrank in ihrem Zimmer, Geschirr klapperte, der Wasserkran lief, und ein Schalter machte »klick«. Nach wenigen Minuten dampfte der heiße Kaffee in den angeschlagenen Tassen, und Fräulein Kuhnert setzte sich zu Ahrens an den Besuchertisch. »Die ›weiße Dohle‹ hat gesungen. So ein Frust und solche Einsamkeit machen gesprächig. Sie sieht sich umgeben von Hochstaplern und Betrügern. Ob krankhafte Verklemmung oder bittere Wahrheit – ich weiß wirklich nicht, was dahintersteckt. Jedenfalls hat sich Fischbachs Sekretärin – Elma Sandow heißt sie – ein sehr seltsames Bild von ihrer Firma zurechtgelegt, in der sie schnellstens kündigen will. Nur Arno von Sendenstein tut ihr leid; der scheint der ruhende Pol in der Koordinata zu sein.«

»Und ihr konntet frei sprechen im Wartezimmer?« vergewisserte sich Freiberg.

Fräulein Kuhnert lachte. »Kein Problem. Drinnen war es so voll, daß wir uns ein ruhiges Plätzchen auf dem Gang gesucht haben. Also, Frau Sandow hält ihren Chef, kurz gesagt, für einen Sittenstrolch. Über sein Verhältnis mit der Martha Nikols war sie bestens orientiert. Sie wußte auch, daß die beiden regelmäßig die Spielbank in Bad Neuenahr besuchen.«

Freiberg schüttelte den Kopf. »Sieh an, man sollte doch meinen, die Dame Niki hätte die Nase voll nach dem Fiasko mit dem todsicheren System ihres mathematischen Genies.«

»Nun«, sagte Lupus gedehnt, »wenn Fischbach zahlt... Der wird schon wissen, welche Qualitäten er sich damit verpflichtet. Ich bin sicher, der weiß durch die Nikols ganz genau, was bei von Sendenstein läuft.«

»Ja, das ist auch die Meinung der frustrierten Sekretärin«, bestätigte Fräulein Kuhnert. »Aber – und jetzt wird's erst spannend

– sie glaubt, daß die etwas ausbrüten.«

»Wer sind ›die‹?«

»Na, ihr Chef Fischbach und der Wanitzky. Seitdem der dritte als Kompagnon zur Firma gehöre, sei dort der Wurm drin. Es würden riesige Geldsummen in die Schweiz transferiert – an von Sendenstein vorbei. Das sei gar nicht mal so schwer, da er sich nie um Geldsachen gekümmert habe. Er sehe seine Aufgabe darin, Aufträge hereinzuholen und gesellschaftliche Verbindungen herzustellen. – Über beste Verbindungen verfüge Wanitzky allerdings auch, und damit müsse es zusammenhängen, daß er sich mit Fischbach in Zürich getroffen habe.«

»Was?!« fuhr Freiberg hoch und verfiel vom Sie ins Du. »Mädchen, was sagst du da? – Wer mit wem und wann?«

Die Kommissarin im Ehrenamt erläuterte sichtlich stolz: »Wanitzky mit Fischbach, gestern oder vielleicht auch vorgestern. Aber das ist bei der Sandow mehr ein Verdacht als Gewißheit. Sie konnte nur einige Gesprächsfetzen auffangen, als Wanitzky am Mittwoch das Zimmer Fischbachs verlassen hat. Verstanden haben will sie folgendes: ›...auf alle Fälle warten; ich komme spätestens mit der letzten Maschine‹. – Ob das alles stimmt, was sie sich da zusammengereimt hat, ist natürlich eine andere Frage. Die Frau ist total verbiestert; da könnte auch die Phantasie mit ihr durchgegangen sein. Schließlich steht doch fest, daß Wanitzky gestern in Bonn war.«

Freiberg nickte. »In der Redoute war er gewiß, aber er ist eine halbe Stunde zu spät beim Bankett erschienen. – Wann landet die Abendmaschine von Zürich?«

Fräulein Kuhnert stand auf. »Das haben wir gleich.« Sie ging in ihr Zimmer, wühlte im Schreibtisch und kam mit dem Sommerflugplan in der Hand zurück. »Hier! Lufthansa Flug 259 täglich achtzehn Uhr vierzig ab Zürich, Ankunft Köln/Bonn um neunzehn Uhr fünfundzwanzig.«

»Das paßt«, rief Freiberg. »Dann konnte er so gegen halb neun in der Redoute sein. Los, Kuhnert, vorsichtshalber rückfragen, ob er in der Maschine gesessen hat.«

»Wozu das, Walter? Wir sollten uns den Herrn Wanitzky schnellstens vornehmen.« Lupus fühlte sich schon wieder viel besser. »Ich möchte zu gern wissen, was dieser Zeitgenosse auf dem Kerbholz hat und was er ausbrütet.«

Fräulein Kuhnert war schon wieder in ihr Zimmer gegangen und hatte die Tür hinter sich geschlossen, um ungestört telefonieren zu können.

»Was ist am Donnerstag – also vorgestern – gelaufen?« überlegte Freiberg laut. »Wir müssen den Mann vom Protokoll ausgraben und uns vergewissern, ob Wanitzky als Lad Wany an den Arbeitsgesprächen auf der Godesburg teilgenommen hat.«

»Ich erledige das gemeinsam mit der Kuhnert«, sagte Ahrens. »Aber was ist, wenn er doch am Donnerstag in Bonn war?«

Die Frage blieb unbeantwortet. Freiberg hatte sich zurückgelehnt und wippte mit dem Drehstuhl. »Was geht in der Koordinata vor?«

»Die schaffen Geld ins Ausland, Spekulationsgewinne vielleicht, oder sie räumen die Kasse der Firma leer. – Aber das ist nicht unser Bier«, stellte Lupus fest. »Die Wirtschaftshaie können Geld bewegen, soviel sie wollen und wohin sie wollen. Wir haben ja freien Devisenverkehr – leider.«

»Leider«, sagte auch Fräulein Kuhnert, als sie wieder in Freibergs Zimmer trat. »Der Buchungscomputer hat gemeldet, daß weder ein Passagier mit Namen Wanitzky noch einer mit Namen Wany auf der Liste der LH 259 von gestern abend steht.«

Freiberg drehte seinen Schreibtischstuhl zweimal um die eigene Achse, bremste abrupt und haute wütend auf den Tisch. »Mist, verdammter! Das hätte so schön gepaßt. – Jetzt muß die Anwesenheitsliste von der Godesburg am Donnerstag überprüft werden.«

Ahrens stand auf und nahm Fräulein Kuhnert bei der Hand. »Komm, das erledigen wir; ich weiß Bescheid.«

Als sie gegangen waren, fragte der Kommissar: »Lupus, was machen wir falsch? Führen wir noch Ermittlungen, oder jagen wir unseren Zwangsvorstellungen nach? Wunschdenken ist das schlimmste aller Übel bei der Arbeit der Kriminalpolizei.«

Lupus hatte seinen polternden Spott verloren und sprach sehr bedächtig. »Korbel ist von einem Herrn und einer blonden Dame in einem älteren Mercedes abgeholt worden und hing wenig später mit einem Abschleppseil aus Hanf um den Hals an einem Ast im Stadtwald. – Das ist immer noch der Kern unserer

Geschichte. Jetzt stochern wir ohne große Hoffnung in einem Misthaufen herum, der vielleicht nichts anderes enthält als den Dreck unserer Zeit.«

»Wir müssen den Haufen noch einmal umgraben.« Freiberg sah auf, als Fräulein Kuhnert und Ahrens die Köpfe durch die Tür steckten. »Na?«

»Schöne Bescherung«, meldete Ahrens. »Lad Wany hat tatsächlich an den Arbeitsbesprechungen auf der Godesburg teilgenommen. – Kein Zweifel möglich.«

Freiberg blieb ganz ruhig, streckte die Hand aus und sagte nur ein Wort: »Flugplan!«

Fräulein Kuhnert reichte ihm das Faltblatt aus Hochglanzpapier. Sein Blick glitt über die Datenreihen. »Aha! – Letzter Abflug nach Zürich siebzehn Uhr fünfzehn. Es ist also durchaus möglich, daß Wanitzky nach den Beratungen auf der Godesburg am Donnerstag mit dieser Maschine nach Zürich geflogen ist. Die Passagierliste muß überprüft werden.«

Der Wunsch war kaum ausgesprochen, da war schon der neue Anruf zum Flughafen Köln/Bonn getätigt, und man hörte Fräulein Kuhnerts triumphierende Stimme: »Chef, er war drin in diesem Vogel!«

»Als?...«

»Als Johann Wanitzky.«

»Was für ein kaltschnäuziger Hund!«

»Respekt«, sagte Lupus, »Respekt. – Eine ganz normale Geschäftsreise. Das wird er uns auch unter die Nase reiben, wenn wir danach fragen. – Aber wie ist der Bursche zurückgekommen?«

»Mit dem Auto, vermute ich.«

»Von Zürich? Walter, du spinnst«, stellte Lupus lakonisch fest.

Freibergs Gedanken entwickelten eine geradezu plastische Vorstellung von den Vorgängen: Auf der Godesburg hatte Wanitzky am Donnerstag den richtigen Moment abgepaßt, um zu verschwinden. Sein Wagen stand bereit. – Auf eine Taxe hatte er verzichtet, um nicht warten zu müssen. – Dann zum Flughafen, den Wagen geparkt, eingecheckt und ab nach Zürich. Am Freitag vormittag krumme Geschäfte. Rückflug am Nachmittag – aber wohin? Nach Düsseldorf vielleicht, oder...

Als Lupus zu einer Frage ansetzen wollte, winkte Freiberg energisch ab. Er dachte an das Gespräch mit dem Kollegen Boeremans in Brüssel: »...aber wir vermuten illegale Waffengeschäfte.« Das könnte es sein: Im Unternehmen in Brüssel war vielleicht etwas zu regeln; in jedem Fall aber gab es dort Helfer und Fahrzeuge. Dazu eine schnelle Autobahnverbindung zum Flughafen Köln/Bonn oder direkt in die Bundeshauptstadt.

Freiberg wußte nicht, wie lange das Schweigen gedauert hatte. Er sah nur die Augen seiner Mitarbeiter auf sich gerichtet. Die Gesichter entspannten sich, als er rief: »Kuhnert! Noch einmal Boeremans in Brüssel, subito!«

Jetzt lief es. Die Leitung stand in wenigen Minuten, und Boeremans wunderte sich, schon wieder die Stimme aus Bonn zu hören. Freiberg skizzierte seine Überlegungen und bat festzustellen, ob Wanitzky gestern, am Freitag nachmittag, von Zürich kommend in Brüssel-National gelandet sei.

»Das ist spätestens in einer halben Stunde geklärt. Ich rufe dann zurück«, sagte Boeremans. »Ihr seid ja mächtig aktiv!«

»Sind wir«, bestätigte Freiberg, »wenn man das Auf-der-Stelle-Treten so nennen kann. Schnelle Hilfe wäre willkommen.« Er stand auf und zog sein Cordjackett aus, um es über die Stuhllehne zu hängen. Ihm war warm geworden. Doch das mußte er bei seinem Faible für Cord in Kauf nehmen. Er hatte weder zum Rabaukenlook à la Schimansky noch zum Edeldreß aus feinem Zwirn, wie Sonny Crockett von der Miami Vice ihn demonstrierte, ein Verhältnis gefunden. Seit seiner Studentenzeit trug er Cord in allen Lebenslagen und als Konzession an das Bonner Umfeld hin und wieder Krawatte. Die zog er sich jetzt allerdings energisch vom Hals. Das war auch ein Zeichen von Unruhe. Von Boeremans Antwort würde viel abhängen.

»Brüssel kommt«, rief Fräulein Kuhnert.

Freiberg meldete sich und schaltete den Lautsprecher ein. Boeremans verkündete triumphierend: »Eagle has landed! – Lad Wany ist mit der Sabena um dreizehn Uhr fünf angekommen.«

Freiberg bedankte sich erleichtert und versicherte seinem Kollegen, daß dies eine sehr hilfreiche Nachricht im Fall Korbel sei. – Er sehe jetzt endlich Licht am Ende des Tunnels.

Und schon lief der nächste Auftrag: »Kuhnert, seien Sie ein Engel, und holen Sie mir den Wanitzky ans Telefon! Ich bin gespannt, was der zu sagen hat.«

Es kam wie erwartet. Der Schwachstrom in der Telefonleitung tat Wanitzkys Hochstimmung keinen Abbruch. – Ja, er sei mal eben nach Zürich rübergeflogen, um ein paar komplizierte Transaktionen abwickeln zu helfen. Na und? Seinem Kollegen Fischbach fehle eben noch die Übersicht bei internationalen Geldgeschäften. Harte D-Mark in Euro-Dollarwerten anzulegen, das müsse man sich bei der weich gewordenen amerikanischen Währung sehr überlegen. – Zurückgeflogen sei er über Brüssel. Dort habe er einige geschäftliche Probleme gleich mit erledigen können. Ein Mitarbeiter habe ihn mit dem Wagen zum Flughafen Köln/Bonn zurückgebracht. Dort sei er dann in seinen BMW gestiegen und gleich zur Redoute gefahren. – Die hochdramatischen Ermittlungen hätte sich die Bonner Kripo ersparen können; der Herr Kommissar hätte nur zu fragen brauchen, ob und wann er, Wanitzky, nach Zürich geflogen sei. Aber wer nicht einmal richtig zu fragen verstehe, brauche sich auch über unzulängliche Antworten nicht zu beklagen.

Lupus verzog den Mund und hob die geballte Faust. Freiberg schmunzelte entspannt und wiegelte mit einer Handbewegung ab.

»Sehr richtig, Herr Wanitzky; jetzt sehen wir ja auch bei der Kripo klar. Dank für Ihre Auskünfte und Belehrungen.«

Lupus schüttelte mißbilligend den Kopf, und Ahrens sah hilfesuchend Fräulein Kuhnert an. – Wie konnte der Kommissar diese süffisanten Formulierungen schlucken, ohne vor Wut zu explodieren?

Freiberg drehte sich mit dem Schreibtischstuhl einmal langsam um die eigene Achse – und noch einmal, weil es so schön war. Er stoppte ganz weich die Bewegung und murmelte: »Freunde, denkt mal mit! Ich brauche Rückkoppelung: Rolf Benker hat sich am Brückenpfeiler von Remagen erschossen, weil Korbel ihm im Nacken saß. Waffengeschäfte leben von käuflichen Informanten. – Benker war so einer. Er saß an der Computer-Quelle der Bundeswehr und schöpfte sie für Lad Wany aus, bis Korbel dazwischenfunkte. – Soweit einverstanden?«

Die Mitarbeiter nickten.

Jedes Wort wägend fuhr Freiberg langsam fort: »Nun zu unserem Fall. Für das ganz große Geschäft in Bonn braucht man Informationen, die nur wenige liefern können; und es sind wirklich nur ganz wenige, bei denen die Fäden zusammenlaufen. Und wenn nun ein Mann wie Korbel kommt und solche Aktivitäten aufdeckt, dann muß gehandelt werden; notfalls mit Hilfe eines Seils aus Hanf, damit es wie Selbstmord aussieht. Korbel war für den Informanten in der GeDaSi zu einer Gefahr geworden und damit zu einer Gefahr für die Geldhaie in der Koordinata-Bonn. Der Waffenschieber Lad Wany wußte, was ein Eingreifen Korbels zu bedeuten hatte. – Davon dürfen wir wohl ausgehen, oder?«

Die Mitarbeiter verfolgten jedes Wort Freibergs mit konzentrierter Aufmerksamkeit. Lupus führte den Gedanken weiter:

»Müßte dann nicht auch von Sendenstein mit drinhängen? Der hat ja schließlich den heißen Draht zu dem mathematischen Genie Nikols. Von dem kommen doch nach deiner Meinung die Informationen über die Investitionsprogramme des Ministeriums für Planung und Organisation.«

Freiberg öffnete den obersten Knopf seines graugrünen Baumwollhemdes. »Nein, das glaube ich nicht. Von Sendenstein hat von Anfang an versucht, sein eigenes Spiel zu machen. Er hat sich Nikols durch das Darlehen zur Abdeckung der Spielschulden ›verpflichtet‹. – Ich bin sicher, daß der Fall Korbel anders gelaufen ist. Niki, der Kuckuck im Nest bei Arno von Sendenstein, hat das Chef-Wissen als ihr Wissen an Fischbach – und damit an Wanitzky – weitergegeben. Und nur Wanitzky, alias Lad Wany, konnte die von Korbel ausgehende Gefahr richtig beurteilen. – Einverstanden?«

»Schon – aber der Mann hat doch das allerbeste Alibi«, hielt Ahrens dagegen. »Abendessen im ›Dohlenhaus‹ mit Geschäftsfreunden und sogar einem Abgeordneten des Deutschen Bundestages. – Das steht doch wie 'ne Eins.«

»Du hast leider recht«, bestätigte Freiberg. »Wanitzky kann nun wirklich nicht im Stadtwald gewesen sein.«

Lupus war aufgestanden und sah aus dem Fenster zum Drachenfels hinüber; dann ging er zu seinem Stammplatz an der Tür zurück. »Da wären wir, wenn auch auf einem anderen Weg, wieder bei Fischbach und seiner Gespielin Niki angelangt. Von deren Alibi halte ich nach wie vor nichts. Vielleicht haben sie nach getaner ›Knüpfarbeit‹ doch aus der Telefonzelle am Reha-Zentrum bei Wanitzky angerufen. Fischbach wird ins Kalkül gestellt haben, daß sein Anruf im ›Dohlenhaus‹ von den respektablen Zeugen registriert werden konnte. – Ein sehr schönes doppeltes Alibi! Es ist doch jammerschade, daß man die Wahrheit nicht mal aus einem Ehrenmann herausprügeln darf – auch keine Daumenschrauben?«

»... mit dem Kopf bitte«, bremste Freiberg den aufkommenden Eifer.

Lupus nickte ergeben. »Spekulation gut, Fakten mangelhaft. Wie kommen wir also weiter?«

»Wir überlassen Bonn den Demonstranten und gönnen uns ein ruhiges Wochenende. Sollen sich alle Beteiligten in Sicherheit wiegen. Peters dürfen wir allerdings nicht hängenlassen. Darum übernimmt jeder von uns ein paar Stunden Beobachtung am ›Dohlenhaus‹ – am besten mit Frau oder Freundin. Das wird ein Sonntag der Idylle unter alten Eichen und Buchen, mit Picknickkorb und ameisensicherer Wolldecke. – Ich möchte zu gern wissen, wer dort ein und aus geht.«

Lupus hätte sich lieber an stärkeren Aktivitäten beteiligt.

»Sollten wir nicht doch Niki und Fischbach in die Zange nehmen? Chef, überlaß sie mir; die quetsche ich aus wie reife Zitronen.«

Freiberg winkte mit dem ausgestreckten Zeigefinger ab. »So nicht, mein Freund. Dein Rechtsstaat wäre in Gefahr.«

»Aber mir wäre wohler, und wir kämen weiter.« Lupus richtete sich ärgerlich auf. Er war ganz und gar nicht einverstanden mit seinem Kommissar, und es klang wenig scherzhaft, als er sagte: »Fängst du auch schon an, lau zu baden, wie Onkel Herbert seinem Kanzler Willy vorgehalten hat – oder hältst du den Fall etwa für gelöst?«

Freiberg blieb heiter. »Halten wir es mit Radio Eriwan: ›Im Prinzip ja.‹ – Aber es wäre für das Gemeinwohl besser, statt der Gedanken im Kopf die Täter hinter Gittern zu haben.«

16

Das fröhliche Wochenende war durch die Demonstration doch ein wenig getrübt. Die angereisten Menschenmassen wirkten beunruhigend auf die Bürger der Bundeshauptstadt; und nicht jedes Geschäft hatte Stahlrollos oder Rollgitter, um die Eingänge und Fensterscheiben zu schützen. Nachdem am Sonnabend das erste Glas zu Bruch gegangen war, hatten ganz Vorsichtige in der Nacht ihre Schaufenster mit Brettern zugenagelt. Der Polizeichef fand eine bessere Methode, Unbill von der immer schutzbedürftigen Bürgerschaft abzuwenden; er machte die Innenstadt für die Demonstranten kurzerhand durch eine Hundertschaft dicht. So fehlten die bunten Figuren im Schlabberlook in den Gassen – und Bonn sah ziemlich vernagelt aus.

Kölsch und Wein hatten dazu beigetragen, die Friedens- und Umweltfreunde heiter zu stimmen. Wer schon die weite Reise bezahlt hatte, um gegen die Brunnen- und Flußvergifter zu demonstrieren, wollte auch Vater Rhein in seinem schmutzigen Bett sehen. So zog man mit Kind und Kegel zum Alten Zoll und zur Kennedy-Brücke, hängte Transparente an das Geländer und warf Blumensträuße ins Wasser. Auf der Hofgartenwiese, wo schon die Bonner Königshusaren vor dem Kaiser paradiert hatten, wurde ein schreckliches Zukunftsszenarium an die – symbolische – Wand gemalt, wurden Manifeste verlesen und Würstchen verkauft; nur die rollenden Toilettenhäuschen waren knapp – gepinkelt wurde in den Büschen.

Den Politikern war es ohnehin egal, was sich in Bonn vollzog, denn sie waren längst daheim oder unterwegs zu neuen – sauberen – Ufern. So hatte die Gunst der Stunde – erkauft mit dem Frust der Hundertschaft, die keine Gelegenheit gefunden hatte, die Staatsgewalt in Szene zu setzen – wieder einmal dazu beigetragen, eine Großdemonstration zu einem Happening mit einem Hauch von Karneval werden zu lassen. Die Kinder des Rheinlands riefen fröhlich: »De Zoch kütt!« und »Kamelle! Kamelle!« Die Polizei war sehr zufrieden, und die Demonstranten hatten die Überzeugung gewonnen, dem Altvater Rhein etwas Gutes getan zu haben, schien er sich doch schon viel wohliger in seinem Bett zu wälzen. Die Massen waren »echt« beeindruckt von ihrer

Stärke – und die Bonner von den Tonnen Unrat, welche die Kehrmännchen schnellstens abtransportierten. Man wollte doch sauber bleiben.

Für die Mordkommission sah der Tag ganz anders aus. Auf jeden Fall war gewährleistet, daß ihre Beamten nicht zu Sonderdiensten herangezogen werden konnten. Ahrens hatte nach Freibergs Überlegungen einen Zeitplan für die Beobachtung des »Dohlenhauses« aufgestellt. Lupus war für die Morgenschicht eingeteilt. Ahrens und Fräulein Kuhnert wollten vom Mittag bis zum Abend am Schafberg stromern, und Freiberg hatte nicht sehr begeistert die Abendschicht übernommen. Lieber hätte er seiner »studentischen Hilfskraft« bei der Einstimmung auf »Big Mäc« geholfen, denn sie mußte sich am nächsten Morgen zur Arbeit melden. Doch er konnte sich vom Sonntagsdienst nicht ausschließen.

Peters hatte noch in der Nacht bei Lupus angerufen und ihm mitgeteilt, daß Wanitzky gegen einundzwanzig Uhr mit einer »Dame« im »Dohlenhaus« angekommen sei. Den großen BMW habe er nicht in die Garage gefahren, sondern neben dem Eingang abgestellt. Infolge der dichten Vorhänge hätten sich bis Mitternacht nur einige Fetzen Musik vernehmen lassen. »... eine Stunde nach Verlöschen des Lichts, so gegen eins, habe ich die Beobachtung eingestellt. – Alles in allem: keine besonderen Vorkommnisse.«

Lupus hatte die Durchsage von Peters auf einem Zettel notiert, den er draußen ergänzen und an die Kollegen weitergeben wollte.

Die Morgenstimmung am Schafberg erinnerte ihn an die frühen Morgenstunden im Stadtwald. Dieses Observieren war nach seiner Meinung so überflüssig wie ein Kropf. Fischbach dürfte die wichtigere Figur im Spiel sein, und Wanitzky hatte vielleicht gar nichts mit dem Fall zu tun. Jeder Schritt seines Verhaltens konnte eine glaubhafte Erklärung finden, was man von Fischbachs und Nikis Telefonalibi nicht behaupten durfte.

Lupus kam sich in seinem Lodenanzug und Wanderschuhen, Fernglas und Brotbeutel ziemlich verfremdet vor. Wollte er das »Dohlenhaus« im Auge behalten, dann durfte er nicht den Höhenweg nehmen, denn von dort aus war die Sicht durch Häuser und dorniges Dickicht blockiert. Die am Fuße des Berges vorbeiführende Autostraße auf und ab zu laufen versprach alles andere als Vergnügen. So stapfte er im Tal durch die sumpfigen Wiesen am Katzenlochbach entlang – mit guter Sicht auf sein Beobachtungsobjekt.

Im »Dohlenhaus« blieb alles still. Nach seinem zweiten Rundgang stellte Lupus fest, daß die Vorhänge an einigen Fenstern beiseite gezogen waren. Er dachte an seine »gepflegte Villa« und an die liegengebliebenen Gartenarbeiten und daran, daß ihm der Fall Korbel abermals einen schönen Morgen verkorkst hatte. Beobachtungen haßte er wie die Pest. Damit wurde seine Motorik nicht fertig, und der Blutdruck stieg. Noch zwei Stunden »quälte« er sich dahin. Endlich kletterten Ahrens und Fräulein Kuhnert den Hang herauf, als ginge es zu einer Fotosafari. Kamera, Stativ, Teleköcher und auf den Rucksack geschnallt die ameisenfeste Wolldecke. Den beiden würde die Zeit nicht lang werden. Lupus begrüßte sie wie Wanderer von einem fremden Stern und berichtete kurz: »Wanitzky ist wohl noch mit seiner Puppe drin. Sein BMW steht unter der Kastanie am Eingang. – Hier unser Merkzettel. Notiert, was ihr seht, und gebt das Papier dann weiter. Wenn es langweilig wird, bedankt euch beim Chef – und sollte es euch beiden Spaß machen, dann bitte auch!« Weg war er, der Herr Kriminalhauptmeister Wolfgang Müller, genannt Lupus.

»Der ist ja richtig widerlich heute!« stellte Fräulein Kuhnert fest und zog Ahrens an der Hand zu einem lauschigen Plätzchen, wo das Unterholz Schutz bot, ohne die Sicht auf das »Dohlenhaus« zu nehmen. »Wir werden uns hier häuslich niederlassen – für Verpflegung ist gesorgt. Der Chef hat gesagt, wir sollen es uns gemütlich machen – also komm!«

Doch gemütlich wurde es erst, nachdem Ahrens die Kamera mit Hilfe des Stativs auf die Zufahrt zum »Dohlenhaus« justiert hatte, gut getarnt hinter Sträuchern. Das zehn Meter lange Kabel für den elekromagnetischen Auslöser lief zur Lagerstätte, die nicht nur Pflichten, sondern auch Vergnügen versprach.

Der Beobachtungsstandort was so gewählt, daß die beiden Späher infolge der Hanglage über die Mauer hinweg den unteren Teil des Hofes überblicken konnten. Während Fräulein Kuhnert das Picknick arrangierte, hatte Ahrens einmal das ganze Anwesen umrundet und dabei aus guter Deckung mit dem Glas jeden Quadratzentimeter abgesucht, ohne einen Anhalt für den Einbau von Videokameras zu finden. Aus allen vier Himmelsrichtungen hatte er mit der Zweitkamera Übersichtsaufnahmen geschossen.

Seine »Octopussy« – so wurde Fräulein Kuhnert von Lupus genannt, seit er wußte, daß die beiden sich bei James Bond 007 im Gangolf-Kino nähergekommen waren – hatte für jeden ein kaltes Kotelett, zwei halbe Eier und eine große Gewürzgurke ausgepackt.

Ahrens hatte sich zu ihr auf die Decke gesetzt.

»Greif zu, Pfadfinder!« ermunterte sie ihn. »Ich habe Pappteller und Plastikbestecke genommen; die klappern nicht so.«

Als Ahrens sie an sich ziehen wollte, bremste sie: »Nicht doch, du bringst alles durcheinander; laß uns erst essen…«

Er strahlte sie an. »Recht hast du – und danach wird gepicknickt.«

»Du Strolch«, flüsterte sie. »Wir sind im Dienst. Was ist, wenn gerade dann etwas passiert?«

Er warf ihr eine Kußhand zu. »Kommissarin ehrenhalber, nur keine Panik. Stärken wir uns erst einmal, und dann sehen wir weiter.«

Beide langten kräftig zu. Anders als ihr Kollege hielten sie diesen Tag für einen der besten der Woche. Warm lag die Sonne auf dem Laubdach des Westhangs; überall zirpelte es in den Bäumen, und Drosseln scharrten im Laub des Vorjahres.

Als Nachspeise gab es Mousse au Chocolat aus einem Plastikbecher. Fräulein Kuhnert hob fragend die Thermosflasche hoch.

»Den Kaffee trinken wir später«, dämpfte Ahrens den Hausfraueneifer. »Du könntest dich oben herum ruhig frei machen und die Natur genießen. – Hier sieht uns keiner.«

Sie antwortete mit einem »Hm«, räumte das Plastikgeschirr zurück in die Tragetasche und drückte ihm dienstlich flüchtig einen Kuß auf die Nase. Sie versuchte seinen Kopf in Richtung »Dohlenhaus« zu drehen. »Du sollst beobachten – und zwar dort!« Dabei ließ sie es geschehen, daß seine Hände ihr halfen, den BH zu lösen. »Das tut gut«, flüsterte sie erleichtert. »Seit ich die Pille nehme, ist alles viel strammer geworden.«

Plötzlich verkrampfte sich seine liebkosende Hand – um gleich danach zum Fernglas zu greifen.

»Sieh doch – die kommen raus!«

Wanitzky trat als erster vor die Tür. Er trug eine Leinenmütze mit langem Schirm und Bermudashorts. Krauses schwarzes Haar bedeckte die Brust seines massigen Körpers, und Speckwülste umrundeten die Hüften, als ob sie den recht strammen Bauch zu halten hätten. Auf der offensichtlich neu angelegten Terrasse vor dem »Dohlenhaus« – die vom Beobachtungsplatz voll eingesehen werden konnte – richtete er die Hollywood-Liegen zur Sonne aus und schob den Serviertisch zurecht.

Der »Auftritt der Dame« bot dem Auge alles; nichts sozusagen, wenn man von dem Frottiertuch absah, das sie über dem Arm trug und gleich über das Kopfteil der Liege warf. Der winzige Tanga aus Goldfäden war eher Verheißung als Verhüllung.

»Ilka Ritter – Donnerwetter!« flüsterte Ahrens. »Die hat's!« Dabei stellte er über den Mitteltrieb die Schärfe nach.

»Die kannst du auch ohne technische Hilfsmittel beobachten«, zischte Fräulein Kuhnert ihn an und nahm ihm das Glas aus der Hand. Nach einem Blick hindurch kam ihr Kommentar zu den Vorgängen auf der Terrasse: »Ist das ein haariger Wanst! Jetzt grabscht er auch noch an ihrem Kunstwerk aus Silikon herum!«

»Die sind echt – und fast so gut wie deine«, stellte Ahrens sachkundig fest.

Er konnte die stimulierende Wirkung des Bildes dort unten auch ohne Fernglas nicht leugnen. Mit der Zweitkamera und dem 200-Millimeter-Tele schoß er einige Aufnahmen und dachte dabei weniger an den Mordfall Korbel als an – na ja – an den Zwang, sich jetzt besonders still verhalten zu müssen.

Auf der Terrasse verstummten die Gespräche. Wanitzky zog die Mütze über das Gesicht. Eine Weile später rutschte seine Hand von den Hügeln ab, und er schlief ein. Ilka Ritter richtete sich auf, musterte den Mann an ihrer Seite, schüttelte den Kopf, legte sich zurück und streckte ihren Körper der Sonne entgegen.

Ahrens glaubte, nunmehr die Situation im Griff zu haben und zum »Picknick« übergehen zu dürfen.

»Bist du verrückt! – Jetzt?« fauchte seine Octopussy ihn an.

»Du weißt doch, daß ich nicht ruhig bleiben kann. Wenn die uns hier entdecken, ist alles im Eimer. – Also, nimm schon das Glas und behalte die beiden im Auge.« Damit streckte sie sich auf der Decke aus, ähnlich der Frau, die Ahrens im Okular erfaßte.

Für den Beobachter wurde es eine quälende Folge von langen Minuten. Fleischbeschau ganz nah – und doch so fern, damit wurde seine Jugend nur schwer fertig.

Ilka Ritter schien von dem Schläfer an ihrer Seite bald genug zu haben. Sie ging ins Haus und kam mit einem Taschenbuch in der Hand zurück. Mit einem Tuch deckte sie die empfindlichen Hügel ab und fing an zu lesen.

Die polizeiliche Beobachtung begann langweilig zu werden.

Nach einiger Zeit richtete sich Fräulein Kuhnert auf. Auch Ahrens hörte das Motorengeräusch. Er sah, daß Ilka Ritter Wanitzky anstieß. Beide schienen nicht überrascht zu sein; sie machten auch keine Anstalten, sich etwas überzuziehen.

Langsam rollte ein großer Mercedes auf die geschlossene Eingangspforte in der Hofmauer zu und stoppte auf dem Wegstück, das von der Kamera auf dem Stativ erfaßt wurde. Schon hatte Ahrens den Knopf für den Fernauslöser in der Hand. Seine Gedanken an die Freuden des Picknicks waren verflogen. Ein kurzer Hupton, und Wanitzky näherte sich von der Terrasse, um das große Tor zu öffnen. Der Wagen fuhr in den Schatten der Kastanie und hielt neben dem BMW. Die Fahrzeugtüren schlugen auf, und Kai Fischbach und Martha Nikols stiegen aus. Eine lebhafte Begrüßung mit Küßchen rechts und links auf die Wangen folgte.

Ob es ein Zuviel an Sonne oder das Gefühl war, als einzige mit unten wenig und oben ohne herumzulaufen – Ilka Ritter verschwand im Haus und kam in heller Bluse zum pinkfarbenen Rock zurück.

Ahrens sah mit Enttäuschung, daß auch seine Kommissarin ehrenhalber in die Bluse schlüpfte und sie energisch zuknöpfte.

Kaum waren auf der Terrasse die Gläser mit dem Begrüßungsdrink geleert, da rollten noch zwei Fahrzeuge der Oberklasse an, ein grauer Rover und ein schilffarbener Mercedes mit Doppelstoßstangen. Beide hatten Bonner Kennzeichen. Dem Rover entstiegen ein Herr mittleren Alters und eine dunkelhaarige Begleiterin. Das mit dem Mercedes gekommene Paar schien deutlich jünger zu sein. Beide waren blond; neben ihrer Haarfülle wirkte sein Bürstenhaarschnitt besonders kurz und betonte seine sportliche Erscheinung.

Wanitzky bat mit einer Handbewegung einzutreten. So verschwand die Gruppe gestikulierend und scherzend im »Dohlenhaus«.

Ahrens hatte den Winder durchziehen lassen und noch einige Aufnahmen mit der Zweitkamera geschossen. Fräulein Kuhnert vermerkte die Vorgänge auf dem Laufzettel und notierte die Autonummern.

»Kennst du die vier, die zuletzt gekommen sind?« fragte sie.

Ahrens schüttelte den Kopf. »Nie gesehen. Die müssen überprüft werden.«

Der interessanteste Teil der Beobachtung schien für den Sonntag gelaufen zu sein. Aus den Fenstern klangen undeutliche Stimmen herüber und von Zeit zu Zeit ein dröhnendes Lachen.

Fräulein Kuhnert füllte zwei Pappbecher mit Kaffee aus der Thermosflasche. »Zum Wohl, mein Tugendbold!«

»Ziemlich lau«, stellte Ahrens fest, wobei offenblieb, ob er das Getränk oder die Eindrücke von den Vorgängen im »Dohlenhaus« meinte. – Jetzt wäre Gelegenheit gewesen, Versäumtes nachzuholen, doch die Stimmung war verflogen. Obwohl es keinen Grund dafür gab, entwickelte sich bei der Kommissarin im Ehrenamt ein Schuldgefühl, weil dieser Tag im »polizeilichen Frust« ausklang.

»Ich laufe noch mal um das Grundstück«, sagte Ahrens, »und bin so schnell wie möglich zurück.«

Sie sah ihn nicht sehr begeistert an.

»Keine Angst – dir passiert schon nichts. Notfalls mußt du laut schreien, das höre ich.«

»Phh«, machte sie, als er ging. Dann stützte sie sich auf die Ellenbogen und schaute mit starrem Blick zum »Objekt der Begierde« hinunter.

Ahrens kam bald zurück und brummelte, daß es eigentlich genug sei mit dem langweiligen Gammeldienst. »Ich gehe zur Straße hinunter; der Chef muß gleich kommen.«

»Laß mich das machen; dieses Herumhängen ist wirklich das letzte.« Fräulein Kuhnert wartete gar nicht erst eine Antwort ab.

Sie kletterte auf der dem »Dohlenhaus« abgelegenen Seite den Hang hinunter und erreichte über den halb zugewachsenen Waldweg die Straße, welche kurz vor Röttgen den Katzenlochbach überquert. Hier konnte sie endlich ausschreiten und sich den Distreß von der Seele laufen.

Auf dem Rückweg von der Brücke sah sie einen roten R4 in langsamer Fahrt heranrollen. Sie winkte lebhaft; die Autoscheinwerfer blinkten auf, und das Fahrzeug hielt. Freiberg öffnete die Beifahrertür, und Fräulein Kuhnert ließ sich aufatmend in die Polster fallen.

»Alles okay?« Freiberg warf ihr einen kurzen Blick zu und wendete den Wagen. »Wir fahren ein paar hundert Meter zurück. Hier möchte ich die Karre bei Dunkelheit nicht stehen lassen. – Nun erzählen Sie mal.«

Fräulein Kuhnert berichtete – verkürzt über das barbusige und haarige Schauspiel auf der Terrasse – eingehend über die unerwarteten Besucher und über die Pfiffigkeit, mit der Ahrens das Fotografierproblem gelöst hatte.

»Hier, wir haben alles auf dem Laufzettel festgehalten.«

»Bestens«, dankte Freiberg. Dann stellte er das Fahrzeug bei den ersten Häusern ab und ließ sich von seiner Kommissarin ehrenhalber zum Beobachtungsplatz führen.

Ahrens hatte Kamera und Stativ eingezogen und alles für den Abmarsch vorbereitet. Auch er gab seine Eindrücke sehr präzise an den Kommissar weiter.

»Die Fahrzeughalter werden wir morgen abchecken«, meinte Freiberg. »Mercedes älterer Bauart und blonde Frauen – die Kombination scheint es ja recht oft zu geben.«

»Willst du vielleicht unsere Decke hierbehalten? Die Nacht wird lang und kühl.«

»Danke, Freunde, besser nicht. Ich sehe mich im Gelände um und werde hier gewiß keine Wurzeln schlagen. Ihr habt ja alle Vögelchen im Kasten – Macht's gut; ich danke euch!«

Freiberg wunderte sich, daß die beiden aufmerksamen Beobachter nach so langen gemeinsamen Stunden nicht heiterer den Heimweg antraten. Er hatte das Fernglas übernommen und verglich nach einem gründlichen Rundblick die Autokennzeichen mit den Notizen auf dem Laufzettel. Alles stimmte. Dann zog er die Stadtkarte aus der Tasche. Die Waldwege am »Dohlenhaus« waren offensichtlich nur zum Teil mit dünnen Strichen eingezeichnet; der Weg zum Beobachtungspunkt fehlte ganz.

Freiberg sah keine Notwendigkeit, am Platz zu verharren, und ging den zum Teil dicht überwachsenen Pfad bis hinauf zur Hangkante, wo Zäune und Mauern von bebauten Grundstücken die Verbindung zum Höhenweg blockierten. Mit dem Handfunkgerät nahm er Verbindung zur Einsatzleitstelle auf. Obwohl sein Standort in der Luftlinie nur knapp vier Kilometer vom Präsidium entfernt war, klappte die Funkverbindung nur schlecht. Der Venusberg lag wie ein massiger Riegel zwischen den beiden Punkten. Im Ernstfall mußte sich hier oben ein Streifenwagen aufhalten, um mit stärkeren Geräten – als Relaisstation – die Verbindung zu sichern.

Freiberg lief die nächsten Stunden regelrecht ab und versuchte dabei, so gut es ging, das »Dohlenhaus« oder zumindest die Zufahrt im Auge zu behalten. Zurück am Beobachtungspunkt ließen sich aus dem Haus nur unverständliche Gesprächsfetzen und zu späterer Stunde Swing-Musik der zwanziger und dreißiger Jahre vernehmen. Kurz vor Mitternacht ging die kleine Runde auseinander. Bei der Verabschiedung im Hof flogen laute Scherzworte hin und her – wie schön es doch gewesen sei und daß man sich bald wiedersehen müsse auf der nächsten Gartenparty in Bad Godesberg. »... und bringen Sie die reizende Ilka mit.«

»Wir werden gern kommen«, sagte Wanitzky. »Ich hätte ja nie gedacht, daß man in Bonn so schnell heimisch werden kann.«

Die drei Fahrzeuge verließen unmittelbar nacheinander das »Dohlenhaus«. Drinnen wurden die Verstärker hochgedreht. Vielleicht, so überlegte Freiberg, beglückt Ilka Ritter ihren Gönner jetzt mit einem Striptease.

Nach einer halben Stunde gingen die Lichter aus, und der Kommissar sah keine Notwendigkeit, noch länger auszuharren. Er ging zu seinem R4 und fuhr in die Rittershausstraße.

Seine studentische Hilfskraft wollte er nicht mehr aufsuchen; sie sollte schlafen, denn für sie begann am Montag eine schwere Zeit.

17

Die Beobachtung des »Dohlenhauses« hatte keine weiteren Erkenntnisse gebracht. Ilka Ritter schien ständiger Gast zu sein. Doch sie betrat oder verließ das Anwesen selten gleichzeitig mit Wanitzky. Die flotte Freundin mit dem kleinen »Fiesta« war, auf den Polizeifotos prächtig festgehalten, eine Zierde für jede Ermittlungsakte. Ihre Proportionen wurden in Kreisen der Kripo ausgiebig erörtert. Doch über sie war »nichts Nachteiliges bekannt«, wie später zu lesen sein würde.

Mit Hilfe von CEBIs elektronischen Spinnenfingern hatte der Kommissar gleich am Montag die Gäste des »Dohlenhauses« abtasten lassen. »Blonde Frau mit sportlichem Begleiter« erwies sich als weiterer Ermittlungsflop. Die goldene Haarfülle gehörte zur Ehefrau »Hochbau-Henkmann«. Dieser Herr hatte nicht nur ein Händchen für das ganz große Geschäft, sondern bemühte sich auch, die Rückhand zahlreicher Damen seines Tennisclubs zu verbessern. Bei dem Mann mit dem Rover und der Schwarzhaarigen handelte es sich um Bruno Jankelo, der im Tiefbau hohe Gewinne erbaggerte. Beide Herren hatten, wie das Polizeideutsch besagte, »in der fraglichen Nacht« mit Arno von Sendenstein, mit dem »Hofarchitekten« Max Stellmeier und dem Abgeordneten Hinterwimmer bei Wanitzky am Kamin gesessen. Auch dieses Alibi stand nach Ahrens' Worten »wie eine Eins«.

»Da haben wir ja ein ganzes Nest von Ehrenmännern«, stellte Lupus mit Bedauern fest. »Mir wird ganz kribbelig bei der Vorstellung, daß die alle um das Wohl der Bundeshauptstadt bemüht sind.«

Freiberg nahm die ausgedruckten CEBI-Meldungen und die Bemerkungen seiner Mitarbeiter stillschweigend zur Kenntnis. An diesem Mittwochvormittag sollte im Zimmer dreihundertsechs des Polizeipräsidiums Bilanz gezogen werden. Fräulein Kuhnert hatte für ausreichend Kaffee gesorgt. Nur Peters fehlte. Er streifte am Schafberg herum und wartete auf Nachricht, ob die Beobachtung fortgesetzt oder mangels Erfolgsaussicht abgebrochen werden sollte. Um die Meldungen über Funk verständlich durchbringen zu können, fuhr UNI 11/15 zwischen dem

Höhenweg und der Diplomatenschule Streife.

Freiberg wußte, daß der Fall Korbel nicht mit Spekulationen zu lösen war; die Ermittlungen saßen fest.

»Wissen wir mehr über das Hanfseil?« fragte er.

»Wenig«, antwortete Ahrens. »Hersteller ist eine Firma in den Niederlanden. Die beliefert Zwischenhändler und Großmärkte in ganz Europa. – Da ist kein Weiterkommen.«

Freiberg hatte den Ellenbogen auf den Schreibtisch gestützt und strich mit drei Fingern der linken Hand über seine Stirn. Er war unzufrieden.

»Die Beobachtung frißt uns die Stunden weg. Wir machen Schluß damit. Peters soll selbst entscheiden, wann er abrücken will. Für den Rest des Tages und morgen hat er frei. – Dienstausgleich für geleistete Überstunden.«

»Dann bleibt das arme Schwein freiwillig draußen«, meinte Lupus. »Wir wissen doch, daß ihn zu Hause nichts hält.«

»So zusammengeschossen zu werden im Dienst –«, seufzte Fräulein Kuhnert. »Auch die Frau tut mir leid; das ist sicher nicht einfach.«

»Du hast recht, Mädchen«, sagte Freiberg. »Diese Schießwerkzeuge sind des Teufels. Manchmal wünsche ich, wir wären unbewaffnet wie die Bobbys und die Leute vom Yard. Aber seit in England die Todesstrafe für Polizistenmord abgeschafft ist, rufen die auch nach Waffen.«

Lupus nickte. »Dafür habe ich volles Verständnis. Was wir auf alle Fälle brauchen, ist mehr Fahndung und weniger Personen- und Objektschutz, dann...«

Das Telefon läutete. Freiberg nahm ab und drückte sofort den Lautsprecherknopf. Die Einsatzleitstelle gab eine Nachricht durch: »Kriminalhauptkommissar Peters meldet, daß zwei Männer in einem Mercedes älterer Bauart mit belgischem Kennzeichen auf den Hof des ›Dohlenhauses‹ gefahren sind. Er beobachtet weiter.«

»Verdammt«, erregte sich Freiberg, »jetzt haben wir auch noch die Waffenschieber aus Belgien am Hals. Kollege Boeremans muß denen wohl zu dicht auf den Pelz gerückt sein. Wer weiß, was die hier ausbrüten wollen. – Peters soll nur vorsichtig sein; solche Knaben fackeln nicht lange, wenn man ihnen zu nahe kommt. – Lupus, fahr raus und paß auf, daß er nicht verrückt spielt. Ahrens und ich bleiben hier. Sieh zu, daß die Funkverbindung steht.«

Lupus hob die Hand. »Okay, Chef, ich melde mich von dort.« Ohne Hast zog er die Tür hinter sich ins Schloß.

Freiberg überlegte: »Wo steckt Wanitzky? – ›Kommissarin‹ Kuhnert, bitte rufen Sie die Ritter an, und stellen Sie fest, wo dieser alias Lad Wany sich herumtreibt.«

»Soll ich mich an ihn hängen?« fragte Ahrens.

»Abwarten. Ich möchte nicht, daß wir alle mit dem falschen Dampfer reisen.«

Fräulein Kuhnert war nach zwei Minuten zurück. »Wanitzky ist nicht in der Koordinata. Die Ritter sagte mir, er sei geschäftlich unterwegs und werde in einer Stunde im Büro erwartet. Man könne ihn vielleicht über sein Autotelefon erreichen. Die Rufnummer habe ich; wollen Sie mit ihm sprechen?«

»Nein – was soll's? Der wird umgehend von der schönen Ilka über unseren Anruf informiert. Soll er sich getrost fragen, was das zu bedeuten haben könnte. Ich frage mich das ja auch. – Also – kleine Ermittlungspause! Stürzen wir uns auf die Berge von Papier!«

»Ich mache die Überstundenmeldung fertig«, erklärte Fräulein Kuhnert.

»Gut – aber nicht für mich«, sagte Freiberg.

»Für alle!« stellte sie energisch fest. »Widerspruch ist zwecklos.«

Schweigen. – Nachdem Ahrens gegangen war, nahm der Kommissar die oberste Akte vom Stapel. Die Rechnungsvorprüfung fragte an, warum in einer – bereits Monate zurückliegenden – Fahndungssache in Köln statt der öffentlichen Verkehrsmittel die teure Taxe benutzt worden war.

In Freiberg stieg die Wut hoch; diese Federfuchser! Er schrieb als Begründung in Druckbuchstaben nur ein Wort: NOTWENDIG und warf die Laufmappe auf den Bock für den Ausgang.

Die anderen Akten blieben liegen. Freiberg lehnte sich zurück; er war müde.

Peters hatte an der Hofmauer, die das »Dohlenhaus« umgab,

wohl zwei Raummeter des für den Abtransport am Wege gestapelten Stammholzes zusammengetragen. Von diesem Podest aus ließ sich das Anwesen hervorragend überblicken. Einige über die Mauerkante ragende Zweige dienten der Tarnung; er hatte sie sorgfältig festgesteckt. Der von Fräulein Kuhnert und Ahrens genutzte Standort am gegenüberliegenden Hang erschien ihm zu weit entfernt. Unmittelbar vor ihm lag der Parkplatz, geschützt durch das Laubdach des Kastanienbaums. Von dort bis zum Hauseingang waren es nur wenige Schritte. Gleich linker Hand, an der nördlichen Mauer entlang, erstreckte sich eine Scheune mit Satteldach. Auch dieses Gebäude war in schwarz-weißem Fachwerk erstellt. An der Stirnseite neben dem Tor hing auf zwei Holzkeilen eine schon etwas morsch wirkende Leiter.

Der so überraschend aufgetauchte Mercedes mit dem belgischen Kennzeichen stand nur wenige Meter entfernt vor dem Scheunentor. Der Fahrer, ein schlanker, drahtiger Typ, kaum mittelgroß, das brünette Haar modisch kurz geschnitten, trug zur hellen Tuchhose eine Jacke aus feinstem braunem Leder.

Der andere Mann wirkte mit seiner gedrungenen vierschrötigen Gestalt und dem schwarzen Kraushaar wie jemand, mit dem man nicht aneinandergeraten möchte. Er trug einen Lumberjack aus seidig glänzendem Stoff. Mit einer schnellen, kraftvollen Bewegung hob er eine schwere Kiste aus dem Kofferraum und schleppte sie zum Haus. Der kleine Drahtige ging mit einer Reisetasche in der Hand voran, um die Haustür aufzuschließen.

Peters wunderte sich, daß die beiden Neuankömmlinge einen Schlüssel und damit freien Zutritt hatten. Das ließ auf ein sehr enges persönliches Verhältnis zu Wanitzky schließen.

Die beiden Männer kamen nach kurzer Zeit zurück, um noch eine Segeltuchtasche, zwei Diplomaten-Handkoffer und einige Kleinigkeiten, die auf dem Rücksitz gelegen hatten, ins Haus zu tragen. Der Vierschrötige warf mit einem Stoß des Ellenbogens die Autotür ins Schloß und drückte im Vorbeigehen die Kofferraumhaube nieder.

Peters sah die beiden im Haus verschwinden und hörte, daß die Haustür einrastete. Man schien sich auf einen längeren Aufenthalt einzurichten.

Jetzt war die Gelegenheit gekommen, auf die Peters gewartet

hatte. Mit einer schnellen Bewegung nahm er die Pistole in die Hand und lud durch. Dann schob er die Waffe in das Schulterholster zurück und ließ sich vorsichtig von der Mauerkante in den Hof hinabgleiten. Die Körperstreckung verursachte einen stechenden Schmerz im Unterbauch. Die alte Schußverletzung machte ihm immer noch zu schaffen. Er verharrte einige Sekunden geduckt am Fuß der Mauer, bis der Schmerz nachließ. Der schwere Wagen stand jetzt zwischen ihm und dem Hauseingang. Er bot gute Deckung. Drinnen blieb zunächst alles ruhig; dann dröhnte Musik herüber: »When the saints go marching in.« Peters zog die ihm zugewandte Fahrertür auf und schob sich über den Sitz. Mit einigen schnellen Bewegungen räumte er das Handschuhfach aus und steckte die Papiere und Dokumente in die Taschen seines Sommeranoraks. Das sollte erst einmal geprüft werden; später würde man Gelegenheit finden, alles zurückzugeben.

Die nächste Aktion war gefährlicher. Hierbei mußte ein schneller Rückzug gewährleistet sein. Dafür bot sich die Leiter an. Peters hob sie von den Holzkeilen und lehnte sie an die Mauer. Auf der anderen Seite lag der Holzstapel. Das ergab einen sicheren und schnellen Übertritt.

Jetzt hob er von der sichtgeschützten Seite aus die nur lose aufliegende Kofferraumklappe vorsichtig an, bis die Standhalterung einrastete. Auf der Antirutschmatte lagen ein Zehnliter-Kanister, Schachteln für Reservelampen und Sicherungen, eine alte Wolldecke, mehrere Tragetaschen und ein zusammengeklapptes Warndreieck.

Peters schob die Taschen mit den Werbeaufdrucken in Französisch und Flämisch beiseite. Plötzlich hatte er eine leere viereckige Hülle aus besonders festem Kunststoff in der Hand mit dem Aufdruck »Câble de remorquage«. Als er zugriff, um den Fund an sich zu nehmen, hörte er die Haustür schlagen. Seine Hand krampfte sich um die unverhoffte Beute. Vorsichtig zog er sich hinter den Wagen zurück. Doch es gelang ihm nicht mehr, die Kofferraumklappe herunterzudrücken.

Der Vierschrötige kam langsam mit leicht unrhythmischen Schritten den Plattenweg herauf und ging zum großen Eingangstor. Bedächtig nahm er ein Schlüsselbund aus der Tasche und schloß ab.

Geduckt hinter dem Fahrzeug beobachtete Peters jede Bewegung des Mannes. Der ging ohne Hast zum Haus zurück. Plötzlich drehte er den Kopf nach links; er mußte wahrgenommen haben, daß die Kofferraumhaube hochgeklappt war. Nun verhielt er den Schritt und kam – immer noch langsam – auf den Wagen zu.

Jetzt wurde es brenzlig. Es konnte nur noch Sekunden dauern, bis der Mann die an die Mauer gelehnte Leiter in Zusammenhang mit dem offenen Kofferraum brachte.

Noch lag das Moment der Überraschung bei Peters. Er sprang auf und war mit einigen Schritten an der Leiter. Beim ersten Auftritt brach eine Sprosse weg. Mit beiden Händen umklammerte er die Holme; Splitter drangen ihm unter die Haut. Jetzt war er wehrlos. Trotz des erneut auftretenden Schmerzes im Unterleib zog er sich hoch und erreichte die Mauerkante. Seinen Fund hatte er zwischen die Zähne genommen. Mit der linken Hand griff er danach und warf ihn über die Mauer. Dort würde man die Hülle finden, wenn es ihn erwischen sollte.

Der Mann auf dem Hof setzte zum Spurt an und zog dabei einen Revolver. Peters wußte, daß es nur noch eine Chance gab zu entkommen; es mußte ihm gelingen, die Leiter über die Mauer zu bringen. Er sprang auf den Holzstapel und beugte sich noch einmal vor, um sie hochzuziehen. Ein Schuß peitschte auf. Neben seiner Hand zersplitterte das Holz. Er duckte sich; der zweite Schuß zischte dicht an seinem Kopf vorbei. In den nächsten Sekunden mußte der Verfolger über der Mauerkante auftauchen.

Peters ergriff einen kurzen Holzstamm und warf ihn nach links hangabwärts. Es hörte sich an, als ob jemand durch die Büsche flüchtete. In diesem Augenblick sprang er in die entgegengesetzte Richtung vom Holzstapel ab. Doch es gab keine Dekkung und keinen Sichtschutz – nur dünnes Buschwerk; zehn Meter entfernt die ersten Bäume.

Noch einige Schritte; Peters verhielt und drehte sich blitzschnell um. Ebenso schnell hatte er die entsicherte Sig-Sauer im Anschlag. Das war der Moment, den er sich oft ausgemalt hatte: du oder ich! Er stand wie gelähmt. Ihm war klar, daß er gleich schießen – und einen Menschen treffen mußte, wenn er selbst davonkommen wollte.

Die über die Mauer ragenden Holme der Leiter bebten. Der Verfolger kam heraufgeklettert, den kurzläufigen Revolver in der vorgestreckten Hand. Er sah nach links – und sofort nach rechts. Die Waffe schwenkte mit. In Sekundenbruchteilen nahm Peters wahr, daß er entdeckt war. Er zielte, schoß – und traf.

Mit einem Aufschrei riß der Mann die Hände hoch und stürzte von der Leiter auf den Hof zurück. Sein Revolver fiel auf den Holzstapel.

Lupus saß allein im Wagen. Er war entspannt und summte Melodien von Rhein und Wein. Über den Info-Geber hatte er per Knopfdruck dem Elektronengehirn von CEBI seinen Einsatz gemeldet; widerwillig zwar, aber korrekt. Die Strecke vom Präsidium zum Schafberg führte »über die Dörfer«. Sie betrug mehr als das Doppelte der Luftlinie und war ohne Blaulicht und Musik kaum in weniger als einer halben Stunde zu schaffen. Der Venusberg mußte umfahren werden.

Am Bundeskanzlerplatz wie üblich Kolonnen im Schritttempo. Dann in Poppelsdorf runter von der Reuterstraße und mit einem Hakenschlag für Kenner über den Jagdweg zum Clemens-August-Platz in Richtung Ippendorf.

Im Funknetz herrschte ungewöhnliche Ruhe. Lupus hatte bisher nur einige Anfragen zu Kraftfahrzeugkennzeichen gehört. Für einen Baustellenunfall auf der anderen Rheinseite in Oberkassel waren Notarzt und Feuerwehr angefordert worden. Das war alles. Die diensttuenden Beamten in der Leitstelle sahen sicherlich auf einem der Monitore das Fernsehprogramm, vielleicht »Die Sendung mit der Maus«; oder sie saßen besonders stramm und diensteifrig vor den Geräten, weil einer hochrangigen Besuchergruppe das Millionen-Wunderding CEBI vorgeführt wurde.

Als Lupus in Höhe des Melbbades angekommen war, fand die Idylle ihr Ende; sein Gesang verstummte. Wie elektrisiert verfolgte er die Meldung des Streifenwagens vom Höhenweg an die Einsatzleitstelle. »...Kriminalhauptmeister Peters meldet Schußwechsel am ›Dohlenhaus‹ unterhalb des Schafberges. Ein bewaffneter Mann wurde getroffen, wahrscheinlich schwer verletzt, ein weiterer ist noch im Anwesen; er könnte bewaffnet sein. Sofort RTW und Notarzt zum Tatort. Äußerste Vorsicht bei Annäherung; es kann sich um gesuchte Personen in einer Mordsache handeln. Im Fahrzeug am ›Dohlenhaus‹ wurde eine leere Plastikhülle für ein Abschleppseil gefunden. Sofort Kommissar Freiberg, erstes Kommissariat, oder Vertreter benachrichtigen. UNI 11/15 verläßt Höhenweg, um Kripo zu unterstützen und Auffahrt zum ›Dohlenhaus‹ zu sperren.«

Lupus gab Gas und drückte die Nummer »5« des Info-Gebers »will sprechen«. Er mußte die Geschwindigkeit gleich wieder drosseln, denn die Ortsdurchfahrt wurde enger. Noch bevor die Leitstelle auf die Durchsage des Streifenwagens reagieren konnte, meldete er sich. »UNI für UNI 81/13 – Meldung ›Dohlenhaus‹ mitgehört. Ich bin in wenigen Minuten am Tatort. UNI 11/15 muß auf dem Höhenweg bleiben und oberen Bereich sichern; insbesondere den Waldweg, der zwischen den Häusern 136 und 136b hochkommt. – Nachricht an Hauptkommissar Freiberg dringend erforderlich. Er müßte noch im Präsidium sein. Ich nehme jetzt direkten Kontakt mit Peters auf. – Ende.«

Lupus schaltete auf das 2-m-Band. »Peters – hörst du mich?«

»Gut – sehr deutlich.«

»Bist du heil geblieben?«

»Ja – aber beim ›Dohlenhaus‹ liegt ein Verletzter. Ich habe schießen müssen, als der Mann mit gezogener Waffe über die Mauer wollte. Er ist zurückgestürzt. Sein Revolver ist auf meiner Seite heruntergefallen.«

»Wo steckst du?«

»Nördliche Mauer, am Holzstapel. Sieh zu, daß du herkommst. Ich kann mich kaum noch bewegen – es ist die alte Wunde im Bauch.«

»In zehn Minuten bin ich dort. Unternimm nichts, warte!«

»Verstanden.«

»Ich stelle erst unten den Wagen quer und blockiere die Ausfahrt. Dann komme ich durch den Wald hoch.«

»Bist du allein?«

»Leider. Freiberg und Ahrens sind im Präsidium und werden mobil gemacht. – Die werden sich um Wanitzky kümmern.«

»Verstanden. Komm bald, Lupus, ich kann nicht mehr.«

»Halt die Ohren steif! Ich bin gleich da. Und – Peters, nichts allein unternehmen! Hörst du?«

»Verstanden!«

»Gut – ich bleibe für dich auf Empfang.«

Lupus drückte das Peiker-Mikrofon in die Halterung und trat den Gashebel durch. Ohne Blaulicht und Martinshorn preschte er zum Zielort.

Nach sechs Minuten Fahrt bog er am holzgeschnitzten Wegweiser »Dohlenhaus« nach links in die Auffahrt ein. Zwischen zwei kräftigen Bäumen stellte er in der letzten Kurve vor dem Hoftor den Wagen quer. Hier kam kein Fahrzeug mehr durch. Er sicherte die Türen und hastete durch niedriges Buschwerk und ein Gewirr von ausgewachsenen Stubben zu dem von seinem Kollegen angegebenen Standort.

Peters lehnte totenblaß und mit schmerzverzerrtem Gesicht an einem dünnen Baumstamm; in der herabhängenden Hand die Waffe. Er hatte Lupus bemerkt, ließ aber keine Sekunde den Blick von der Mauer. Doch die Holme der Leiter hatten sich nicht wieder bewegt. Als Lupus der Visierlinie zu nahe kam, winkte Peters ihn energisch beiseite.

»Mensch, bin ich froh, daß du kommst«, sagte er und wies auf die Mauer hinter dem Holzstapel. »Von dort aus wollte der Kerl mich abschießen; aber ich war schneller. Dort unten liegt sein Revolver.«

»Hast du ihn voll erwischt?«

Peters zitterte. »Voll in die Brust – scheußlich. Aber ich mußte es tun. Untenrum war er durch die Mauer gedeckt. – Ich habe die Leiter nicht mehr hochziehen können.«

»Heißt das, du warst drüben?«

»Ja, die beiden Männer hatten ihr Gepäck aus dem Wagen ins Haus getragen – das war eine Gelegenheit, mir das Auto näher anzusehen. Im Kofferraum habe ich das hier gefunden.« Peters hielt Lupus die leere Plastikhülle entgegen. »Da war doch wohl ein Abschleppseil drin.«

Lupus wollte mit spitzen Fingern zugreifen.

»Nimm das Ding ruhig in die Hand; es gibt bestimmt keine Fingerabdrücke mehr. Ich habe es zwischen den Zähnen gehabt und alles zerknüllt.«

Lupus las den Aufdruck und das Kleingedruckte: »Côrde de chanvre – tordu – Made in Holland«.

»Mensch, Peters! Das sind die Burschen vom Stadtwald! Die kommen hier nicht mehr raus. – Was hat sich hinter der Mauer getan nach dem Schuß?«

»Ich weiß nicht genau, was da los ist; konnte nicht mehr auf den Holzstapel klettern. Aber ich glaube, der zweite Mann hat versucht, seinen Kumpel ins Haus zu schleppen. Gleich nach dem Schußwechsel habe ich Rufe gehört – nach einem Basil, und dann: ›Was ist los, Basil? Verdammt, sag doch was!‹ Aber gesagt hat der Basil nichts mehr.«

»Ich sehe nach«, sagte Lupus. »Du sicherst die Mauerkante und schießt sofort, wenn sich einer oben blicken läßt.«

Lupus lief durch das lichte Gebüsch im rechten Winkel auf die Mauer zu. Als er ihren Schutz erreicht hatte, fühlte er sich besser. Peters würde niemanden ungestraft herüberkommen lassen.

Mit der Waffe in der Hand kletterte Lupus auf den recht wakkeligen Holzstapel. Einige Zweige boten dürftigen Sichtschutz. Mit einem Gefühl wie Eis im Herzen schob er den Kopf höher. Noch ein paar Zentimeter, ein kurzer Blick über die Deckung. Kein Mensch war zu sehen. Dann ließ er seine Augen über das Grundstück wandern; noch ein Blick über die Kante hinweg steil nach unten. Auch dort war niemand.

Am Fuße der Leiter eine Blutlache und Spuren bis zum Hauseingang.

»Die sind im Haus!« rief er Peters zu. »Ich ziehe die Leiter hoch.« Damit ergriff er sie an der obersten Sprosse und riß sie mit einem gewaltigen Schwung über die Mauerkante. – Drüben blieb alles still.

18

Schon die erste Meldung von Peters über das Eintreffen des Wagens mit belgischem Kennzeichen hatte Kommissar Freiberg beunruhigt. Doch der aufkeimende Verdacht war durch den Ärger über die Rechnungsprüfer verdrängt worden. Freiberg hatte sich zurückgelehnt; seine Gedanken waren nur lose Fäden, die er nicht miteinander verknüpfen konnte.

Das Telefon schreckte ihn hoch. Er hörte die aufgeregte Stimme von Fräulein Kuhnert: »Chef! Der Kommissar vom Dienst in der Einsatzleitstelle mit einer dringenden Nachricht.«

»Durchstellen, Mädchen – und mithören.«

»Geht klar!«

»Kollege Freiberg! Alarmmeldung vom ›Dohlenhaus‹. Auf Peters ist geschossen worden. Er hat das Feuer erwidert und einen Mann getroffen. Rettungstransportwagen und Notarzt sind unterwegs. Hauptmeister Müller hat die Meldung mitgehört und müßte in diesen Minuten am Tatort eintreffen.«

»Ist Peters verletzt?«

»Nein – jedenfalls hat er das nicht gemeldet. Noch etwas Wichtiges: Peters hat in dem abgestellten Auto eine leere Plastikhülle für ein Abschleppseil gefunden.«

Freiberg fuhr hoch, hielt kurz den Hörer beiseite und brüllte durch die offenstehende Tür: »Kuhnert! – Ahrens sofort zum Wagen. Wir müssen uns den Wanitzky schnappen. Ich komme gleich runter zur Ausfahrt!«

»Mensch, du schreist einem ja ins Ohr, daß das Trommelfell platzt«, beschwerte sich der Kommissar vom Dienst.

»Entschuldigung – sonst noch Erkenntnisse?«

Peters meldet, daß es sich bei den Tätern im ›Dohlenhaus‹ um gesuchte Personen in eurer Mordsache handeln könnte.«

»Recht hat er! Schick sofort noch einen Streifenwagen raus. Weiß der Teufel, was da auf uns zukommt. Ich fahre mit Ahrens zur Koordinata-Bonn im Rhein-Center, Wanitzky festnehmen. Gib die Nachricht an den Gruppenleiter und an Doktor Wenders weiter. Ich habe dazu im Moment keine Zeit. – Unsere Kuhnert kennt die Zusammenhänge.«

Freiberg steckte die Waffe ein und stürmte mit der Jacke in der Hand an Fräulein Kuhnert vorbei.

»Stellung halten! Wir schaffen den Wanitzky her. – Vernehmung vorbereiten.«

Mit einem lauten Knall flog die Tür ins Schloß. Freiberg nahm die Treppen im Sturmschritt; der Aufzug wäre nur halb so schnell gewesen. Es dauerte noch ein paar Sekunden, bis Ahrens mit dem Wagen vorfuhr.

»Los, zur Koordinata! Peters hat zwei Personen im ›Dohlenhaus‹ gestellt. Sieht ganz so aus, als ob das die beiden sind, die Korbel am Tatabend mit dem Wagen abgeholt haben. Einer ist angeschossen.«

»Ist die blonde Frau dabei?«

»Ich glaube, es gibt gar keine Frau! Der alte Versicherungsakquisiteur hat die blonde Haarfülle der Person am Steuer gesehen und angenommen, es sei eine Frau. Das war sein Irrtum – und unserer auch! Ich bin sicher, der Fahrer war ein Mann; entweder mit langen blonden Haaren – oder mit einer Perücke. So einfach ist das! Aber jetzt holen wir uns diesen Wanitzky, den Kopf der Bande. Die zwei im ›Dohlenhaus‹ sind nur seine Werkzeuge.«

Freiberg gab Status drei ein und drückte sofort die Nummer fünf. Ein Griff zum Mikrofon: »UNI 81/12 – Erstes Kommissariat Freiberg und Ahrens auf dem Weg zur Firma Koordinata-Bonn im Rhein-Center. Festnahme eines Tatverdächtigen in der Mordsache Korbel beabsichtigt. – Sofort die Kennzeichen des von Johann Wanitzky gefahrenen Kfz feststellen. Fahrzeugtyp: Großer BMW der 700er Reihe. Fahndung nach dem Fahrzeug kann erforderlich werden. – Ende!«

Freiberg wußte, daß über »Zevis«, so hieß das Zentrale Verkehrs-Informationssystem im Computerjargon, in wenigen Sekunden die Daten des Zentralregisters in Flensburg für die Fahndung verfügbar sein würden.

Es waren nur knapp zwei Kilometer bis zum Ziel; doch sie erschienen endlos. Bonns Nord-Süd-Achse erstickte wieder einmal im Blech. Ahrens mußte sich langsam im Verkehrsstrom mittreiben lassen. Endlich ragte links die Silhouette des Hochhauskomplexes vor dem Kamm des Venusbergs in den Himmel. Ahrens fuhr auf den Parkplatz. Hier standen mehrere schwarze Limousinen mit CD- und CC-Schildern; sie deuteten an, daß die Verbindung von Politik und Kapital vorzüglich funktionierte.

Der Kommissar ließ Ahrens seitlich neben dem Eingang halten.

»Bleib im Wagen. Wir brauchen ständigen Kontakt zu CEBI und zum ›Dohlenhaus‹. – Ich hoffe, daß Wanitzky inzwischen in seinem Büro eingetroffen ist. Sonst warten wir, bis er kommt.

Ich gebe dir sofort Nachricht.«

In der Loge der Office-Halle saß ein anderer Pförtner als beim ersten Besuch; auch er las Zeitung. Auf die Frage, ob Wanitzky im Hause sei, kam die brummelige Antwort: »Weiß ich doch nicht, dieser Mann kommt hier nicht durch. Der nimmt den direkten Aufzug von der Tiefgarage.«

Freiberg stand wieder vor den Messingschildern – immer noch auf Hochglanz poliert: Koordinata-Bonn – 13. Etage.

Er wartete, daß der energische Druck auf den Knopf endlich Wirkung zeigte. Nach langen Sekunden entließ der herabgekommene Aufzug eine Gruppe schnatternder Exoten; alle im dunkelblauen Zweireiher mit weißem Hemd und roter Krawatte.

Freiberg sprang in den frei gewordenen Käfig. In einem Zuge ging's hinauf bis zur Dreizehnten.

Hier oben schien das Chaos ausgebrochen zu sein. Die Tür zu dem von Ilka Ritter beherrschten Vorzimmer stand weit offen. Sie saß völlig aufgelöst am Schreibtisch und redete auf Kai Fischbach und Martha Nikols ein. Ihre Stimme klang verzweifelt und ängstlich. »... aber was sollte ich denn anderes tun, wenn der hier anruft.«

»Ich hätte es genauso gemacht«, sagte Kai Fischbach beruhigend.

»Du konntest gar nichts anderes tun«, tröstete auch Martha Nikols.

»Was ist denn los?« versuchte sich der älteste der Anwesenden Gehör zu verschaffen. »Es können doch nicht alle gleichzeitig reden. – Berichten Sie bitte, Frau Ritter!«

Martha Nikols hatte den Kommissar erblickt und rief, für alle zu verstehen: »Die Kriminalpolizei ist da!«

Der ältere Herr mit dem straff gescheitelten Haar drehte sich um. »Gott sei Dank! Dann werden Sie uns endlich sagen, worum es geht.« Er deutete ein Kopfnicken an: »Sendenstein – Vorstandssprecher.«

Der Kommissar nannte seinen Namen und fügte sehr deutlich hinzu: »Mordkommission.«

Schlagartig herrschte Stille im Raum.

Arno von Sendenstein war konsterniert. »Mordkommission? Würden Sie mir bitte erklären, was hier gespielt wird?«

»Später«, sagte Freiberg und schob sich zwischen Fischbach und Martha Nikols hindurch bis zum Schreibtisch. »Frau Ritter! Erzählen Sie mir bitte sofort, was passiert ist.« Der Kommissar sah in die Runde. »Ich will jetzt keine Zwischenfragen hören, ist das klar? Bitte, Frau Ritter...«

Sie versuchte, tief Luft zu holen. »Also, da war ein Anruf vom ›Dohlenhaus‹.«

»Wann?«

»Vor einer Viertelstunde etwa.«

»Und?«

»Dort ist geschossen worden. Zwei Freunde von Herrn Wanitzky sind aus Brüssel gekommen. Als sie im Haus waren, hat sich ein Dieb an ihrem Wagen zu schaffen gemacht. Basil wollte ihn verfolgen, und da hat... da hat der Einbrecher sofort geschossen. Küken hat seinen verletzten Freund ins Haus geschleppt und danach hier angerufen. Er hat nach einem Arzt verlangt. Ich habe sofort eins-eins-zwei angerufen und einen Notarzt zum ›Dohlenhaus‹ geschickt.«

Freiberg nickte zustimmend. »Gut – sind Ihnen die Männer bekannt?«

»Ja, aber nicht näher. Das sind Geschäftsfreunde von Herrn Wanitzky aus Brüssel. Ich kenne sie nur als Basil und Küken.«

»Wo ist Herr Wanitzky?«

»Auf dem Weg hierher von Düsseldorf. Aber...« Ilka Ritter verstummte.

Freiberg drängte: »Und... weiter?«

Ihr Blick wanderte ziellos durch den Raum. Sie schüttelte den Kopf, bevor sie kaum verständlich sagte: »Der hat... der hat mich fürchterlich angeschrien.«

Freiberg beugte sich über die Schreibtischkante vor: »Sehen Sie mich an – was ist geschehen? Bitte langsam und alles der Reihe nach.«

Sie schien ruhiger zu werden. »Also – erst kam der Anruf von Küken. Der war ganz aufgeregt und sagte immer wieder: ›Sofort einen Arzt – sofort einen Arzt her. Ein Einbrecher hat auf Basil geschossen; der stirbt mir unter den Händen.‹«

Freibergs Augen hielten ihren Blick fest. »Was haben Sie dann getan?«

»Ich habe eins-eins-zwei angerufen und gesagt, daß im ›Dohlenhaus‹ am Schafberg ein Arzt gebraucht wird, weil ein Mann niedergeschossen worden ist.«

»Und an die Polizei haben Sie nicht gedacht?«

»Doch – aber Küken wollte das nicht. ›Bloß nicht die Polizei, unter keinen Umständen die Polizei‹, das waren seine Worte.«

»Was haben Sie danach veranlaßt?«

»Ich habe Herrn Wanitzky schließlich über das Autotelefon erreicht und ihm berichtet, was in seinem Haus passiert ist und daß ich den Notarzt angefordert habe für Basil.«

Ilka Ritter preßte ihre Lippen aufeinander. Dann fuhr sie zögernd fort: »Herr Wanitzky ist regelrecht explodiert. Er hat mich angebrüllt und beschimpft, ich hätte alles verkehrt gemacht.«

»Was genau hat er gesagt?« drängte Freiberg.

»Meine Eigenmächtigkeit sei eine Frechheit – ich hätte ihn zuerst anrufen sollen, und dann hat er mir etwa folgendes an den Kopf geworfen: ›Jetzt wird der Notarzt die Polizei alarmieren. Diese Schweinebande hast du uns auf den Hals gehetzt. Scher dich zum Teufel!‹ – und dann war Schluß.«

»Was ist denn das für ein Umgangston?« erregte sich von Sendenstein.

»Sie werden sich noch über ganz andere Dinge zu wundern haben«, schnitt Freiberg ihm das Wort ab. Er wandte sich wieder der Sekretärin zu. »Versuchen Sie den Wagen von Wanitzky anzuwählen.« Sie zögerte.

»Nun wählen Sie schon!« mahnte Freiberg und nahm selbst den Hörer auf. »Wanitzky wird keine Gelegenheit mehr finden, Sie zu beschimpfen.«

Ilka Ritters Hand zitterte, als sie über die Tastatur die Rufnummer eingab.

Freiberg fühlte die erwartungsvollen Blicke der im Büro Anwesenden wie kalte Strahlen im Rücken. Atmosphärisches Knistern und Knacken begleitete den hinausgehenden Rufton. Zehn – zwanzig Sekunden – eine halbe Minute. – Er legte den Hörer zurück.

»Herr von Sendenstein, gestatten Sie, daß ich von hier aus einige Dinge erledige? Die Zeit drängt.«

»Bitte sehr. Ich weiß ohnehin nicht, was in diesem Hause geschieht.«

Freiberg ging um den Schreibtisch. »Frau Ritter, Sie überlassen mir sicherlich Ihren Platz. – Ich brauche das Ortsnetz.«

Sie stand auf. »Den Knopf rechts oben.«

Freiberg wählte den Kommissar vom Dienst in der Leitstelle an. »Haben wir die Daten von Wanitzkys Wagen?«

»Ja – alles erfaßt.«

»Sehr gut; dann raus damit. Fahndung nach dem Wagen und seinem Insassen Johann Wanitzky, dunkelhaarig, untersetzt, schwarzer Schnurrbart, Alter...«

»Vierundvierzig Jahre«, ergänzte Ilka Ritter.

»...also vierundvierzig! – Das Fahrzeug müßte sich noch im Raum Düsseldorf, Köln/Bonn befinden. – Johann Wanitzky ist festzunehmen wegen Mordverdachts. – Ich bin vorerst in der Koordinata zu erreichen.«

Erschrecktes Schweigen in der Runde, verwirrte Blicke.

»Was höre ich da; unser dritter Geschäftsführer unter Mordverdacht? Das soll wohl ein schlechter Scherz sein. – Wissen Sie, was das für die Firma bedeutet?« Arno von Sendenstein war außer sich und zerrte an seiner Krawatte.

»Bevor Sie sich jetzt schon aufregen, sollten Sie den Stand Ihrer Konten in der Schweiz überprüfen«, erklärte Freiberg betont ruhig.

»Die Finanzangelegenheiten sind nicht meine Sache; darum kümmert sich mein Kollege Fischbach.«

»...gemeinsam mit dem sauberen Herrn Wanitzky.«

»Das ist doch...«, brauste Fischbach auf.

»...ein starkes Stück, wollten Sie sagen. – Richtig!«

Der Kommissar sah Arno von Sendenstein an. »Ihre Herren Geschäftsführer haben sich am Donnerstag und Freitag in Zürich getroffen – und bestimmt nicht nur, um Schweizer Rösti zu essen.«

»Das ist ja unerhört!« Von Sendenstein wurde blaß. »Trifft das zu, Herr Fischbach?«

»Sie waren doch einverstanden, daß Gelder der Koordinata in der Schweiz angelegt werden. Kollege Wanitzky hat mich beraten bei...«

»Und davon erfahre ich nichts; unerhört, einfach unerhört ist das. – Um welche Summen handelt es sich?«

»Um zwei Millionen. Wanitzky meinte...«

Von Sendenstein unterbrach ihn. »Wer ist zeichnungsberechtigt für das Schweizer Konto?«

»Wir beide.«

»Gemeinsam?«

»Nein, jeder allein.«

»Das ist ja wirklich ein Skandal! Wie haben Sie sich nur auf eine solche Regelung einlassen können! – Ich möchte sofort wissen, wie es auf dem Konto aussieht. Nun rufen Sie schon an! Das Ergebnis dürfte auch die Polizei interessieren.«

Kai Fischbach zeigte Wirkung. Sein Unterkiefer zitterte, er schluckte und fuhr sich mit den Fingern durchs Haar. Dann drehte er sich abrupt um und verließ den Raum.

Der Kommissar hatte schon wieder den Telefonhörer in der Hand. »Leitstelle! Hier spricht Freiberg. – Verbindet mich mit UNI 81/12!«

»Mit dem Wagen sind Sie doch unterwegs!«

»Ja, verdammt – das weiß ich selber. Aber ich bin oben, der ist unten! – Also, macht schon.«

Kurz darauf meldete sich Ahrens. »Was ist los, Chef? – CEBI hält uns für verrückt. – Ich habe die Fahndungsdurchsage gehört.«

»Ja, die habe ich eben veranlaßt. Wanitzky hat Lunte gerochen und ist flüchtig. – Schließ das Fahrzeug ab und komm rauf. Ich brauche dich in der dreizehnten Etage.«

Freiberg legte den Hörer zurück. Arno von Sendenstein zog den Besucherstuhl näher; langsam setzte er sich vor den Schreibtisch und stützte die Arme auf. Ilka Ritter und Martha Nikols hatten es weder gewagt zu gehen noch, sich zu setzen. Sie standen verunsichert in der Nähe der Tür.

»Herr Kommissar Freiberg«, sagte von Sendenstein gequält, »erklären Sie mir, um Gottes willen, was hier vorgeht.«

Freiberg hatte Mitleid mit dem Mann, für den in den nächsten Minuten eine Welt zusammenbrechen würde. »Was ich Ihnen zu sagen habe, ist wenig erfreulich: Johann Wanitzky hat durch seine Gehilfen Basil und Küken den Doktor Korbel umbringen lassen. Dieser Mann hatte durch die Enttarnung eines Verräters im Logistik-Zentrum der Bundeswehr die weltweiten Waffengeschäfte Wanitzkys unterbunden und damit dessen geschäftliche Basis ruiniert. Nach Korbels unerwartetem Auftauchen in der GeDaSi fürchtete Wanitzky, daß Korbel auch hier eine Spur entdecken würde.«

»In der Gesellschaft für Datensicherheit?« fragte von Sendenstein vorsichtig.

»Sehr richtig! Dort gibt's einen auskunftfreudigen Computer-Wissenschaftler, der Zugang zum Datenbestand des Bundesministeriums für Planung und Organisation hat. Wenn dieser Mann aufgeflogen wäre, hätte das nicht ohne schwerwiegende Folgen für Wanitzky selbst und –«, Freiberg zögerte, »– für die Koordinata-Bonn abgehen können. Sie wären mit betroffen, Herr von Sendenstein; Adel verpflichtet – und ein Darlehen auch.«

Arno von Sendenstein schwieg; er senkte den Kopf und stützte ihn mit beiden Händen.

Freiberg wollte es schnell hinter sich bringen und fuhr fort: »Frau Nikols hat dafür gesorgt, daß Fischbach und Wanitzky über die Aktivitäten in Ihrem Büro stets auf dem laufenden waren – vermute ich. Und sie dürfte aus mitgehörten Telefongesprächen gewußt haben, in welcher Gefahr sich ihr Mann in der GeDaSi wähnte. Johann Wanitzky hat daraus die für Korbel tödlichen Schlüsse gezogen. – Der ›Einbrecher‹ im ›Dohlenhaus‹ ist übrigens ein Mitarbeiter von mir und wäre um ein Haar von Basil erschossen worden. Doch manchmal ist die Polizei schneller.«

Freiberg zeigte sich erleichtert, als Ahrens in der Tür erschien. »Behalte die Ausgänge und den Aufzug im Auge. Hier kommt vorerst niemand raus. – Und Sie, meine Damen, nehmen jetzt auch bitte Platz.«

Freiberg schob den Drehstuhl etwas nach hinten und zog ungeniert die Schreibtischschubladen auf. Darin herrschte Ordnung. Stück für Stück nahm er dann die Schnellhefter aus der Hängeregistratur im Unterschrank. Wanitzkys Korrespondenz war noch nicht sehr umfangreich.

»Sämtliche Unterlagen im Schreibtisch und in den Schränken sind hiermit als Beweismittel sichergestellt. Dieser Raum und der von Wanitzky werden nachher von mir amtlich versiegelt. Soweit Briefe oder Fernschreiben für Wanitzky eingehen, sind sie mir unverzüglich zuzuleiten. – Haben Sie Einwendungen, Herr von Sendenstein?«

Arno von Sendenstein war aufgestanden und hatte sich in einen etwas abseits stehenden Sessel der Warteecke gesetzt. Er schien in diesen wenigen Minuten um Jahre gealtert zu sein. »Schon gut, ich bin mit allem einverstanden, Herr Kommissar – mit allem, was Sie jetzt und in Zukunft veranlassen werden.«

Kai Fischbach kam zurück. Schon sein Gesichtsausdruck ließ die Hiobsbotschaft erahnen. Er trat einen Schritt in den Raum und lehnte sich neben der Tür an die Wand. Seine Augen flackerten. Er wagte nicht, Arno von Sendenstein anzusehen, sondern wandte sich an den Kommissar: »Das Konto ist leer! Bis auf einen Rest von tausend Mark wurden die eingezahlten Beträge nach Liechtenstein transferiert. Sie sind unserem Zugriff entzogen. – Auskünfte werden nicht erteilt.«

Arno von Sendenstein saß bewegungslos wie eine Mumie in seinem Sessel. Er schwieg. Martha Nikols weinte hemmungslos, und Ilka Ritter zerbiß sich die Lippen.

Freiberg stand auf. »Ich möchte Sie jetzt bitten, diesen Raum zu verlassen. Sie werden uns in der nächsten Zeit für Vernehmungen zur Verfügung stehen. – Und Sie, Herr Fischbach, werden mich ins Präsidium begleiten. Ich möchte Ihre Aussagen zu Protokoll nehmen. Daran wird auch unser ›Drittes‹, das Kommissariat für Wirtschaftsdelikte, interessiert sein.«

Ahrens ließ Fischbach den Vortritt. Arno von Sendenstein ging schweigend an Freiberg vorbei in sein Zimmer. Martha Nikols folgte ihm zögernd. Ilka Ritter hatte den Mantel aus dem Schrank genommen; unschlüssig stand sie auf dem Flur.

»Sie gehen am besten nach Hause. Hier dürften Ihre Dienste nicht mehr gefragt sein«, sagte Freiberg. Dann öffnete er die Tür mit der Aufschrift ›E. Sandow, Anmeldung für Zimmer 134 – Fischbach‹.

Freiberg ging auf die Sekretärin zu und reichte ihr die Hand. »Ich danke Ihnen. Ihr Gepräch mit Fräulein Kuhnert hat uns vieles deutlich gemacht. Wir bleiben in Verbindung. Herr Fischbach kommt mit ins Präsidium; er wird uns einiges erklären müssen.«

»Ist er verhaftet?«

»Nein – aber er dürfte jetzt nicht mehr viel zu bestimmen haben.«

Elma Sandow war aufgestanden. Mit vier Worten gab sie den Vorgängen die richtige Deutung: »Die Firma ist ruiniert!«

Freiberg nickte. »Sie müssen hier aushalten, solange es geht.«

Die Sekretärin schüttelte den Kopf. »Der arme Herr von Sendenstein; das überlebt er nicht.«

19

»Du bleibst am besten hier; die Leitstelle hat den Notarzt in Marsch gesetzt. Der soll sich mal ansehen, was mit deinem Bauch los ist«, sagte Lupus zu Peters, der sich ins Gras gelegt hatte.

»Das hat Zeit«, wehrte Peters ab. »Erst muß der Verletzte im Haus versorgt werden – ich glaube, ich habe ihn fürchterlich erwischt.«

»Laß die Selbstvorwürfe! Was hättest du denn anderes tun sollen? Dich wieder abschießen lassen? Du hast schon richtig gehandelt. – Gleich wird Hilfe kommen. Ich muß runter zur Auffahrt, unseren Wagen zur Seite fahren, der steht quer. Und du bleibst hier liegen, bis sich einer von uns sehen läßt.«

Lupus eilte durch das niedrige Gebüsch zum Fahrzeug zurück. Dort stand bereits der Notarztwagen mit rotierendem Blaulicht, dahinter der Krankenwagen. Das Martinshorn war verstummt. Doktor Kehlmann hatte wieder einmal Dienst und wartete ungehalten vor dem Hindernis. »Was soll das bedeuten, daß Sie die Auffahrt blockieren? Da drinnen liegt ein Verletzter – oder? Ich bin doch herbestellt worden. Übrigens gab es noch einen Anruf in dieser Sache – von einer Sekretärin. Was ist denn eigentlich los?«

»Peters hat in Notwehr schießen müssen – der Verletzte ist von seinem Kumpel ins Haus geschleppt worden.«

»Dann machen Sie bitte den Weg frei!«

»Vorsicht, Doktor, das sind Killer! Ich lasse Sie da nicht rein, bevor ich den zweiten Mann in Handschellen habe. – Oben am

Hang liegt mein Kollege Peters, den quält seine alte Schußwunde. Er kann sich kaum noch bewegen. Sehen Sie sich ihn doch erst einmal an; inzwischen habe ich hier klare Verhältnisse geschaffen.«

»Einer muß warten; und mir scheint, der Angeschossene braucht den Arzt dringender – also den Weg frei, bitte.«

Lupus zögerte. »Doktor Kehlmann, ich kann nicht zulassen, daß Sie als Geisel genommen werden.«

»Unsinn – ich bin Arzt und werde meine Pflicht tun. Also lassen Sie mich bitte vorbei.« Er schob Lupus beiseite und ging die letzten Schritte auf die kleine schmiedeeiserne Pforte neben dem Hoftor zu. Lupus ging schweigend neben ihm.

Der Arzt drückte die Klinke nieder; die Pforte war abgeschlossen. Das große Tor ließ sich ebenfalls nicht öffnen.

»Jetzt bin ich dran, Doktor«, sagte Lupus und zog die Waffe. Mit der anderen Hand drückte er den Rufknopf der Sprechanlage.

»Wer ist da?« kam sofort die Frage.

»Der Arzt, den Sie angefordert haben«, antwortete Lupus. »Machen Sie das große Tor auf, damit der Krankenwagen durchfahren kann.«

»Ich komme sofort. Dem Verletzten geht es nicht gut.«

Sekunden später wurde die Haustür geöffnet, und ein jüngerer Mann, Hose und Lederjacke mit Blut beschmiert, stürzte mit einem Schlüssel in der Hand auf die Einfahrt zu. In dem Augenblick, als der Torflügel zur Seite schwenkte, sprang Lupus vor. »Hände hoch! Polizei – keine Bewegung!«

Der Überraschte taumelte einige Schritte zurück und schrie: »Ihr verdammten Schweine, ihr habt mich überrumpelt, und mein Kollege stirbt!«

»Halt's Maul!« brüllte Lupus ihn an. »Das ist wirklich der Arzt. Und du bist festgenommen wegen Verdacht des Mordes an Korbel.«

Doktor Kehlmann sah nur kurz zur Seite und ging schnellen Schrittes ins Haus.

»Laß die Hände oben – auf drei Meter treffe sogar ich«, sagte Lupus. »Umdrehen und an die Mauer und so stehenbleiben!«

In halsbrecherischer Fahrt kam der zur Verstärkung herbeorderte Streifenwagen den steilen Weg herauf. Der Ton des Martinshorns erstarb, als das Fahrzeug hinter den anderen Wagen hielt.

»Der Notarzt und einer von der Kripo sind im Haus«, rief der Fahrer des Krankenwagens den heranstürmenden Polizisten zu.

Die Beamten zogen die Waffen. Sich gegenseitig sichernd liefen sie zu der halb offenstehenden Pforte. Aufatmend sah Lupus die Uniformierten. »Kommt, Freunde, und helft mir. – Ich muß erst das Bürschchen hier durchsuchen.«

Die beiden Polizisten standen mit der Sig-Sauer im Anschlag, während Lupus den Mann nach Waffen absuchte. Die Aktion lief ab wie auf dem Übungsgelände. – Keine Waffe.

»Jacke ausziehen und auf die Erde werfen, zu mir her. Und keine Mätzchen; denk an deinen Kumpel im Haus. – Gut so. Und jetzt schön langsam umdrehen und die Hände vorstrekken.«

Mit dem so typischen Geräusch schnappten die Handschellen zu.

Der Festgenommene schien unter Schock zu stehen. Lupus drehte ihn herum: »Na, du Perückengespenst – hast du den Korbel aufgehängt, oder war es dein Freund da drinnen?«

Der Mann schwieg.

»Geht schon mal vor zum Wagen«, wandte sich Lupus an die uniformierten Kollegen und verstärkte seinen Griff. »Ich will mit dem hier allein reden. Ich glaube, der wird mir einiges erzählen. – Sagt CEBI, die sollen den Wagen vom Höhenweg abziehen und hierherschicken.«

In diesem Augenblick trat Doktor Kehlmann aus dem Haus. »Der Mann ist tot; da war war nichts mehr zu machen. Der muß in die Rechtsmedizin. Laßt den Leichenwagen kommen. – Ich sehe mir jetzt Ihren Kollegen an. Wo kann ich ihn finden?«

»Durch die Pforte, dann rechts den Hang hinauf, nicht weit vom Holzstapel auf der anderen Seite der Mauer. Das war auch der Beobachtungsplatz von Peters.«

Lupus wandte sich dem Mann in Handschellen zu. »Du hast es gehört; dein Freund ist tot. – Nun überleg dir ganz schnell, wer von euch beiden Korbel aufgehängt hat.«

Die Antwort kam wie aus der Pistole geschossen. »Der Basil

war's! Ich habe nur als Fahrer mitgemacht – mitmachen müssen. Basil hat mich gezwungen; der hat auch die Perücke besorgt.«

»So ist's richtig. Kämpf du um deinen Kopf. Tote können nicht widersprechen. – Es soll sogar Richter geben, die an Märchen glauben. Vielleicht hast du Glück – dann dauert lebenslänglich nicht gar so lange. Eines möchte ich doch noch wissen. Was hat euer Chef, der Wanitzky damit zu tun?«

Keine Antwort.

»Das wird sich schon noch rausstellen. Und jetzt ab mit dir.«

Lupus hob vorsichtig die blutbeschmierte Lederjacke auf und griff in die Innentasche. Die Brieftasche war prall gefüllt und enthielt einen deutschen Personalausweis und einen belgischen Paß auf den Namen Willi Küken, zweiunddreißig Jahre alt.

Mit großer Musik und Blaulicht kam der Streifenwagen vom Höhenweg heran. Nun war die Zufahrt restlos verstopft.

Lupus war für jede Gelegenheit dankbar, den Anblick der Leiche vermeiden zu können. Er schob den Festgenommenen den Polizisten zu und sagte: »Jetzt machen wir erst mal die Straße frei.« Doch zunächst ging die Meldung über den Ablauf der Ereignisse am »Dohlenhaus« und vom Tod des Angeschossenen an die Leitstelle. »...schickt schnellstens den Erkennungsdienst her.«

Lupus ließ den Motor an, setzte einige Male vor und zurück und fuhr auf den Hof. Die anderen Wagen folgten. Der Streifenwagen mit »Küken in Handschellen« fuhr einen engen Bogen und zog ab zum Präsidium.

Dann ließ sich Doktor Kehlmanns Stimme vernehmen. Er blickte vom Holzstapel über die Mauer. »Ihr Kollege Peters geht mir keinen Schritt zu Fuß. Die Trage her, und sofort mit ihm in die Klinik, wo seinerzeit die Schußverletzung behandelt worden ist.«

»Das war im Petrus-Krankenhaus.«

»Also, dann dorthin. Ich kann hier nicht feststellen, was ihm fehlt. Aber es sieht nicht gut aus.«

Die beiden Sanitäter zogen die Trage aus dem RTW. Lupus ging mit bis zum Tor und zeigte ihnen den Weg.

Mit aufheulendem Motor schoß ein Porsche durch die Kurve heran. Presse-Mauser sprang heraus. Er fand nicht einmal die

Zeit, die Wagentür zuzuwerfen.

»Was ist los? Hier wurde geschossen! Opfer? Tote?«

»Mauser, du bist das letzte, was mir noch zu meinem Glück fehlt. Du hast also wieder in unserem Funkverkehr herumgeschnüffelt«, nahm Lupus ihn in Empfang.

»Quatsch! – Also, was ist?« Schon hatte Mauser mit der immer schußbereiten Kamera die ersten Übersichtsaufnahmen auf den Film geholt.

»Wo ist Freiberg?«

»Nicht hier.«

»Also leitest du den Einsatz?«

Lupus schwieg und versuchte, seinen Freund Mauser durch das Tor in den Hof zu bugsieren. Doch der hatte schon bemerkt, daß die Sanitäter mit der Trage kamen.

»Ich werd' verrückt! Das ist ja euer...«

Lupus gab Peters die Hand. »Mach's gut, altes Haus. Ohne dich wäre der Fall Korbel vielleicht nie gelöst worden. – Du wirst oft Besuch bekommen.«

Mauser ließ sich diese Gelegenheit nicht entgehen und fotografierte, bis sich die Tür des RTW hinter Peters geschlossen hatte.

»Was für eine Story!« begeisterte sich der Pressemann. »Das sind Bilder! – Ist er angeschossen?«

»Hör zu, Mauser«, sagte Lupus ohne einen Anflug von Lächeln, »das hier ist eine verdammt ernste Sache. Peters hat im Kofferraum des Mercedes, dort hinten im Hof, ein Beweismittel in der Mordsache Korbel entdeckt, die leere Plastikhülle für ein Abschleppseil. Ein gewisser ›Basil‹, wahrscheinlich der Haupttäter, ist überraschend aufgetaucht und hat versucht, unseren Peters zu erschießen. – Und der hat in Notwehr zurückgeschossen. Basil liegt dort drinnen im ›Dohlenhaus‹ – tot!«

»Au verdammt! Was ist mit Peters?«

»Wurde nicht getroffen. Aber seine alte Schußverletzung – du weißt, wo ihn im vorigen Jahr der Bankräuber erwischt hat – macht ihm wieder zu schaffen; er kann nicht mehr laufen und wird ins Krankenhaus gebracht.«

»Kann ich den Toten fotografieren?«

»Vielleicht später, erst muß der Erkennungsdienst fertig sein.

Den zweiten Mann, der im Stadtwald dabei war, habe ich festgenommen. Willi Küken, zweiunddreißig Jahre alt. Er hat gestanden, den Wagen gefahren zu haben, und ist auf dem Wege ins Präsidium.«

»Wie geht's jetzt weiter?« fragte Mauser.

»Ich fahre zurück«, antwortete Lupus. »Die Geschichte kocht gerade voll auf. Mehr kann ich dir nicht sagen.«

Doch zuvor mußte er sich dem Unvermeidlichen unterziehen und einen Blick auf den Toten im »Dohlenhaus« werfen. An Bilder dieser Art würde er sich wohl nie gewöhnen können. Eine wächsern-bleiche Gestalt auf der fellbedeckten Bank vor dem Kamin, der Geruch von frischem Blut und Spuren überall im Raum. Durchtränkte Handtücher und zerrissene Laken kündeten von Kükens vergeblichem Versuch, dem Angeschossenen zu helfen.

20

Ahrens fuhr wie der Teufel zurück zum Präsidium. Freiberg hatte den Lautsprecher aufgedreht und hielt das Mikrofon umklammert. Er war beunruhigt, denn ihm fehlten Informationen über die letzten Vorgänge im »Dohlenhaus«. Auf seine Anfrage meldete sich noch einmal der Kommissar vom Dienst und erklärte:

»UNI 81/12 von UNI. – Willi Küken, wegen Mordverdachts durch Hauptmeister Müller festgenommen, ist auf dem Wege ins Präsidium. Der angeschossene Tatverdächtige Basil ist seinen Verletzungen erlegen. Hauptmeister Peters wegen Beschwerden durch eine frühere Verletzung vom Notarzt ins Krankenhaus eingewiesen. Erkennungsdienst hat Ermittlungen im ›Dohlenhaus‹ aufgenommen.«

»Danke«, sagte Freiberg. »Und die Fahndung nach Wanitzky?«

»Bisher erfolglos.«

»Verfluchter Mist! – Macht alles mobil; der darf uns nicht entwischen. Wenn Wanitzky erst über die Grenze entkommen ist, sehen wir ihn nie wieder. Waffenschieber sind in der ganzen Welt zu Hause. – Außerdem hat er viel Geld.«

»Dieser erbärmliche Mensch«, ließ sich die Stimme Kai Fischbachs vom Rücksitz vernehmen. »Wenn dieser Lump nicht gefaßt wird und mit den Millionen verschwindet, sind wir am Ende.«

»Das Geld ist Ihr Problem, nicht meins«, antwortete Freiberg mit einer kurzen Drehung des Kopfes. »Ich will den Mörder, der sich am Kamin die Füße wärmt, während seine Gehilfen die ›Drecksarbeit‹ verrichten.«

Lupus hatte Mühe, auf der Fahrt zum Präsidium den Eindruck des Schreckens zu verdrängen. Freibergs Wagen stand bereits auf dem Podest an der Rampe. Lupus fuhr gleich weiter um den Block herum zu dem durch schwere Eisengitter gesicherten Eingang des Polizeigewahrsams. Die diensttuenden Beamten begrüßten ihn mit großem Hallo und Glückwünschen für das Einfangen eines »Kükens« unter Mordverdacht.

»Das Tierchen sitzt in Zelle sieben – völlig verstört – und wartet auf seine Hinrichtung«, frotzelte ein Obermeister, der Mörder für seine friedlichsten Hausgäste hielt. – Besoffene Krakeeler und aufgedrehte Schläger waren viel schwerer zu bändigen.

»Der soll sich das Blut abwaschen – und dann rauf mit ihm zu Kommissar Freiberg. Bitte in zehn Minuten vorführen. – Wie sieht's aus, ist ein Johann Wanitzky eingeliefert worden?«

Der Obermeister verneinte.

»Schade«, sagte Lupus. »Der ist nämlich der Hahn im Korb.«

Mit dem Gefangenenaufzug war Lupus kaum zwei Minuten später bei seinem Kommissar in Zimmer dreihundertsechs. Man schien auf ihn gewartet zu haben. Ahrens und Fräulein Kuhnert sahen ihm gespannt entgegen. Sie schob eine Tasse Kaffee über den Tisch. Lupus trank in gierigen Zügen.

»Ist Peters versorgt?« wollte Freiberg als erstes wissen.

Lupus nickte und setzte seine Tasse ab. »Einlieferung St. Petrus. – Und was ist mit Wanitzky?«

Freiberg verzog enttäuscht das Gesicht. »Entkommen. – Unser Pech war sein Autotelefon. Ilka Ritter hat ihm von der Schießerei im ›Dohlenhaus‹ berichtet und daß sie den Notarzt angefordert hat. Er hat sie verflucht – und ward nicht mehr gesehen. Großfahndung läuft.«

»Pech, Chef! Aber wir haben sein Küken; das wird singen. Überlaß es mir; 's hat sich schon an mich gewöhnt. In ein paar Minuten wird es vorgeführt.«

»Laß uns erst ein paar Worte mit dem Herrn Geschäftsführer Nummer zwei reden; den reichen wir dann ganz schnell weiter an die Wirtschaftskriminalisten. Dort kann er seinen Jammer darüber abladen, daß die Nummer drei schneller war als er – und das Konto in Zürich abgeräumt hat.«

»Kann man dem Fischbach etwas nachweisen?« fragte Ahrens.

Freiberg lächelte. »Nur die besten Absichten, zum Wohle der Firma für Investitionsberatung und Koordination zu handeln.«

Das Gespräch mit Fischbach, der während der Kaffeepause des Kommissariats im Wartezimmer hin und her gelaufen war, blieb unergiebig. Er bestätigte seine enge Zusammenarbeit mit Wanitzky und die Notwendigkeit, die Gelddispositionen in Zürich gemeinsam eingeleitet zu haben. »...meine Erfahrungen reichten dafür nicht aus.« Und er bestätigte auch sehr enge Kontakte im »Dohlenhaus«, in die Ilka Ritter und Martha Nikols einbezogen gewesen seien. Niki habe es für ihre Pflicht gehalten, ihn, Fischbach, und Wanitzky über die Verbindungen von Sendensteins zu ihrem Ehemann in der GeDaSi auf dem laufenden zu halten. Ihre Meldung, daß Korbel im Begriff war, den Informationsstrang zu den geheimen Daten des Planungsministeriums abzuschneiden, müsse in Wanitzkys Ohren wie ein Alarm geklungen haben.

Freiberg nickte. »Das paßt zusammen. Schließlich hat Korbel schon einmal Wanitzkys Geschäfte gestört.«

Kai Fischbach sah den Kommissar um Verständnis bittend an und beteuerte: »Von Wanitzkys schrecklichem Plan, sich Korbel endgültig vom Hals zu schaffen, habe ich nichts gewußt. – Wanitzky hat niemanden Einblick in seine schmutzigen Geschäfte nehmen lassen.«

Freiberg rang sich ein knappes »Danke« ab und bat Fischbach, sich fünf Türen weiter im Kommissariat für Wirtschaftsdelikte zu melden. Er werde dort schon erwartet.

Gleich darauf wurde der Festgenommene, Willi Küken, vor-